国家社科基金
GUOJIA SHEKE JIJIN HOUQI ZIZHU XIANGMU
后期资助项目

政府主导型农地
经营权抵押贷款的
实现与风险管理

Realization and Risk Management of Government-led Farmland Management Right Mortgage Loan

宋 坤 等著

中国财经出版传媒集团

经济科学出版社
Economic Science Press

图书在版编目（CIP）数据

政府主导型农地经营权抵押贷款的实现与风险管理/
宋坤等著 . —北京：经济科学出版社，2022. 12
（国家社科基金后期资助项目）
ISBN 978 - 7 - 5218 - 4071 - 1

Ⅰ. ①政…　Ⅱ. ①宋…　Ⅲ. ①农业用地 - 产权 - 抵押
贷款 - 风险管理 - 研究 - 中国　Ⅳ. ①F832. 43

中国版本图书馆 CIP 数据核字（2022）第 182299 号

责任编辑：刘　丽
责任校对：杨　海
责任印制：范　艳

政府主导型农地经营权抵押贷款的实现与风险管理
宋　坤　等著
经济科学出版社出版、发行　新华书店经销
社址：北京市海淀区阜成路甲 28 号　邮编：100142
总编部电话：010 - 88191217　发行部电话：010 - 88191522
网址：www. esp. com. cn
电子邮箱：esp@ esp. com. cn
天猫网店：经济科学出版社旗舰店
网址：http：//jjkxcbs. tmall. com
北京季蜂印刷有限公司印装
710 × 1000　16 开　18. 75 印张　320000 字
2022 年 12 月第 1 版　2022 年 12 月第 1 次印刷
ISBN 978 - 7 - 5218 - 4071 - 1　定价：98. 00 元
（图书出现印装问题，本社负责调换。电话：010 - 88191510）
（版权所有　侵权必究　打击盗版　举报热线：010 - 88191661
QQ：2242791300　营销中心电话：010 - 88191537
电子邮箱：dbts@ esp. com. cn）

国家社科基金后期资助项目
出版说明

后期资助项目是国家社科基金设立的一类重要项目，旨在鼓励广大社科研究者潜心治学，支持基础研究多出优秀成果。它是经过严格评审，从接近完成的科研成果中遴选立项的。为扩大后期资助项目的影响，更好地推动学术发展，促进成果转化，全国哲学社会科学工作办公室按照"统一设计、统一标识、统一版式、形成系列"的总体要求，组织出版国家社科基金后期资助项目成果。

全国哲学社会科学工作办公室

前　　言

　　乡村振兴战略的实施促进了农产品产业深度交叉融合，释放出农业农村对金融的巨大需求。"三权分置"下的农地经营权抵押贷款能够盘活农村土地资源、资金和资产，激活农地资本的金融属性，为乡村振兴战略的实施注入金融活水。2019 年 1 月最新修正实施的《中华人民共和国农村土地承包法》首次以法律形式明确土地"三权分置"中"土地经营权"的概念，其中规定承包方能够以承包地的土地经营权为抵押向商业银行申请贷款，土地经营权流转的受让方也能够以流转所得的土地经营权为抵押向金融机构申请融资，可见消除了农地经营权抵押贷款的法律障碍，该贷款全面推开的条件已成熟。

　　结合自身的生产力发展水平、农地抵押功能、市场化程度和制度生成方式，我国各试点地区已经形成"自上而下"政府主导型和"自下而上"市场主导型两种农地经营权抵押贷款模式，这两种模式在服务对象、风险分担机制、处置机制等方面存在显著差异。截至 2018 年 9 月，我国大部分试点地区均选择政府主导型模式来发展农地经营权抵押贷款。那么为何选择政府主导型模式？类似于农村外生金融普遍面临的可持续发展能力受限的现实，政府主导型农地经营权抵押贷款模式是否具有可持续性？政府主导型农地经营权抵押贷款是否能够真正提高农户收入和缓解信贷约束？什么样的履约机制保证了其较低的违约率？政府主导型农地经营权抵押贷款的风险到底大不大？处置风险是重要的风险之一，影响抵押物处置的因素是什么？在风险分担方面，如何让商业银行和担保机构这两大风险分担主体更有效地开展合作？对于农地经营权抵押贷款的各参与主体，科学合理的风险分担比例是多少？本书着力回答上述问题。各章分别包括以下内容。

　　第 1 章　绪论。基于唯物史观的理论逻辑，通过生产力与生产关系、经济基础与上层建筑的矛盾运动分析农地经营权抵押贷款的产生和发展，并构建"农地产权—主体—模式"（FPR–M–M）基本逻辑框架，结合土地产权理论、地租理论、制度变迁理论来阐述理论框架。同时探讨农地经营权抵押贷款的模式选择、模式的长期可持续发展性，以及模式变迁的最优路径及其实现机制。

第 2 章　农地经营权抵押贷款的试点现状及调研情况。全面分析农地经营权抵押贷款试点的推进历程、运行情况，细化比较不同模式，并辅以典型案例加以说明。同时详细介绍课题组从 2017 年开始至 2021 年各阶段调研情况。

第 3 章　政府主导型农地经营权抵押贷款的收入效应。基于四川成都温江区和崇州市的调研数据，分析政府主导型农地经营权抵押贷款是否能够缓解信贷约束、提升农户农业收入和非农收入。相较于崇州市，成都温江区在担保和抵押物处置环节引入第三方参与而更趋于市场化运作，因此要进一步分析第三方参与是否会使政府主导型农地经营权抵押贷款的收入效应存在显著差异。

第 4 章　政府主导型农地经营权抵押贷款的履约机制。四川成都温江区实施政府主导型农地经营权抵押贷款，创新引入花乡农盟合作社作为第三方处置企业，将贷款违约率降至零。基于不完全契约理论，结合花乡农盟合作社参与放贷的案例分析政府主导型农地经营权抵押贷款的履约机制。

第 5 章　农地经营权抵押贷款发展存在的问题。从银行信贷决策角度对银行与新型农业经营主体的借贷行为进行动态博弈推演，从理论上得到制约政府主导型农地经营权抵押贷款发展的关键问题。并以成都市温江区、崇州市两个试点地区的调研数据为样本通过实证分析验证风险管理是制约其发展的关键问题。最后通过文献梳理明确风险测度与预警缺乏、抵押物处置困难以及银政担分担风险不利是风险管理中存在的关键问题。

第 6 章　政府主导型农地经营权抵押贷款风险的测度与预警。基于四川成都温江区和崇州市的调研数据，首先，充分利用小样本数据，使用计算机自主学习构建适应数据集的模型来对政府主导型农地经营权抵押贷款信用风险进行仿真测度。其次，采用支持向量机对政府主导型农地经营权抵押贷款的信用风险进行预警。最后，根据 3σ 原则确立各风险指标预警区间，依据类高斯型隶属度函数的模糊综合评价法判断政府主导型农地经营权抵押贷款风险预警级别。研究发现，政府主导型农地经营权抵押贷款风险总体上处于轻警级别，但宏观经济发展水平及地方政府风险的警情较严重。

第7章　政府主导型农地经营权抵押贷款抵押物处置的影响因素。首先，通过三方动态博弈模型推演政府、处置组织和金融机构等博弈主体在处置过程中的行为。其次，基于四川省的调研数据，运用结构方程模型验证博弈推演的结果。结果发现，政府实际支持力度对抵押资产的处置效果有直接和间接的正向影响，其中风险补偿基金的实际作用、农业保险的购买率、政策性担保公司的参与程度对处置效果的影响最大；抵押物清算评估情况对处置效果有直接的正向影响，其中估值认可度为关键指标；农地流转市场成熟度对处置效果有直接和间接的正向影响，其中抵押农地的处置方式为关键指标。

第8章　政府主导型农地经营权抵押贷款风险的分担。首先，从理论上揭开商业银行与担保机构在开展农地经营权抵押贷款业务中各自利益诉求的黑箱，探讨银担协同式合作分担风险的内在机理。并从数理角度构建农地经营权抵押贷款银担合作的博弈模型，通过动态推演并结合双方优势资源禀赋，得到依赖成长的对称互利的银担协同式合作模式。其次，构建讨价还价博弈模型，基于成都市温江区的调研数据和蒙特卡罗模拟法计算农地经营权抵押贷款的最优风险分担比例，得到政府和银行应分担的最优风险比例分别为 70% 和 30%，这与当前成都市温江区政府所制定的"8∶2"存在一定差距。最后，运用模糊综合评价法对该比例进行评价，发现 70% 与 30% 的比例更为合理和科学。

第9章　研究结论与对策建议。总结农地经营权抵押贷款模式选择、收入效应、履约机制、发展瓶颈、风险测度与预警、抵押物处置、风险分担的研究结论。并针对上述研究结论从强化政府支持、健全抵押物处置机制、多元化风险分担主体、完善贷款实施和管理细则、扩充资金来源渠道五个方面提出对策建议。

本书采用以下研究方法：一是参与式田野调查法。通过问卷调查法、半结构式访谈法、参与观察法和知情人深入访谈法，深入政府主导型农地经营权抵押贷款试点地区，对央行、金融办、农办和农业局等行政主管部门，农村信用社、农商银行、农行、农发行、邮政储蓄银行、村镇银行和保险公司等正规金融组织，小贷公司、农民专业合作社的资金互助社和贫困村资金互助社、担保公司等准金融组织，评估公司、农村产权交易中心、农地经营权收储公司、农村土地流转经营公司、土流网等第三方机构

（或组织），以及新型农业经营主体、传统农户、村干部等参与方进行访谈和调研，了解政府主导型农地经营权抵押贷款运行状态、各方行为特征以及诉求。二是实证计量分析法。采用 PSM – DID 方法分析政府主导型农地经营权抵押贷款的收入效应；在风险的识别、测度和预警中采用熵值—层次分析组合赋权法识别风险种类、灰色关联分析风险的影响因素、神经网络模型仿真测度风险、高斯型隶属度函数和支持向量机预警风险；把 SEM 模型运用于抵押物处置影响因素及因素之间关系的分析；基于讨价还价的博弈论模型仿真测算政府、银行和担保三个参与主体的风险分担比例；运用模糊网络分析法评价所计算出的风险分担比例的合理性。三是数理分析法。构建动态优化模型推导政府主导型与市场主导型模式的存在条件，以及政府主导型模式变迁至市场主导型模式的最优变迁速度、路径；采用博弈论方法分析商业银行的农地经营权抵押贷款决策行为，并通过动态推演得到银担协同式合作模式。四是案例分析法。对政府主导型农地经营权抵押贷款多个试点地区的业务开展现状进行调研，搜集经典案例，分析具体做法，完成从生动现实到理论抽象的飞跃，并形成典型案例库。

本书的边际贡献在于：第一，运用马克思主义经济学理论与方法，基于唯物史观的理论逻辑探寻农地经营权抵押贷款发展的理论必然，构建"农地产权—主体—模式"的基本逻辑框架，引出政策性金融范畴内的政府主导型和市场主导型模式。聚焦于两种模式的存在条件以揭示我国大部分试点地区选择政府主导型模式的原因，并通过分析两种模式下贷款的价格与成本得到模式变迁的路径及实现机制。为农地经营权抵押贷款的持续发展提供前瞻性建议。第二，探讨政府主导型农地经营权抵押贷款的实现问题，包括发现第三方主体参与政府主导型农地经营权抵押贷款时在信贷约束程度、户均总收入、农业收入和非农收入方面的作用；基于不完全契约视角，结合第三方实施和自我实施探讨其履约机制。为第三方主体更好地参与农地经营权抵押贷款提供经验证据。第三，系统地分析政府主导型农地经营权抵押贷款风险管理中的关键问题，包括风险的类别、成因、风险间内在关联、测度和预警；抵押物处置中各个参与主体在处置过程中的作用、影响处置的关键因素和影响因素之间的作用路径；银担合作分散农地经营权抵押贷款风险的机理，并在责任边界清晰的前提下测算政银担的最优风险分担比例。上述边际贡献能为政府主导型农地经营权抵押贷款的风险管理实践提供理论依据。

　　本书不是坐而论道，更不是闭门造车，是对当前农地经营权抵押贷款试点的追问与反思，以助于实现其从试点阶段向"扩面、增量"，进而向"扩面、增量、增质"方向的稳步发展。衷心希望本书能够为"三农"领域的专家学者和有志于从事农业、农村金融服务的从业者提供启迪，能够为推进农村产权制度改革与农村金融制度改革提供有益依据和指导。

目　　录

第 1 章　绪　　论

1.1　研究背景与研究意义

1.1.1　研究背景

"乡村兴则国家兴，乡村衰则国家衰"，农业和农村在全面建成小康社会的目标任务中有着非常重要的作用。从"十三五"规划提出的脱贫攻坚战略机制，到习近平总书记提出"精准扶贫"的重要思想，再到 2018 年发布的中央一号文件《中共中央　国务院关于实施乡村振兴战略的意见》，全党和全国人民工作的重心始终有"三农"问题。保障国民经济和国家安全的基础产业是农业，而土地是农业生产经营过程中最为关键的要素。作为农民集体所拥有的重要资源，农地不仅仅是农民生产生活的空间载体，更是农民增收致富的核心资产，因此在实施乡村振兴战略中，农村土地制度改革是最为重要的支撑。为使农村的土地制度更加满足农业现代化发展需要，我国于 2014 年正式提出"三权分置"，即农村土地所有权、承包权和经营权三权分置改革，这是中国农地产权制度改革的核心议题（王珊等，2018）。中共中央办公厅、国务院办公厅于 2015 年发布《深化农村改革综合性实施方案》，其中明确指出完善"三权分置"制度是我国深化农村土地制度改革的基本方向。农地"三权分置"是土地集体所有权和土地承包经营权"两权分离"土地改革基础上的再次制度革新（宋志红，2018），它在逻辑上依赖于现有的农地产权制度，并与边际改革相关联（高帆，2018），这与我国农村改革发展新趋势相符合，也满足现代农业农村发展新要求（尹成杰，2017）。

农村土地产权制度改革使承包权和经营权权能清晰化，加速推动农地资本化进程。在此基础上开展的农村承包土地的经营权抵押贷款是指农村土地承包方能够以承包土地的经营权作为抵押物向金融机构申请贷款,对于符合条件的贷款对象,由商业银行向其发放贷款,同时贷款的农业经营主体应在约定时间内还本付息。该项贷款能够将生产资金、土地资源和农业经营主体三大促进农民增收、推动农业发展、维护农村稳定的关键要素有效串联起来。通过唤醒农村"沉睡"的资本释放出农地要素红利,能够满足农户资金增长需要、缓解融资窘境、创新农业融资形式、激活农村金融市场,并推动提升农业、农村综合实力。《关于开展农村承包土地的经营权和农民住房财产权抵押贷款试点的指导意见》的发布是对农地经营权抵押贷款工作进行的尝试,在农地"三权分置"基础上形成的农地经营权被赋予抵押、担保权能。中国人民银行于 2018 年发文宣布试点期限延长至 2018 年底。2019 年 1 月最新修正实施的《中华人民共和国农村土地承包法》(以下简称《农村土地承包法》),规定承包方能够以承包地的土地经营权为抵押向金融机构申请贷款、受让方通过流转取得的土地经营权也能够作为抵押物向金融机构申请贷款,这使农地经营权抵押贷款的实施在农村土地"三权分置"的基础上具备了前置条件。农地经营权抵押贷款全面推开的条件已经成熟,因为当前已经形成包括确权颁证、交易流转、抵押物价值评估和处置等在内的完整闭环。

政策性金融的服务对象集中于处于强位弱势范畴的产业、地区和群体等对象上(白钦先和王伟,2010)。农村政策性金融具有农业政策性导向、农业生产扶植、农村专业性服务与协调、农业政策性保险(担保)、农村金融市场补缺性功能等十大功能(王伟和李钧,2011),在服务乡村振兴上具有"撬动器"作用。虽然当前我国各试点地区结合自身的经济发展水平、市场化程度、制度生成方式和农地抵押功能,形成政府主导型和市场主导型两类农地经营权抵押贷款模式。但无论选择哪种模式,农地经营权抵押贷款仍属于政策性金融的范畴。截至 2018 年 9 月末,我国 232 个试点地区农地抵押贷款余额 520 亿元,同比增长 76.3%,累计发放 964 亿元。试点地区中政府主导型农地经营权抵押贷款地区为 190 个,占比为 81.90%;市场主导型农地经营权抵押贷款仅为 42 个,占比 18.10%,① 可见我国大部分农地经营权抵押贷款均选择政策性金融范畴内的政府主导型模式来发展。在政府主导型模式中,地方政府是该贷款业务的直接推动力量(梁虎和罗剑朝,

---

① 《国务院关于全国农村承包土地的经营权和农民住房财产抵押贷款试点情况的总结报告》——2018 年 12 月 23 日第十三届全国人民代表大会常务委员会第七次会议。

2018），政府推动商业银行参与农地经营权抵押贷款具有行政性（王君妍等，2018），农地经营权抵押贷款的供应很大程度上取决于地方政府支持力度（张龙耀等，2015）。因此，地方政府的政策措施相对健全，同时有风险补偿基金兜底，能够在一定程度上保障贷款业务顺利进行。

1.1.2　研究意义

虽然政府主导型农地经营权抵押贷款可以显著提高参与农户户均收入、农业收入和非农收入，并促进农村家庭劳动力向非农领域转移（梁虎和罗剑朝，2019），但是当前出现了政策红利带来的发展动力后劲不足现象，导致政府主导型农地经营权抵押贷款问题进一步凸显。

1. 理论意义

本书的理论意义在于通过研究当前学者关注相对较少的农地经营权抵押贷款实践中面临的问题，为实现农地经营权抵押贷款从试点阶段向"扩面、增量"，进而向"扩面、增量、增质"方向的稳步发展提供理论依据和经验支持。这些问题包括：为何我国大部分试点地区均选择政府主导型模式来发展农地经营权抵押贷款？政府主导型农地经营权抵押贷款在引入第三方参与的情况下是否在信贷约束缓解程度、农户总收入、农业收入以及非农收入提升等方面与未引入第三方参与的情况下存在显著差异？什么履约机制保证了第三方参与情况下，政府主导型农地经营权抵押贷款有着相对较低的违约率？政府主导型农地经营权抵押贷款的风险大小究竟如何？处置风险是关键的风险之一，影响抵押物处理的关键因素是什么？如何使各参与主体更有效地分担风险？科学的风险分担比例是什么？

2. 现实意义

本书的现实意义在于通过研究上述问题，凝练政府主导型模式农地经营权抵押地具有代表性的关键成功因素与驱动力，并通过 3 章重点分析风险测度与预警、抵押物处置以及风险分担这些制约其发展的关键问题，并提出相应的对策建议，从而在更大程度上激发出农地的金融属性，保证政府主导型农地经营权抵押贷款长期有序地开展，使农地经营权抵押贷款真正成为农户融资的有力渠道。

1.2　研究目标

（1）探寻农地经营权抵押贷款发展的理论必然，构建基本逻辑框架，引出政策性金融范畴内的政府主导型和市场主导型模式，以聚焦于农地经营权抵押贷款模式的选择和最优变迁问题。

（2）探究第三方主体参与政府主导型农地经营权抵押贷款在信贷约束缓解程度、农户总收入、农业收入以及非农收入提升等方面相较于非参与情况下的差异，以及其履约机制。以为第三方主体更好地发挥其在农地经营权抵押贷款中的作用提供理论支持和经验证据。

（3）准确量化政府主导型农地经营权抵押贷款风险级别并对信用风险进行预警，进一步识别宏、中、微观分项风险大小并筛选出影响政府主导型农地经营权抵押贷款信用风险的重要影响因素。

（4）分析影响政府主导型农地经营权抵押贷款抵押物处置的关键因素，掌握关键影响因素及各因素之间的作用路径，并基于此优化抵押物处置机制。

（5）基于利益分配分析银行和担保分担农地经营权抵押贷款风险的机理，根据银担各自优势资源禀赋设计合作分担风险的模式。同时，在厘清参与主体风险责任边界的基础上测算最优风险分担比例。

1.3　研 究 现 状

1.3.1　国外研究现状

土地在日本、德国、美国等大多数发达国家是多为私有的。由于土地所有权和抵押权法律体系相对完善，农村土地抵押融资制度已经非常成熟。农场主和其他经济主体的融资地位并无差异，农地融资既能解决融资难题，又能最大限度地利用土地。通过对德国、美国（Long，1968）和日本的研究，发现在发达国家，农地抵押贷款制度是有效的。科利尔（Collier，2010）指出产权和价值之间具有联系，产权并不是农地进行抵押的必要条件，而是土地产权的价值才让其拥有了抵押贷款的机会，产权更好地保护了价值的实现和增加，产权制度的完善与经济市场的繁荣密不可分。稳定的土地产权可以激励土地权属所有人加大对土地的长期投资，提高农地产出效率，这无疑增加了土地的抵押价值，从而扩大了土地的融资功能（Besley，1995）。同时，良好规范的土地登记和地籍管理制度增加了抵押贷款的安全性（Stubkjaer，2002），对促进土地市场运作、改善农业信贷投资（Domeher et al.，2012）、提高农户福利水平和反贫困方面起到了积极作用（Holden et al.，2009）。罗剑朝等（2015）总结出发达国家的成功得益于因地制宜的农地金融制度、以合作金融为主导的"三位一体"的农地金融机构设置、科学规范高效的农地估价体系、配套完备的法律法规保障体系以及全方位的财政支持投入保护制度。

　　虽然德索托（De Soto，2000）提出，绝大部分发展中国家不具备发展正规产权制度的经济潜能，但部分学者研究发现，开展农地抵押贷款能有效缓解农村地区信贷约束：在泰国，明晰的土地产权制度是开展农地产权抵押融资的必备要素之一，农地产权作为抵押能够得到正规融资渠道的信贷支持（Feder et al.，1988；Feder & Feeny，1991；Prosterman et al.，2006）；在越南，土地确权登记政策能够增强农地产权的稳定性、降低正规贷款的利率和提高信贷获取机会（Kemper，2015），但若无适当外部政策支持，农地抵押贷款对提高农户信贷可得性的贡献有限（Hare，2008）；在巴拉圭，农户土地面积、资产规模和信贷交易成本等因素影响到农户农地抵押融资的可得性，且当农民财富值满足一定门槛后，土地作为抵押标的物才能提高信贷供给效果，其中中等以及大规模农户是主要受益对象（Carter & Olinto，2003）；在巴西，当授予正规土地资格之后，确权家庭来自银行的正规信贷显著增加，同时确权家庭还减少了对非正规信贷的依赖（Piza & Moura，2016），土地使用权的确立促进了农业生产率和农民收益的提高，这种效应来自投资安全的改善（Lawry et al.，2016）；在洪都拉斯（Lopez，1997），当赋予农地所有权安全合法的资格后，能有效提高农户信贷资金的可得性和农业生产率、改善信贷市场的运作绩效，推动土地要素流动和农村经济增长（Besley，1995）。此外，针对埃塞俄比亚（Teklu & Lemi，2004；Deininger et al.，2008）、印度（Deininger et al.，2008）、肯尼亚（Jin & Jayne，2013）、马拉维和赞比亚（Chamberlin & Ricker，2016）、越南（Huy et al.，2016）、布基纳法索（Alia et al.，2016）、坦桑尼亚等（Deininger et al.，2017）的研究都不同程度地确认这一点。但在印度（Pender & Kerr，1999）及尼加拉瓜（Boucher et al.，2005）等国家，农地抵押贷款对提高农户信贷获得性的有效性还有待提高。

　　农民对土地的依赖程度取决于农村经济发展水平和社会保障体系等外部环境的完善程度，因为农村普通农户借款者缺乏抵押物，只有当资本收益（Deininger，2004）和财富水平（Carter & Olinto，2003）达到特定水平，土地作为抵押品才能获得更多的信贷供给。但由于农民投资土地的能力较弱，即便法律法规制度明晰并且土地制度完善，农地经营权抵押贷款的获取概率仍较低（Menkhoff et al.，2012）。同时，由于农户存在丧失抵押物的顾虑，这形成来自需求方的风险配给（Boucher et al.，2008）。风险配给极大地影响发展中国家的信贷配给（Boucher et al.，2009；Chiu et al.，2014），有必要开展农地金融业务，充分发挥土地资本化的效能（Dijk et al.，2006）。

1.3.2 国内研究现状

有异于国外的土地私有制，土地承包经营权为我国特有的土地制度。国内学者关于农地经营权抵押贷款的研究主要聚焦在有效性、有效性的影响因素、类型以及实践中存在的困难等方面。

1. 农地经营权抵押贷款的有效性

发展中国家的实践证明，如果突破法律制度限制的障碍，农地抵押将对农户信贷可得性产生不确定性影响（Menkhoff et al.，2012）。能否以农地为抵押物成功贷款取决于农村金融机构是否能够实行与商业金融机构一样的金融体制。因此，要想有效解决农村地区融资难、融资贵的难题，良好运作制度的设计是关键所在。

在农地经营权抵押贷款缓解融资难、融资贵的有效性上，大部分学者支持"肯定论"，认为农地经营权抵押贷款制度创新是以我国落实所有权、稳定承包权、放活经营权的"三权分置"为基础，以农村产权逐步明确清晰为背景发展而来的，明晰的产权界定保障了农民财产的保值增值与发展（漆信贤和黄贤金，2018）。农村土地产权的财产属性决定了农地经营权能够和金融机构进行交易以实现资产价值（肖诗顺和高峰，2010），农地产权制度改革对农户正规信贷获得产生正的影响（周南等，2019），农地经营权抵押贷款具有土地资源配置、筹集资金和分散风险等功能（曾庆芬，2012），是缓解农村融资难题、推行农业政策、推进新型城镇化的重要手段之一（左晓慧和吴申玉，2016），也是在一定历史条件下解除农村经济危机的探索工具之一（王昉和缪德刚，2013）。农地经营权抵押贷款已被证明能够加速城镇化进程、增加农民收入（季秀平，2009；史卫民，2009；梁虎和罗剑朝，2019）、拓宽金融资本投入农业的渠道（梁虎和罗建朝，2019）、改善农民家庭福利水平（郭忠兴等，2014；曹瓅等，2014；牛晓冬等，2017）。农地经营权抵押贷款作为农地金融制度的创新产品（吴先满和蒋昭乙，2016），具有以农地金融制度手段促进农业市场化的现实意义（缪德刚和龙登高，2017），黎翠梅和徐清（2020）使用倾向得分匹配法实证分析证明农地经营权抵押贷款试点对信贷约束强度有显著的缓解作用，有效缓解了农业生产主体的资金紧张状况。对农户农业创业的计划与行为产生了明显促进（胡珊珊和晁娜，2020），对农业资本有机构成、剩余价值率与农业利润率的提高具有促进作用（方达和郭研，2020）。对于农地经营权抵押贷款实施效果，农户和新型农业经营主体满意度较高（杨希和罗剑朝，2015；曹瓅和罗剑朝，2015；安海燕和洪名勇，2016；于丽红等，2016），农地抵押与信誉监管耦合推进是帮助农户走出信贷交易高利率困境、实现农户与农村金融机构长期互利共赢的有效举措（梁杰等，2020）。虽然当前学者评价不一，但总体来看运行初见成效（林乐芬和王步天，2015；汪险生和郭忠兴，2016）。

持"否定论"的学者认为银行在发放贷款时更加关注农户的社会资本问题，是否用农地作抵押对其信贷约束影响较小（Menkhoff et al.，2012）。考虑到新型农业经营主体由于承包权和经营权分离可能面临巨大金融风险，权属关系模糊的农地抵押可能存在失权失地风险，以此导致的农村社会保障缺失可能引发社会风险等因素（赵振宇，2014），论证了农地抵押不是农民融资的最佳选择（姜新旺，2007；陈锡文，2010），不一定能够提高农户信贷可获得性（张龙耀和杨军，2011）。

2. 农地经营权抵押贷款有效性的影响因素

农地经营权抵押贷款是面向"三农"、缓解农业融资困境的创新型金融产品，存在政府支持措施滞后、农村发展不平衡等问题，因此需要从法律、组织机构等层面构建具有中国特色的农地经营权抵押融资模式（罗剑朝等，2015），并在融资基础上建立政府支持的证券化机制，以通过政策性筹资、市场化运作的方式构建起适合中国的农地金融体系，从而引导城市金融资本流向农村并投向农业规模经营主体（丁昆，2018），健全涉农贷款考核机制（皮俊锋和陈德敏，2019）。因此，农地经营权抵押贷款的有效实施有赖于制度环境条件、法律完善度以及资金供需双方的意愿（黄惠春等，2014）。虽然郑涛（2018）提出在法律层面，"三权分置"与有关物权法理论冲突，并不符合抵押权成立的条件，但随着新《农村土地承包法》的实施，农地经营权抵押贷款的法律障碍已基本消除。农地抵押贷款的安全性取决于是否有良好的土地登记和地籍管理制度（Erik，2002），稳定的地权使得银行更愿意接受土地作为抵押品（Lerman，2002；Deininger，2003），对农村土地抵押信贷改善具有显著效果（Siamwalla et al.，

1990）。因此，改革农村产权及抵押制度以拓展抵押品范围，促进农村资产资本化，是解决资本短缺的重要手段（Besley & Ghatak，2009）。改革土地产权制度首先要制订并实施全国范围的土地确权计划（Binswanger & Deninger，1999）。鉴于我国土地产权的特殊性，"三权分置"改革已经使土地产权更加清晰，我国已初步具备农地经营权抵押贷款的产权环境（靳丰轩，2012）。农民对土地的依赖度取决于农村经济发展水平和社会保障体系等外部环境的完善程度，因为农村普通农户借款者缺乏抵押物（Holden，1997），只有当资本收益（Deininger，2004）和财富水平（Besley & Ghatak，2009）达到特定水平，土地作为抵押品才能获得更多的信贷供给。其中农作物价值评估对确定农地抵押贷款额度，完善农地经营权抵押贷款实施具有重要意义（牛荣和闫啸，2020）。为进一步提高农地经营权作为抵押品的有效性，有学者提出在继续优化农地产权制度与政府行政适当干预的同时，应根据地方政府财力和基层治理水平，因地制宜地选择不同抵押贷款模式并匹配差别化的第三方（吴一恒等，2020），简化土地经营权抵押模式和程序、建立健全农村土地产权交易平台（周晨曦，2020），创新抵押物处置机制并探索有效处置办法（李标等，2020）。

资金需求方面，虽然农地经营权抵押贷款市场潜力较大，但农户资源禀赋制约着农地资本化进程的推进（王双全等，2018），不同经营主体受经济特征因素（兰庆高等，2013）、土地流转因素和区位因素等影响，对农地经营权抵押贷款的可行性认知偏差较大且具有路径依赖（安海燕和张庆娇，2018；杨婷怡和罗剑朝，2014；于丽红等，2015；黄惠春和祁艳，2015；林乐芬和俞涔曦，2016）。农户对农地经营权抵押贷款的需求与户主性别和年龄（惠献波，2013；付兆刚和郭翔宇，2017），受教育程度、家庭收入水平和收入来源（黄惠春等，2015），对抵押农地经营权制度的认知程度（安海燕和张庆娇，2018；黄惠春，2014），贷款利率（曹锋和刘卫柏，2016；于丽红等，2014），社会关系、政策了解程度（马婧和罗剑朝，2018）等因素紧密相关；亲友任职村干部或公务员等社会资本关系、乡镇所拥有的正规金融机构数量以及对该贷款政策的认知程度也会明显地影响到农户参与该贷款的决策（苏岚岚和孔荣，2018）。但相较于其他因素，农地流转的特征和农户对该贷款的认知更能显著地影响农户的参与意愿（林乐芬等，2015）。因为，一方面，农地流转行为的异质性使得农户对金融需求的日趋分化，大规模农户的生产性金融需求呈扩大之势，而传统农户的生产性金融需求呈萎缩之势；另一方面，虽然土地经营面积的扩大能够促进农户参与农地经营权抵押贷款业务（曹瓅等，2019），但农地流转价格的过快上涨同样会抑制农户的金融需求（王萍和郭晓鸣，2018）。另外，农户收入数量、收入结构、收入波动情况、人力资本水平等对农地经营权抵押贷款需求也有直接影响：如陕甘两省农户收入满意度普遍偏低，两地的农户对该贷款的需求明显偏弱（张莉等，2017）；而东部浙江地区农户的家庭耕地面积和年投资规模大，这些地区的农户参与度较高，特别是对政府服务表示满意、对信贷预期较优的农户，其贷款意愿更强（李林等，2018）。

资金供给方面，由于土地规模较小、农地经营权价值较低、抵押权评估困难等原因，我国银行对农地经营权抵押融资较为排斥（林乐芬和王军，2011；黄惠春和李静，2013；韩喜平和孙贺，2014）。因此，存在农村"三权"抵押贷款发展不平衡、推进并不协调（岳传刚和胡琼，2015），贷款成长能力不足（黄源和谢冬梅，2017），贷款供给面受限、供求结构错位（漆信贤和黄贤金，2018）等问题。土地规模是影响农地经营权抵押贷款供给的重要因素，农地规模与农户贷款参与意愿呈现出倒"U"型关系（房启明等，2016），并且随着土地规模的扩张，金融机构更为关注农户社会资本、个人信用度和贷款风险保障措施（牛荣等，2018）。金融机构在农地抵押贷款供给的积极性方面存在区域性差异，其在农地权属清晰、农村产权交易市场发育成熟的区域更愿意开展该贷款业务（俞滨和郭延安，2018）。同时，土地价值评估机构的健全程度以及产权交易所的成熟程度也极大地影响到商业银行开展农地经营权抵押贷款的积极性（王翌秋等，2018）。

3. 农地经营权抵押贷款的类型

曹瓅和罗剑朝（2015）、赵翠萍等（2015）和张珩等（2018）根据参与主体、客户群体、运作流程和市场条件等，将农地经营权抵押贷款模式划分为政府主导型和市场主导型。汪险生和郭忠兴（2014）根据贷款中对资产或私人担保依赖程度的差异，将农地经营权抵押贷款划分为以规模经营土地及附属设施为抵押的资产主导型，以及以群体信用为基础、由合作社等提供反担保的关系主导型。黄惠春和徐霁月（2016）从抵押品的功能的视角出发，根据农地经营权抵押在金融机构贷款客户甄选中所起的作用，将农地经营权抵押贷款分为"直接型"和"间接型"两类。

（1）政府主导型和市场主导型。农地经营权抵押贷款模式可划分为"农户＋合作社＋金融机构"的"自下而上市场主导型"（如宁夏同心）

和"农户＋政府部门＋金融机构"的"自上而下政府主导型"（如四川成都）。目前国内学者多针对这两种类型展开深入研究。在这两种主导模式下，农地经营权抵押贷款的生成机制（宋坤和徐慧丹，2021），融资覆盖面（王岩等，2017），融资诉求满足度、融资效果满意度和变化趋势（梁虎和罗剑朝，2017），供给意愿（梁虎和罗剑朝，2018），政府职能及财力、金融机构交易成本、地区信用环境（曹瓅等，2015），抵押物处置方式（罗剑朝等，2015）等方面都存在显著差异。

①供给意愿与影响因素研究。部分学者认为，在农地经营权抵押贷款运行流程中，银行等金融机构会出于控制风险的目的形成信贷配给（赵振宇，2014），信贷供给缺乏是导致现阶段农地经营权抵押贷款覆盖率低、推进受阻、试点效果差的主要原因（林建伟和刘伟平，2014）。因此，当地政府的支持对农地经营权抵押贷款业务的实施具有必要性和可行性（李善民，2015）。在政府主导类型下，农地经营权抵押贷款业务开展的直接驱动力是地方政府（梁虎和罗剑朝，2018），金融机构的供给意愿很大概率取决于地方政府的支持程度（张龙耀等，2015），积极的政策支持有利于扩大该项贷款规模，充分发挥支农惠农作用。梁虎和罗剑朝（2018）的实证结果表明政府主导型农地经营权抵押贷款的供给意愿要高于市场主导型，然而，部分学者认为农地经营权抵押贷款试点只有依靠地方政府的政策支持、风险补贴或分担，才能鼓励金融机构增加供给力度，无法保证其商业可持续性（张龙耀等，2015），并且随着时间推移，抵押物农地的价值不断贬低、风险逐渐暴露，金融机构为农地经营权抵押提供贷款的意愿正在逐年下降。在政府主导型农地经营权抵押中，法律尚未承认以土地经营权或收益权作为抵押品的行为，致使金融机构不太愿意开展此类贷款；事实上，市场主导型农地经营权抵押贷款是一项"抵押＋保证＋信用"贷款，金融机构的后顾之忧能在多重担保下得以大大消除（汪险生和郭忠兴，2014），因此，市场主导型下金融机构开展该项贷款的意愿更加强烈。为提高农户农地经营权抵押融资可得性，应考虑当地金融与信用环境，优先采用市场主导型模式（曹瓅和罗剑朝，2020）。彭澎和刘丹（2019）则认为现阶段完全通过市场化的机制来实现农地经营权抵押融资的交易费用过高，对农地经营权抵押融资契约采用混合的治理结构可能是更加合适的选择。

业务特征和农户特征会在一定程度上影响金融机构对农地经营权抵押贷款的供给意愿：李松泽和王颜齐（2020）采用 Probit 和 Tobit 模型进行

实证分析，研究结果显示相对于流转型土地经营权，农户承包型土地经营权面积增加对金融机构农地抵押贷款供给的促进作用更明显；农户土地实际经营面积增加仅会提高金融机构农地抵押贷款供给意愿，但难以扩大农地贷款规模。政府主导型土地经营面积与金融机构的贷款供给意愿显著相关，而市场主导型下却并不存在此关系。原因可能在于政府主导型农户家庭土地经营面积大，这样抵押土地价值的评估可能会提高，供给力度无疑将增加；而市场主导型农地经营权抵押贷款是以"团体信用"做担保，从而使得商业银行等放贷机构对土地经营面积的依赖程度相对较轻。关于抵押土地特征：政府主导型下难以对土地价值进行评估，抵押土地的处置和变现也面临重重困难，这将增加信贷员办理业务的时间成本和风险，降低其对农地经营权抵押贷款的发放意愿；而市场主导型地区特有的抵押形式对抵押土地的价值要求较低，土地合作社最终将代为处置抵押土地，偿还不良贷款，使得信贷员对抵押土地价值评估和处置难易程度并不敏感。最后，由于政府主导型农地经营权抵押贷款的直接驱动力是地方政府，地方政府支持与否和支持程度对商业银行关于该贷款的供给意愿有很大影响。而市场主导型下，完善的政策措施可以更好地增加金融机构为农地经营权抵押提供贷款的意愿。

②生产效率研究。农业生产效率是指将按照生产要素配置的最优比例进行生产所能够达到的最大产出作为标准，以衡量农户生产要素利用情况（戚焦耳等，2015）。农地经营权抵押贷款对农业生产效率的改善主要通过两个途径：一是农地经营权抵押贷款通过农地流转改变了农地经营规模，提高了农户的农业生产效率，农地流转后将出现一个农户适度经营的区间，以使农业生产效率处于最优水平（鄢姣等，2018）；"三权"分置背景下农户土地流转决策的形成机理在不同类型农户间存在差异，应针对不同类型农户制定差别化的激励措施，以引导农户进行土地有序流转，提高农地流转效率（彭开丽，2020）。二是促使农户采用先进的种植技术，如机械栽培和自动灌溉等，以改善生产条件或是激励农户采用资本密集型生产方式，通过影响劳动力和资本的替代程度来提高农业生产效率（杨丹丹和罗剑朝，2018），显著提高农户的农业劳动生产率和农业全要素生产率（张建和诸培新，2017）。农地"三权分置"改革对农业资本、技术和劳动力的内生增长有显著促进作用，进而推动农业内生发展（公茂刚和王天慧，2020）。国外也有学者研究表明获得机构融资对农业技术的采用和使用程度都有显著的积极影响（Gashaw Tadesse Abate et al.，2016）。杨丹丹

和罗剑朝（2018）运用 DEA－2SLS 模型，实证分析了不同贷款类型下的异质性以及农地经营权抵押贷款可获性对农业生产效率的影响程度，结果表明：应逐步推广政府主导型农地经营权抵押贷款。与市场主导型相比，政府主导型农地经营权抵押贷款的可获性对提高农业生产效率的作用更加明显。积极调整农地经营权贷款类型由市场主导逐渐过渡到政府主导，增加农地经营权抵押贷款政策规范性和透明度，减少"内部人控制"影响，以便通过增加农业生产投资和规模化经营等途径缓解信贷约束，有效提升农地经营权抵押贷款可获得性对农业生产效率的促进效果。

③福利水平和满意度研究。政府主导型农地经营权抵押贷款对农户福利水平有不同程度的影响。有研究发现，与市场主导型农地经营权抵押贷款相比较，政府主导型更能培育新型农业经营主体、推动农业发展转型升级、促进农户增收（翟黎明等，2017；Feng et al.，2010）和福利水平提升（廖沛玲等，2018）。此外，政府主导型农地经营权抵押贷款会存在过多行政干预而导致资源配置不平衡，从而影响家庭人力资本较差农户的福利改进（马贤磊等，2016；黄忠怀和邱佳敏，2016）。

在农户对农地经营权抵押贷款融资的满意度方面，由于对我国大多农户而言，农地具有农业生产和生活保障的双重作用，具有非常重要的社会保障功能，因此无论是政府主导型还是市场主导型模式，农户均担心经营失败土地被没收后失去基本的生活保障，所以对农地经营权抵押贷款这一融资方式心存顾虑，整体满意度并不高。同时，由于市场缺乏权威的评估机构、公正的监督和规范的评估标准，抵押农地的估价也普遍偏低，这也成为影响农户对农地经营权抵押贷款满意度的重要因素。有统计结果显示，政府主导型下，有较多的农户对农地抵押融资的满意度评价较低（梁虎和罗剑朝，2017）；市场主导型下，由于拥有较多信用度良好的客户群体，农户对农地经营权抵押贷款的行为响应会更积极、更满意（曹瓅和罗剑朝，2015）。

（2）资产主导型与关系主导型。在"资产主导型"模式下，贷款主体主要依靠其大规模的土地资产及地上附着物作为自身偿债能力的考证与保证；而"关系主导型"模式下，农业经营主体主要依靠"情感性关系网"作为其偿债能力的保证，同时以一定面积的农地作为反担保进行补充保证。两种模式制度生成方式上是截然相反的。"资产主导型"模式仅能解决农业种植规模大户资金诉求的问题，"关系主导型"模式却能够较好地满足普通农户的融资需要。在"资产主导型"模式中，农户直接将农地经营权抵押给银行，如果出现违约，在抵押物不能得到妥善、有效处置的情况下，银行将不可避免地继续在农村金融领域维持慎贷心理；而在"关系主导型"模式下，合作社的总担保加上其他成员的担保不仅能够降低银行贷款的风险，并且还能有效地降低抵押物的处置交易成本。把基于村落熟人社会网络的第三方组织作为反担保平台是促进交易者履约、化解抵押农地处置难题的路径选择（陈东平和高名姿，2018）。

（3）直接抵押贷款模式与间接抵押贷款模式。直接抵押贷款模式是指以农地经营权及其收益作为单一抵押物在银行贷款为主，且没有附加其他担保条件的抵押贷款模式，这种形式的贷款准入门槛相对较高；而间接抵押贷款模式则是主要以农地经营权作为抵押物的基础，并且将其他抵押担保方式的融资增信方式作为辅助手段，例如，农地经营权＋其他风险分散机制、农地经营权反担保模式＋第三方担保等模式。间接抵押贷款模式下主要是通过第三方处置机构、风险补偿基金、保险公司、担保公司等第三方机构在违约发生后先行承担偿还贷款的责任，第三方随后再行处置抵押的农地经营权（赵丽琴和王熠，2019）。

直接抵押贷款和间接抵押贷款两种模式在很多方面都存在不同，研究表明，在直接和间接的两种抵押贷款方式中，担保中介、金融机构两类抵押权人信贷配给所依赖信息存在差别，其中最大的差别是，前者更关注能够体现抵押农户财富创造力及累积能力的具体信息，而后者则更偏好抵押农户那些容易获取且真实可靠的信息（李韬，2020）。直接抵押贷款模式面临着系统风险、信用风险及标的物风险，为应对多重风险，立法机构应推动修订完善相关法律法规，加快健全支持与农地经营权抵押贷款相关的农村信用体系，加强农业保险对农村土地经营权直接抵押融资业务的支持（李宁，2020）。阚立娜和苏芳（2020）以宁夏平罗开展的直接型农地抵押贷款为例，对政策预期与实践反差在价值评估方面的表现进行检验评价，在此基础上，提出农地产权分类评估和处置、引入第三方评估主体、建立农地经营权评估交易的大范围区域标准等政策建议。由于银行处置农地抵押品时面临高昂的单边交易费用，严重制约了中国农地抵押贷款的发展，姜美善等（2020）利用半参数中介效应模型进行了实证分析，发现内生型组织和外生型组织都能够通过信息优势降低处置农地的交易费用，提高农地抵押贷款可得性，因此鼓励第三方组织参与农地抵押贷款。

1.4 农地经营权抵押贷款发展的理论分析框架

虽然当前学者们的研究已取得极具价值的成果，但尚未有基于马克思主义经济学视角来研究农地经营权抵押贷款发展方面的文献。本节就运用马克思主义经济学理论与方法，探寻农地经营权抵押贷款发展的理论必然，构建基本逻辑框架，引出政策性金融范畴内的政府主导型和市场主导型模式，以便于在 1.5 节聚焦于农地经营权抵押贷款的模式选择问题。

1.4.1 农地经营权抵押贷款发展：基于唯物史观的理论逻辑

农地经营权抵押贷款是盘活农村土地资源、资金和资产，缓解农村经济发展瓶颈的有益探索和有效途径（吕德宏和张无坷，2018）。作为一种新型融资方式，农地经营权抵押贷款为解决农户贷款难等问题提供了必要支持，能够有效促进农村金融市场的繁荣（惠献波，2019）。马克思主义经济学认为，生产力与生产关系、经济基础与上层建筑的矛盾运动是推动社会制度变迁的基本动力。农地经营权抵押贷款的产生和发展可以说是生产力、生产关系与上层建筑共同推动的必然结果。

1. 生产力视角：乡村振兴战略的支撑

生产力为衡量经济社会发展成效的根本尺度，是决定经济发展和社会进步的最终力量。新时期，社会主要矛盾体现在以下几点：一是城乡之间发展不平衡，城乡经济社会发展、居民收入、社会治理以及基础设施等方面的差距均较大；二是农业现代化不足，农业是"弱质产业"，现代化农业生产体系尚未形成，农业规模化经营受限；三是农村现代化滞后，部分农村凋敝，农村劳动力等要素单向流向城市。实施乡村振兴战略是解决新时期社会主要矛盾的迫切要求，能够振兴农村生产力。

技术、劳动力和资本是生产力的三大要素。首先，技术是第一生产力，乡村振兴战略的实施能够增加技术供给和技术需求，促进农业技术内生增长。第一，能够培育出更多新型经营主体，新型经营主体重视科技投入和技术提升，能够投入更多资金和人力来提升农业生产技术，并吸引社会风投基金投资农业科技研究，从而增加技术供给；第二，较容易形成集中连片的、适合大型机械的农地生产作业环境，这样增加技术需求，更有利于在农业生产作业中采用先进技术。其次，劳动力质量是农村生产力发展的关键因素。乡村振兴战略的实施能够通过技能培训和智力回流等方式吸引掌握经营管理技能或科学技术的新型农民从事农业生产，改善农业劳动力数量和质量结构，促进农村劳动力内生增长。最后，农村生产力的发展对农村多层次资金需求、农村土地资产有效流转，以及发挥农村土地融资功能提出新要求。农地经营权抵押贷款能够把土地这个农村最基本的生产生活资料最大限度地调动起来，为农户向金融机构贷款提供抵押物以增加信贷供给，同时通过农地流转产生规模经济效应以增加信贷需求，推动农业"弱产业"和金融"强资本"的有效对接，促进农村生产力快速发展。

2. 生产关系视角：农地"三权分置"的实施

生产关系适应生产力发展是客观规律。生产关系是人们在物质资料生产过程中所形成的社会关系。其中，生产资料所有制的形式是最基本且起决定性作用的。引起土地权利制度变迁最重要的因素为生产力。农村生产关系的核心是农村土地所有制，属于经济基础的范畴；农民最重要的财产权利为农村土地权利，属于上层建筑的范畴。经济基础决定上层建筑，因此农民土地权利由农村土地所有制决定。这意味着，若农村土地权利制度适应生产力发展，农村经济就能快速发展，农民土地权利就能充分实现；否则就会受限。

实施乡村振兴战略就是要大力发展农村生产力，首要问题就是如何把不动的土地变成活资产。不断放活产权是中国农村土地制度改革的重要方向。新中国成立以来，农民与土地之间的关系经历了三个阶段：1949—1958 年农民私有、1958—1978 年基于"一大二公"理念的农民公有，以及 1978 年至今基于家庭联产承包制的农民集体所有。改革开放后，虽然我国农村农业的基础与环境发生了翻天覆地的变化，但相应的制度仍然使农地承包经营权权能处于受限的状态。同时农地经营的碎片化引发农地流转不顺畅、规模效益不高、组织化程度低、单一农户难以防范农产品市场化带来的竞争风险等一系列问题，这明显难以符合农业规模化生产经营和农业现代化要求。改革完善土地权利制度能够让农地权利制度适应生产力发展的要求。在实施城镇化和稳步推进乡村振兴战略背景下，《农村土地承包法》让农村土地实行所有权、承包权和经营权的"三权分置"得以法制化，释放土地红利，这是我国农村基本经营制度的自我完善，是第三阶段的进一步深化和重大制度创新。

3. 上层建筑视角：政府的强力推动

经济基础与上层建筑的矛盾运动对农地经营权抵押贷款发展的推动作

用反映在党中央国务院、各试点地区地方政府对农地经营权抵押贷款发展实践和政策法规的引导支持上。2015 年，全国人民代表大会常务委员会授权国务院在北京市大兴区等 232 个试点县（市、区）行政区域，暂时调整关于集体所有的耕地使用权不得抵押的规定。2016 年，中国人民银行、银监会、财政部和农业部联合发布《农村承包土地的经营权抵押贷款试点暂行办法》。国务院于 2018 年指出《农村土地承包法》修正案通过后，可以全面推广农地抵押贷款业务。新《农村土地承包法》于 2019 年正式实施，规定"承包方可以用承包地的土地经营权向金融机构融资担保"。

各试点地区政府均把农地经营权抵押贷款发展摆在重要位置：印发试点实施方案，推进确权登记颁证，搭建产权交易平台，建立市场化价值评估服务机制，建立风险补偿机制，各市、县级地方法人金融机构制定"两权"抵押贷款管理制度及实施细则，积极探索开展结合当地实际情况的贷款模式，如典型的"宁夏同心"模式和"成都"模式。

1.4.2　农地经营权抵押贷款发展的理论分析：基于 FPR – M – M 框架

农地经营权抵押贷款发展的关联要素众多，本节根据马克思主义经济学，认为土地、主体和模式是农地经营权抵押贷款发展三个最根本的要素，因此构建"农地产权—主体—模式"（farmland property right-main body-model）的 FPR – M – M 基本逻辑框架。三个要素之间既相互独立又相互联系，其运动决定着农地经营权抵押贷款的发展走向和基本成效。因此，在基于 FPR – M – M 逻辑框架并结合经典理论分析后，分别对政府主导型农地经营权抵押贷款实现（包括收入效应与履约机制）和风险管理（包括风险测度和预警、抵押物处置、风险分担）两个层面进行分析，如图 1 –1 所示。

1. 农地产权：农地经营权抵押贷款的基础

农地是农业发展的基本生产资料和生产要素之一。土地政策与制度的核心问题是土地产权，农地流转是以农地产权制度为基础的，因此农地产权制度是核心制度，不但会影响农业生产中的土地投入，而且会对诸如劳动力、资本和技术等生产要素产生影响。农地抵押实质上是农地经营权"资本化"或"金融化"（张海鹏和逄锦聚，2016）。因此，农地经营权抵押贷款发展的核心生产力要素和基础就是农地产权。下面基于马克思土地产权理论和地租地价理论展开分析。

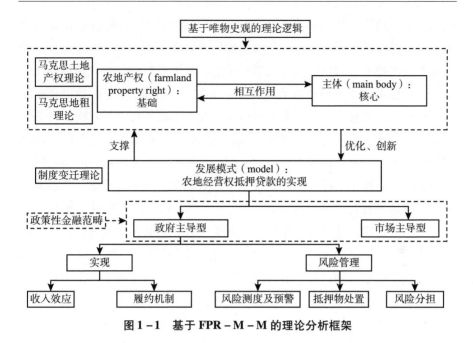

图1-1 基于FPR-M-M的理论分析框架

（1）基于马克思土地产权理论的分析。尽管马克思并没有明确在其经典著作中对"土地产权"进行定义，但在《资本论》和《政治经济学批判》中，马克思认为土地产权是以土地作为财产客体，以土地所有权为核心的多种权能集合体。能够从土地产权中分离出若干权能独立运作，如从最终所有权和所有权派生出来的占有权、转让权、处分权、使用权、出租权、收益权与抵押权等构成的权利集合，以上均属于财产权利范畴。

对于土地最终所有权，也称法定所有权，是指土地最终所有权主体把土地视为自己所能支配、排斥他人进入和干扰并取得社会承认的权利。马克思认为，"一些人垄断一定量的土地，把它作为排斥其他一切人的，只服从自己个人意志的领域"是土地最终所有权产生的前提，既说明土地最终所有权具有排他性，又说明土地客体的归属关系。在《公社和以公社为基础的所有制解体的原因》中，马克思指出了土地占有权和占有关系的含义："实际的占有，从一开始就不是发生在对这些条件的想象的关系中，而是发生在对这些条件的能动的、现实的关系中，也就是实际上把这些条件变为自己的主体活动的条件。"所以，对于土地占有权，是指经济主体对土地实际掌握和控制的权利。马克思理论中提出，由于公社的财产在最初的公社时期主要是土地财产，因此对财产的占有就是对土地财产的占有。土地处分权是土地产权中较为重要的权利之一，在参照事实和法律的基础上，土地处分权具体是指土地所有者有权力决定如何组织和处置土地，这个过程是土地所有权运作的表现形式。马克思又将土地处分权继续细分为最初处分权和最终处分权两个层次：对于最初处分权，是指在土地投入生产使用前，土地所有者有权决定是把土地留以自用还是租赁或抵押；对于最终处分权，是指租期届满的时候，土地所有者有权决定是否把土地出租给他人。马克思曾指出："不要忘记，在通常以九十九年为期的租约期满以后，土地以及土地上的一切建筑物，以及在租佃期内通常增加一两倍以上的地租，都会从建筑投机家或他的合法继承人那里，再回到原来那个土地所有者的最后继承人手里。"可见，马克思不仅认为租期届满后，能对土地加以处置的只能是该土地所有者，租佃人无权处置从土地所有者或其他合法产权人手中租赁来的土地，同时他认为存在土地有继承权，土地的继承权既包括土地最终所有者的继承也包括对土地使用权和占有权等权能的继承。对于土地转让权，既包括土地所有者将自身拥有的所有权转让给他人的权利，也包括在一定条件下土地其他产权权利的主体所享有的相应产权转让的权利。比如在租期内，租入土地的农场主有权利将土地进行二次出租等。对于土地使用权，是土地产权中最重要的权利之一，是指土地使用者根据相应的规章制度能够有效使用规定土地的权利。在《资本论》和《剩余价值理论》中，马克思曾对于土地使用权做过经典的论述。虽然马克思并没有特别清楚地阐明出土地使用权的概念，但在《资本论》中土地使用权这一名词多隐藏于字里行间，例如当马克思在阐述土地使用者和所有者之间的关系时，就曾使用过"土地使用权"。对于土地收益权，是指索取地租的权利，即土地所有者有权根据其对土地的最终所有权而取得一定收益的权利。也就是说，租地农场主有权凭借自己对土地的占有权和使用权等权能来获得经营利润。对于土地出租权，是指土地所有者把其所拥有的土地出租给小农、农场主或其他农业经营主体进行耕种而取得一定收益的权利。马克思在《剩余价值学说史》和《资本论》第三卷中都进行了深入探讨，这是马克思阐述最多的权能。对于土地抵押权，虽然马克思关于其论述内容相对较少，但他曾说："他究竟是自己收入地租，还是必须再把它付给一个抵押债权人，这不会在租地农场本身的经营上引起任何变化。"后者指的正是土地所有者的土地被抵押，可见马克思确实是讨论过土地抵押权这一土地产权的。

在土地产权理论的指导下，我国农地"三权分置"把经营权和承包权分离出来。土地经营权的核心是收益权，农地经营权抵押贷款是农户使用农地经营权来获得收益的行为。当农地经营权不能流转时，农业生产经营只能获得经营权收益（张广辉和方达，2018），土地制度限制了级差地租的提升。农地经营权抵押贷款权能的设定能够充分发挥农地经营权的金融属性，对于盘活农地资源、提高土地流转质量和效率具有重要的作用。

（2）地租地价理论的分析。第一个对地租理论展开研究的学者是古典经济学家威廉，他率先提出地价可由土地获得的地租资本化后得出这一观点，认为地租是指土地生产出的农产品扣除生产成本后的剩余部分，即土地生产农产品的剩余或净收益，地租＝市场价格－生产成本。亚当·斯密在《国富论》中提到地租是土地使用的成本，是向地主支付的土地使用权的价格，地租源于工人的无偿劳动。大卫·李嘉图在《政治经济学及赋税原理》中提到地租是土地使用者向土地所有者所支付的报酬，产生于对土地的占有，来自土地使用者的劳动。在现代西方经济学地租理论中，马歇尔认为生产要素包括土地、资本和劳动力。其中土地是资本的一种特殊形式，所有非劳动所得的有用物质都可以归为土地。马歇尔认为地租包括三个部分："原始价值""私有价值""公有价值"。其中，"原始价值"是土地与生俱来的；"私有价值"是指土地所有者自身投资于改良优化土地及建立在地上建筑物的劳动、资本以及由此带来的收入；"公有价值"是指社会发展进步会使土地具有。现代经济学地租地价理论的代表人物之一萨缪尔森认为土地供给数量是固定的，地租是土地使用的价格，其多少完全取决于土地需求者之间的竞争。萨缪尔森指出地租是向土地要素支付的报酬，其大小取决于生产要素相互依存的边际生产力；地租取决于供求的均衡价格，由于供给是缺乏弹性的，所以需求是其唯一的决定因素，地租完全取决于各土地需求者支付的竞争性价格。萨缪尔森认为，稀缺资源的配置可通过生产要素价格和地租来进行，从稀缺资源中收取地租有助于实现更有效的资源配置。马克思在对前人研究的基础上对现行地租地价理论进行批判和进一步发展。在他看来，资本主义地租的前提是土地私有制，土地使用者应在规定时间内向土地所有者支付一定货币量。他认为地租是由劳动所创造出的价值，是土地所有权主体凭借土地所有权而获得剩余价值的转换形式，也就是土地所有权的经济实现形式。马克思批判了李嘉图关于地租地价的部分理论，提出绝对地租形成的根本原因是垄断这一观点。

古典经济学家威廉承认存在级差地租，优质土地比劣等土地生产的农产品价值更高，并且地租还与土地的地理位置、土壤肥沃程度及农民耕作技术水平等因素密切相关。亚当·斯密赞成威廉的观点，认为级差地租的存在与距离市场的远近、肥沃程度及生产技术水平等因素是相关的。李嘉图以劳动价值论作为研究地租理论的基础，对级差地租存在的问题进行系统分析，他认为除因土地的地理位置和土壤的肥沃程度的不同将产生级差地租Ⅰ以外，还把源自规模报酬递减所产生的地租称为级差地租Ⅱ，并初步表明地租、级差地租的存在与形式。但李嘉图否认了绝对地租的存在，忽视了垄断是形成地租的主要原因。马克思在前人对级差地租总结的基础上，将级差地租系统地分为Ⅰ和Ⅱ。其中Ⅰ是由土地地理位置、肥沃程度以及生产状况决定的，而Ⅱ则是由生产率和连续投入量决定的。马克思的地租地价理论指出地价是土地租金的资本化表现形式，也就是土地所有者在转让土地所有权时应该获得的收入，即土地所有权价格。地租作为剩余劳动力价值的一部分，应该体现在经营权价值评估过程中。因此，马克思认为由于级差地租Ⅰ和Ⅱ的产生是土地肥沃程度、距离市场远近以及连续投入造成耕作生产率不同等因素直接导致的。可见在地租地价理论的指导下，经营权价格不仅要以亩产的价值来度量，还要将其肥沃程度、区位、耕作率等因素考虑在内，只有把这些因素均考虑进来才能够真正体现出土地的价值。

当无金融资本介入时，农业生产收益等于成本加农业利润，此时地租等于剩余价值，即农业利润；当金融部门作为经营权抵押贷款的供给方提供用于农业生产的贷款资金时，地租就被分割为农业利润和用于支付农地经营权抵押贷款的利息（方达和郭研，2020）。由于在公有制条件下土地归集体所有，绝对地租已经消失（蒋万里，1984）或并不直接体现于农业经营者收益中（杨继瑞，2011），所以下面的讨论集中在级差地租。农地经营权抵押反映出经营权的独立价值，该贷款抵押的是农地权利而非农业经营者的身份，这样减少了土地市场对农户身份的限制而增加了经营者之间的竞争，随着农地经营权价值的不断增加，低效率经营主体因不能支付土地流转费用和贷款利息而退出，农地经营权势必会越来越集中于生产效率高、信用水平佳、资本实力雄厚的经营主体，该主体能够进行更大规模和范围的农地流转，带动农地流转价格的进一步上升，从而增加农业超额利润率，所以农地经营权抵押贷款能够提升级差地租Ⅰ。高效率的农业经营主体在农地经营权抵押中能够获得更多信贷额度，缓解了农业信贷约束，更多资本将涌入农业生产部门，用于购买农药化肥、租用农用机械、研发农业技术或培育农业生产者劳动技能，所以说，农地经营权抵押贷款通过推进农业规模化经营、增加农业技术和农业人力资本的投入等方式提升农业的剩余价值率，带来级差地租Ⅱ的增加。

2. 参与主体：农地经营权抵押贷款的核心

农地经营权抵押贷款政策的出台和落地是一个系统工程。完善农地金融制度的确立需要发达的经济水平、成熟的市场环境及社会各方面的积极参与全力配合（惠献波，2014）。因此，农地经营权抵押贷款发展的核心是各参与主体，包括中央政府、地方政府、商业银行、专业合作社、担保公司、保险公司、农地评估机构、农地产权交易平台、增信机构、农户或新型农业经营主体等贷款申请者等（见图 1-2），这些利益相关方都是理性经济人，有各自的利益诉求，对农地经营权抵押贷款发展的愿意和行动逻辑各不相同，直接和间接地影响到农地经营权抵押贷款的发展和实施效果。根据各参与主体在贷款中的角色、所处的环节与发挥的作用不同，将其划为政府、商业银行、其他相关机构和贷款申请者四类。农地经营权抵押贷款发展最核心的生产关系是四类主体之间的关系。不同参与主体在农地经营权抵押贷款中的角色、收益和风险承担各不相同，发挥作用的方式就也不尽相同，四类主体间的协同合作促进农地经营权抵押贷款的发展。

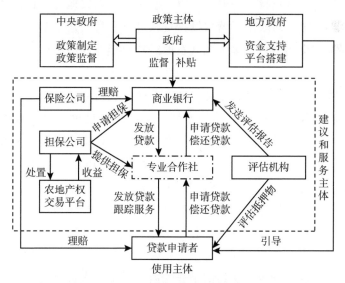

图 1-2 农地经营权抵押贷款的参与主体

马克思说："如果整个过程从其结果的角度，从产品的角度加以考察，那么劳动资料和劳动对象二者表现为生产资料，劳动本身则表现为生产劳动。"而这个过程就是"人以自身的活动来中介、调整和控制人与自然之间的物质变换过程"。因此，生产资料实质上是人们对劳动资料占有、支配、使用等经济关系。农地经营权抵押贷款的四类参与主体均对其发展所需生产资料拥有占有、支配、使用等权利，他们之间的关系也随条件的变化而改变。虽然表面上人对物的占有关系是生产资料所有制，但实质上人与人之间的关系是通过对物的占有而不断发展变化的。

在各参与主体中，政府起着主导或引导的作用。党中央、国务院部署和制定一切重大决策，是农地抵押贷款政策的制定者。《中华人民共和国农村土地承包法》和《中华人民共和国土地管理法》的修订体现出我国最高领导机构改革农村土地制度的意志和缓解农户因缺乏合意抵押物而面临信贷约束的决心。同时，农地抵押贷款政策出台后，中央政府还充当监督者的角色，即评估、考核、监测地方政府和金融机构等政策执行效果。然而政策成败有赖于地方政府（市、区县两级地方政府）是否能够有效执行，没有地方政府的配合，农地抵押贷款政策无法落地。虽然地方政府是传导中央政策指令的中介，并不是具有独立地位的控制主体，而是一个被控客体和传导中央指令的中介（李国正，2020），但其在属地拥有一定综合治理权和自由裁量权，一般采取以下举措：设立农地经营权抵押贷款专项风险补偿基金，对农地经营权抵押贷款进行贴息，建立县、乡、镇多级农村产权流转交易平台，牵头成立农地经营权抵押评估和处置的专业服务组织。

商业银行是市场主体，主要包括农信社、农村商业银行等，其参与意愿决定着农地经营权抵押贷款的发展。金融机构是理性经济人的企业主体，其经营本质是趋利避害，追求利润最大化。如果在农地抵押政策的实施过程让其承担过多风险就可能扰乱自由竞争的市场环境和导致金融失衡。因此，政府在推进农地经营权抵押贷款发展过程中应当把其占有的部分生产资料通过某种形式让渡给金融机构，从而让金融机构拥有支配和使用部分生产资料的权利，这样更有利于达到政策的预期效果。

对于其他参与主体，同样也享有相应的劳动资料使用权。专业合作社是贷款申请者与金融机构交易的中介。由于基于熟人社会关系网络，农户或新型农业经营主体与金融机构之间的交易就转化为专业合作社与金融机构之间的交易，因此能有效降低交易成本，提高贷款融资规模并相对更容易解决抵押物处置问题。无论是担保公司还是保险公司，都能够承担一定的违约风险，风险缓释有助于减轻商业银行的慎贷心理。农地评估机构、农村产权交易平台等多种方式为农地经营权抵押贷款提供担保，从而为农地抵押贷款主体融资增信。

一切生产过程中，人和人之间的关系是相互依存、相互联系、相互制约的。农地经营权抵押贷款发展的四个核心主体既是参与者也是受益者。各主体相互关联并互为补充，任何一方的行为选择均会对其他各方产生直接或者间接影响，只有协同互动并让各方都达到其所追求的目标，产生互利互惠的良性循环，才能保障农地经营权抵押贷款顺畅、持续地推进。

3. 发展模式：保障农地经营权抵押贷款的实现

马克思主义认为，事物的发展是螺旋式的上升和波浪式的前进。在不同的社会发展阶段，人与物之间的关系呈现出较多差别。不同的农地经营权抵押贷款会适应生产力发展的不同阶段而出现不同的模式，各发展模式有与其相适应的体制机制，是农地经营权抵押贷款发展的有力保障。

经济制度的产生、发展和作用是制度经济学的主要研究对象。制度变迁反映的是新制度（或新制度结构）产生、替代或改变旧制度的动态过程，该理论的发展经历了三个阶段：第一阶段是以凡勃伦为奠基石的开创性历史时期，这一时期确定了制度的概念，运用"累积因果论"解释制度变迁。第二阶段是以约·莫·克拉克为代表人物，他们对关于资本主义企业、技术与制度的相互作用等进行了深入分析，是对制度变迁理论的继承与发展。第三阶段是以诺思、科斯等为代表的新制度学蓬勃发展的时期。当然包括马克思、博弈论者和混沌经济学派在内的学者均对制度变迁理论进行了相应的解释说明。在制度变迁理论中，凡勃伦认为各种经济制度的发展是社会经济发展的根源，社会经济的发展正是人类经济生活中各种制度形态不断演进的过程。在《经济史中的结构与变迁》一书中，诺思提出制度变迁的三块基石分别是描述一个体制中激励个人和群体的产权理论、界定产权实施的国家理论和人们对"客观"变化出现的不同反应的意识形态理论。拉坦认为获利机会的存在使得个人理性得到响应，正是个人理性促进了制度变迁。农地经营权抵押贷款的出现是农村金融制度的突破和创新，它的推进是顺应乡村振兴的融资要求。就充分发挥农地融资功能进行的顶层设计与试点探索可看作一个制度变迁的过程。在制度变迁理论中，若所选择的变迁路径正确，制度变迁会沿着预定的方向发展，这样不仅能有效地调动起人们的积极性，还能在实质上提高资源配置效率，最终形成规模报酬递增的良性循环。因而，通过制度变迁理论来寻找合适的发展模式对于农地经营权抵押贷款的良性运转有较好的指导意义。

　　制度变迁包括诱致性制度变迁（也称需求主导型）和强制性制度变迁（也称供给主导型）两种基本类型。前者一般是由基层自下而上推动，变化是渐近的；后者一般是由政府自上而下推动，变化是激烈的。农地经营权抵押贷款发展推进的基本力量也是政府和市场，虽然市场逻辑应当是此贷款发展的动因，但由于农业本身对外部资本吸引力不足且农地是薄市场，需要政府干预逻辑与市场逻辑相互交织，因此农地经营权抵押贷款属于以国家信用为基础的、在政府支持下的政策性金融的范畴。政策性金融的服务对象于是处于强位弱势范畴的产业、地区和群体等对象（白钦先和王伟，2010），是带有特定政策性意向的投资、信用保险、担保、存款、存款保险、贴现和利息补贴等一系列特殊性资金融通行为的总称。农村政策性金融的十大功能中包括农业政策性导向功能、农业生产扶植功能和农村金融市场补缺性功能等（王伟和李钧，2011）。虽然当前我国各试点地区结合自身的市场化程度、生产力发展水平、农地抵押功能和制度生成方式等，形成政府主导型和市场主导型两类农地经营权抵押贷款模式，在各模式中政府和市场力量有着不同的行为逻辑、动力与角色。其中政府主导型是以政府行为为基础建立的金融制度，具有典型的外生性金融特征，"内部人控制"效应相对较弱；市场主导型是由各微观经济主体通过博弈形成的一种具有均衡性质的金融制度，"内部人控制"效应相对较强，具有典型的内生性金融特征。但无论哪种模式，农地经营权抵押贷款均属于政策性金融的范畴。即便是市场主导型模式，也并不是一般意义上的商业型抵押贷款，仍需要政府在其中主要起引导、规范以及监督作用（房启明等，2016）。

　　（1）政府主导型模式。在政策性金融范畴内，自上而下的政府主导型模式是由政府命令来引入和实行的制度改革，属于强制性制度变迁。中央和地方政府发布涉及土地确权、价值评估、贷款流程等方面的相关法规政策文件，政府、金融部门和相关机构密切配合，制定确权、评估、贷款操作流程等规章制度（梁虎和罗剑朝，2018），并成立政策性担保公司、设立农地经营权抵押贷款风险补偿基金等具有财政兜底意味风险补偿和缓释机制，来推进农地经营权抵押贷款。其主要优点是在我国农村金融监管体系和当前产权制度不完善的环境下，农村金融市场并不具备完全竞争的条件，此时政府参与到农地经营权抵押贷款的运行之中，能够凭借法律制度约束等手段有效阻止发生农户逆向选择行为和道德风险的情况，这样对农户按时归还贷款行为具有更强的约束力，从而调动起农户参与农业生产的积极性，达到提高农业产出水平的目的。其主要缺点是政府主导型农地经营权抵押贷款呈现出一种以政绩为导向的规模化运动（金太军和张振波，2014），政府更多地追求政绩效应而不是经济社会效益，且随着贷款规模不断扩大仅靠财政风险补偿基金支持不具有可持续性（宋坤和张馨予，2020）。当前政府主导型农地经营权抵押贷款模式更适合于地方财政实力较强、农村市场化程度高、农地流转规模较大且活跃的地区。

（2）市场主导型模式。在政策性金融的范畴内，自下而上的市场主导型模式是贷款申请者和农村金融机构为获利而共同协商的结果，属于诱致性制度变迁。贷款申请者自发成立土地经营权流转合作社，以部分土地入股成为合作社社员，贷款社员以其入股的土地经营权价值为限提供反担保，通过群体信用实现增信。而政府不介入具体的贷款业务，主要起引导、规范以及监督作用（房启明等，2016），地方政府和集体统筹具有公共品性质的农业生产社会化服务，为农业经营主体搭建完善的农村产权登记、评估、流转等公共服务平台和支付、征信、网络体系等农村金融基础设施建设。市场主导型模式的主要优点是市场化运行程度较高，通过价格机制和企业机制发挥市场的作用，金融机构具有开展该贷款的内生动力，参与度较高及具有持续性。其主要缺陷是商业银行因为追求自身利益而导致农地经营权抵押贷款的额度普遍较低。当前市场主导型模式仅在少数地方财政较弱、农业组织化程度较低、规模较小的试点地区成功，在大部分地区发展相对受限。

农地经营权抵押贷款的发展有赖于合适模式。伴随着主体协同的不断改进和生产力的不断发展，发展模式会随之不断优化，以保障其可持续发展。

1.5　模式选择与变迁

当前我国整个农村金融体系采用的是政府主导、财政支持、将外生金融移植于农村经济体系的发展路径。外生金融是指未遵循社会与经济系统内部制度特征而生发的金融活动，内生金融则是指遵循内部制度特征为取得更多获得机会而生发的金融活动。虽然以农业信贷补贴理论为理论支撑的农村外生金融在特定时期具有一定适用性，但大多以失败告终（焦兵，2012），政府财政支持的农村外生金融注定难以与农村的经济发展相适应

（赵忠奎，2014）。农地经营权抵押贷款的推进是以中央发布的司法制度为依据，地方政府出台相关制度为指导，以农村产权交易市场、农业保险、农业担保以及风险分担补偿制度、农地价值评估制度、农地流转风险保证金等配套制度为保障，是农村金融体系中的创新型金融产品。故自上而下的政府主导型农地经营权抵押贷款可视为外生金融，自下而上的市场主导型农地经营权抵押贷款则可视为内生金融。类似于农村外生金融普遍面临的可持续发展能力受限的实现，王君妍等（2018）、宋坤和张馨予（2020）以四川成都调研为例提出政府主导型农地经营权抵押贷款模式不具可持续性。那么这是否是政府主导型模式发展中存在的普遍现象？为何我国大部分试点地区均选择政府主导型模式来发展农地经营权抵押贷款？模式选择的条件是什么？为何政府主导型模式不具可持续性？欲从根本上破解农地经营权抵押贷款的发展困境，政府主导型模式变迁至市场主导型模式应当是最理想的，那么最优的变迁速度和路径是什么？模式变迁是一项系统工程，需要方方面面的协作配合，实现机制是什么？

回答上述问题，是推进未来农地经营权抵押贷款全面、高质量、可持续发展的关键，需要微观层面的理论分析，但是目前相关的研究非常鲜见。本节就运用经济学研究方法，构建动态优化模型对农地经营权抵押贷款模式选择、变迁及实现机制设计进行深入探讨。以为实现农地经营权抵押贷款从试点阶段向"扩面、增量"，进而向"扩面、增量、增质"方向的稳步发展提供创新思路。

1.5.1 政府主导在农地经营权抵押贷款中对农业发展的作用

虽然市场化是我国农村金融改革的总体方向，但必须坚持以政策扶持为引导。农地经营权抵押贷款的发展方向也需要遵循该原则，并不能完全按商业化思维来实现农地经营权套现。因此，先探讨政府在直接扶持和强力推进农地经营权抵押贷款的过程中，对农业产业发展的作用。

1. 对农业产业的促进作用

$$Y(t) = AK(t)^{\alpha} T(t)^{\delta} \qquad (1-1)$$

其中，$Y(t)$ 是试点地区农业产业的发展；$K(t)$ 是试点地区农业资本投入；α 和 δ 分别为资本和技术贡献度。假定农业资本投入构成为自我积累和农地经营权抵押贷款，则

$$K(t) = K(0) + S_L(t) \qquad (1-2)$$

$T(t)$ 是农业技术水平，满足

$$T(t) = T(0)e^{rt} \tag{1-3}$$

其中，$T(0)$ 是初始技术水平；r 是技术进步系数，$r = r(S_L)$。由于农业生产技术水平的提升需要资本投入，假设不考虑试点地区其他农业类贷款，政府是促进技术进步的主要动力，政府主导型农地经营权抵押提升技术的水平随政府主导型模式下农地经营权抵押贷款的增加而提高，因此 $r'(S_L) > 0$。

假定政府主导型模式下农地经营权抵押贷款对农业产业的支持是指数增长的，可得

$$S_L(t) = S_L(0)e^{\omega t} \tag{1-4}$$

其中，ω 是农地经营权抵押贷款支持农业产业投入的增长系数。

由式（1-1）～式（1-4），农业生产函数可变换为

$$Y(t) = AT(0)^{\delta} e^{\delta S_L(t) r(S_L(t)) t} [S_L(t) + K(0)]^{\alpha} \tag{1-5}$$

对式（1-5）两边取自然对数后对 t 求导，得到

$$\frac{\mathrm{dln}Y(t)}{\mathrm{d}t} = \delta S_L(t) r(S_L(t)) + \delta \omega S_L(t) r'(S_L(t)) + \frac{\alpha \omega S_L(t)}{S_L(t) + K(0)}$$

$$\tag{1-6}$$

因此，政府主导型农地经营权抵押贷款模式下，农业产出的变动方程为

$$\dot{Y}_G(t) = \delta S_L(t) r(S_L(t)) + \delta \omega S_L(t) r'(S_L(t)) + \frac{\alpha \omega S_L(t)}{S_L(t) + K(0)} \tag{1-7}$$

由式（1-7）可以看出，政府主导型农地经营权抵押贷款量 $S_L(t)$、贷款增长率 ω、农业的资本贡献度 α、技术贡献度 δ 和技术进步系数 $r(S_L(t))$ 均对农业产出的长期增长具有正向推动作用。政府主导型模式农地经营权抵押贷款是通过资本投入增多和技术水平提升两个渠道来促进农业增长的。

2. 吸引资金进入农业产业的诱导作用

政府主导型模式下，对商业性贷款的诱导系数为，表示该模式下 1 单位贷款能吸引 1 单位商业性贷款进入农业产业。农业生产函数由式（1-5）变换为

$$Y(t) = AT(0)^{\delta} e^{\delta S_L(t) r(S_L(t)) t} [(1+\xi) S_L(t) + K(0)]^{\alpha} \tag{1-8}$$

对式（1-8）两边取自然对数后对 t 求导，得到

$$\frac{\mathrm{dln}Y(t)}{\mathrm{d}t} = \delta S_L(t) r(S_L(t)) + \delta \omega S_L(t) r'(S_L(t)) + \frac{(1+\xi) \alpha \omega S_L(t)}{(1+\xi) S_L(t) + K(0)}$$

$$\tag{1-9}$$

因此，农业产出的变动方程为

$$\dot{Y}_{G+M}(t) = \delta S_L(t) r(S_L(t)) + \delta \omega S_L(t) r'(S_L(t)) + \frac{(1+\xi)\alpha\omega S_L(t)}{(1+\xi)S_L(t) + K(0)}$$

$$(1-10)$$

对比式（1-7）和式（1-10），可发现 $\dot{Y}_{G+M}(t) > \dot{Y}_G(t)$，说明在政府主导型农地经营权抵押贷款的带动下，正外部效应显现，商业性贷款逐渐产生进入该领域的动力，这进一步带动农业增长率的提升，并且 ξ 越大，农业增长率越高，农业收益率越高。所以政府主导型农地经营权抵押贷款对商业性贷款具有虹吸和扩张的功能，即诱导作用。

1.5.2　农地经营权抵押贷款两种模式存在的条件

设 $D(t)$ 为 t 时刻农地经营权抵押贷款试点地区对该贷款的需求，$N(t)$ 为 t 时刻试点地区对该贷款有需求的传统农户以及新型农业经营主体的数量，l 为农地经营权抵押贷款的平均贷款量。则农地经营权抵押贷款的需求函数表示为

$$D_L(t) = lN(t) \qquad (1-11)$$

$N(t)$ 可用 Logistic 方程表示为

$$N(t) = a[1 - N(t)/N_m]N(t)，\ N(0) = N_0 \qquad (1-12)$$

其中，a 是传统农户以及新型农业经营主体数量的内禀增长率；N_m 是试点地区受农业产业以及农地流转规模所限的环境容纳量。

用分离变量法求解式（1-12），可得

$$N(t) = N_m/[1 + (N_m/N_0 - 1)e^{-at}] \qquad (1-13)$$

式（1-13）代入式（1-11），可得

$$D_L(t) = lN_m/[1 + (N_m/N_0 - 1)e^{-at}] \qquad (1-14)$$

假定试点地区农村金融机构为传统农户和新型农业经营主体提供的融资渠道只有农地经营权抵押贷款一个品种，那么该贷款的供给量就可视为试点地区农村金融行业的产出。产出由生产要素决定，一般主要包括技术、资金和劳动力。由于该贷款的发放较少涉及技术层面，因此忽略该因素。农村金融机构发放农地经营权抵押贷款时要考察贷款申请人及家庭经济禀赋特征、区位、地方金融环境和地方政策导向等因素（曹瓅和罗剑朝，2015；张龙耀等，2015），这些因素归纳汇总起来均体现出当地农业经济发展水平、地方政府对农地产权流转交易市场等的准公共服务平台的建设程度。那么，资金因素就是农业资本存量和政府对农业准公共平台的

投入，劳动力就是参与农地经营权抵押贷款的农村金融机构的相关工作人员。由于 Cobb – Douglas 生产函数在供给约束型经济态势下比需求约束型经济态势更具有效性（刘巍和陈昭，2018），从经济控制的角度看，农地经营权抵押贷款的供给能够 Cobb – Douglas 生产函数表示为

$$S_L(t) = AK(t)^\alpha L(t)^\beta \tag{1-15}$$

其中，K 是包括农业准公共物品在内的农业资本存量；L 是银行中从事农地经营权抵押贷款的工作人员。$K(t)$ 的变动方程表示为

$$\dot{K}(t) = \tau M(t) \tag{1-16}$$

其中，τ 是资本形成率；$M(t) \in [0, iK(t)]$，i 为可用资金比例。

$L(t)$ 的变动方程表示为

$$\dot{L}(t) = L_e(t) \tag{1-17}$$

其中，$L(0) = L_0$ 是初始值；$L_e(t)$ 是有效劳动力，$L_e(t) \in [0, jL(t)]$，$j \leqslant 1$。因为农地经营权抵押贷款不同于其他贷款，抵押物的评估、风险管理和具体的贷款发放需要经过一系列的培训，所以 j 表示可投入的劳动力占比。

为使农地经营权抵押贷款供需偏差最小化，满足以下要求：

$$T = \min \frac{1}{2} \left[(S_L(t_T) - D_L(t_T))^2 + \int_0^T (S_L(t) - D_L(t))^2 \mathrm{d}t \right] \tag{1-18}$$

其中，t_T 是最终时间，由式（1–14）~式（1–18），可得动态优化模型为

$$T = \min \frac{1}{2} \left[(S_L(t_T) - D_L(t_T))^2 + \int_0^T (S_L(t) - D_L(t))^2 \mathrm{d}t \right]$$

$$\text{s. t.} \begin{cases} D_L(t) = \dfrac{lN_m}{[1 + (N_m/N_0 - 1)e^{-at}]} \\ S_L(t) = AK(t)^\alpha L(t)^\beta \\ \dot{K}(t) = \tau M(t) \\ M(t) \in [0, iK(t)] \\ \dot{L}(t) = L_e(t) \\ L_e(t) \in [0, jL(t)] \end{cases} \tag{1-19}$$

令

$$U(t) = [K(t) \quad L(t)]^\mathrm{T}, \ V(t) = [M(t) \quad L_e(t)]^\mathrm{T},$$
$$\lambda(t) = [\lambda_1(t) \quad \lambda_2(t)]^\mathrm{T}, \ K_0 = K(0),$$
$$\Omega = (M(t) \in [0, iK(t)]) \cup (L_e(t) \in [0, jL(t)])$$

构造 Hamilton 函数：

$$H = \frac{\left\{AK(t)^{\alpha}L(t)^{\beta} - \dfrac{lN_m}{\left[1 + (N_m/N_0 - 1)e^{-at}\right]}\right\}^2}{2} + \lambda_1(t)\tau M(t) + \lambda_2(t)L_e(t)$$

$$(1-20)$$

由最小值原理，式（1-19）的解应满足以下必要条件：

$$H(U^*(t), V^*(t), \lambda^*(t), t) = \min H(U^*(t), V^*(t), \lambda^*(t), t)$$

$$(1-21)$$

$$\dot{U}(t) = \frac{\partial H}{\partial \lambda}, \quad U(0) = U_0 \qquad (1-22)$$

$$\begin{cases} \dot{\lambda}(t) = -\dfrac{\partial H}{\partial U} \\ \lambda(t_T) = \dfrac{\partial}{\partial U}\left\{\dfrac{1}{2}\left[AK(t_T)^{\alpha}L(t_T)^{\beta} - \dfrac{lN_m}{\left[1 + (N_m/N_0 - 1)e^{-at_T}\right]}\right]^2\right\} \end{cases}$$

$$(1-23)$$

其中，$U^*(t)$、$V^*(t)$、$\lambda^*(t)$ 是最优值。

由式（1-23）可得

$$\begin{cases} \dot{\lambda_1}(t) = -\left[AK(t)^{\alpha}L(t)^{\beta} - \dfrac{lN_m}{1 + (N_m/N_0 - 1)e^{-at}}\right] \times \alpha AK(t)^{\alpha-1}L(t)^{\beta} \\ \lambda_1(t_T) = -\left[AK(t_T)^{\alpha}L(t_T)^{\beta} - \dfrac{lN_m}{1 + (N_m/N_0 - 1)e^{-at_T}}\right] \times \alpha AK(t_T)^{\alpha-1}L(t_T)^{\beta} \end{cases}$$

$$(1-24)$$

$$\begin{cases} \dot{\lambda_2}(t) = -\left[AK(t)^{\alpha}L(t)^{\beta} - \dfrac{lN_m}{1 + (N_m/N_0 - 1)e^{-at}}\right] \times \beta AK(t)^{\alpha}L(t)^{\beta-1} \\ \lambda_2(t_T) = -\left[AK(t_T)^{\alpha}L(t_T)^{\beta} - \dfrac{lN_m}{1 + (N_m/N_0 - 1)e^{-at_T}}\right] \times \beta AK(t_T)^{\alpha}L(t_T)^{\beta-1} \end{cases}$$

$$(1-25)$$

由式（1-21）可得

$$\begin{cases} M^*(t) = \begin{cases} iK(t), & \lambda_1(t) < 0 \\ 不定, & \lambda_1(t) = 0 \\ 0, & \lambda_1(t) > 0 \end{cases} \\ L_e^*(t) = \begin{cases} jL(t), & \lambda_2(t) < 0 \\ 不定, & \lambda_2(t) = 0 \\ 0, & \lambda_2(t) > 0 \end{cases} \end{cases}$$

$$(1-26)$$

虽然农地抵押贷款业务的实施有效缓解了农村地区普遍存在的信贷约束（戴琳等，2020），但也有观点认为农地抵押贷款的实施不会缓解农村信贷约束，如波兰、秘鲁、泰国（张龙耀和杨军，2011）、洪都拉斯及尼加拉瓜（Boucher et al.，2005）；或者需要在满足一定条件的情况下才能缓解信贷约束，如资本收益（Deininger，2003）、交易成本（Carter and Olinto，2003）、农地规模（王兴稳和纪月清，2007）等需要达到特定水平，或通过担保分担风险（宋坤和王君妍，2021）。根据式（1-25）和式（1-26），当农地经营权抵押贷款的供给小于需求时，$\lambda_1(t) > 0$ 且 $\lambda_2(t) > 0$，此时可用农业资本 $M^*(t)$ 和从事该贷款农村金融机构从业人员有效数量 $L_e^*(t)$ 的最优解均为零；而当供给大于需求时，$\lambda_1(t) < 0$ 且 $\lambda_2(t) < 0$，此时最优的可用农业资本和办理该贷款的农村金融机构从业人员数量均会增加。

农业是弱质产业，周期长、风险高、盈利低、成本高，我国农业经营主体的融资困境广泛存在：2018 年全国农业贷款余额为 3.94 万亿元，不到全部贷款余额的 3%；[①] 何明生和帅旭（2008）调研发现在 545 户样本农户中，有 38.79% 的农户受到正规金融信贷配给。区别于一般商业性抵押贷款的供求关系，农地经营权抵押贷款属于农户贷款且尚处于试点推广阶段，因此当其供给型信贷配给不大于其他类型农户贷款的供给型信贷配时，其供求的市场化程度相当于达到一般农户贷款供求的市场化水平，此时农村金融机构发放农地抵押贷款的意愿相对较高，贷款供给受政府干预程度相对较小，贷款的供给量可视为不小于需求量；反之贷款的供给量可视为小于需求量。不同地区的农业经济发展差异较大，农业经营主体受供求型信贷配给的程度也各异，可以因地制宜地采用探索性研究确定农村金融机构对农地经营权抵押贷款接受度的临界值[②]。当接受度小于临界值时，$\lambda_1(t) > 0$ 且 $\lambda_2(t) > 0$，最优解表明农村金融机构并不愿意参与农地经营权抵押贷款。有学者的研究也表明，金融机构中大部分从业人员认为该贷款不值得推广（黄源和谢冬梅，2017），农地产权抵押贷款政策业务确实不理想（陈东平和高名姿，2018），贷款总供给仍然不足（林建伟，2018）。此情况下该贷款的发展存在较大外部性问题，自身的成长能力偏

---

① 中国人民银行官方网站（www.pbc.gov.cn/goutongjiaoliu/113456/113469/3752832/index.html）。

② 关于临界值的确定，梁虎和罗剑朝（2019）基于 3459 户样本农户发现，35.24% 的农户受到不同程度的信贷配给，其中供给型的占 18.17%，因此可以视 81.83% 为调研地区农村金融机构对农地经营权抵押贷款接受度的临界点。

弱，只靠自身力量可能会长期处于无法有效启动的状态，因此发展需要政府采取行动来矫正制度供给不足（Lin，1989），即需要地方政府承担起拓荒者责任来"兜底"。这就解释了当前全国绝大部分试点地区主要采用"自上而上"政府主导模式、农地经营权抵押贷款带有很强政策趋向性的现象，政府成为贷款的倡导者和市场风险的最终承担者。如宁夏平罗有73.3%的信贷员愿意积极开展农地抵押贷款业务（梁虎和罗剑朝，2018），该地区选择政府主导型模式来发展。当农村金融机构对农地经营权抵押贷款的接受度大于临界值时，$\lambda_1(t) < 0$ 且 $\lambda_2(t) < 0$ 时，最优解表明农村金融机构能够积极参与农地经营权抵押贷款。说明此时农村金融机构对该贷款的收益预期表示乐观，该贷款能够促进生产并存在正外部效应。但政府主导型模式下，农户能获得的最大贷款额度不超过土地经营权抵押评估价值的70%，如四川成都①和福建明溪、西藏山南市滴新村抵押率最高不超过60%（王艳西，2019）、山东枣庄控制在评估价值的30% ~ 50%（王岩等，2017）、陕西高陵不得超过50%；而市场主导型模式下，农户能获得的最大贷款额度不超过用于反担保的农地经营权评估价值的80%（王岩等，2017）。这意味着市场主导型农地抵押贷款的贷款户可获得的贷款额度会高于政府主导型农地抵押贷款的贷款户。因此，此情况下应当让市场作为资源配置的主体，选择市场主导模式来发展，减少政府的行政干扰，政府充当监督者而非驱动者，如宁波市江北区83.7%的农村金融机构信贷员愿意接受农地抵押（俞滨和郭延安，2018），该地区选择市场主导型模式来发展。

农地经营权抵押贷款发展模式选择的关键是看各试点地区的供求关系，如果农村金融机构的接受度为当地临界值，政府主导型模式更合适该地区；反之，市场主导型模式更合适。由于当前农户贷款普遍存在信贷配给，且供给信贷配给高于需求信贷配给，因此影响农地经营权抵押贷款模式选择的关键在于贷款供给量。

1.5.3 两种模式下农地经营权抵押贷款的价格形成与成本分析

实践证明，政府主导型农地经营权抵押贷款过分倚重财政（赵忠奎，2015），且在行政主导下依赖财政支持与政策移植的金融发展模式多以失败告终。因此，下面通过分析其价格形成，即不同模式下贷款利率水平和

---

① 激活土地沉睡资本 成都农地经营权抵押贷款调查［N］. 四川日报，2013 - 09 - 30。

融资成本的变化，来看政府主导型模式农地经营权抵押贷款是否具备可持续发展能力。

乡村振兴战略中的"五大振兴"均不同程度存在金融需求，包括农村产业提升、优化基础建设、整治农村环境以及促进农民增收等方面，金融需求呈现多元化态势。无论是龙头企业、农民专业合作社等大农户和优质的存量客户（黄惠春，2014）还是小农户（李韬和罗剑朝，2015），对农地抵押贷款的响应都较为积极（王蓓和郭晓鸣，2017；宋洪远等，2020）。因此，贷款需求的边际需求弹性提高，贷款需求曲线向右方平移，从 D_0 移至 D_1。在市场主导型模式下，贷款供给量也会随之增加，供给曲线向右方平移，从 S_0 移至 S_1，均衡点由 A 点移至 B 点（如图 1 – 3（a）所示），贷款利率从 R_0 增至 R_1，贷款量从 Q_0 增至 Q_1。

短期来看，政府主导型模式下农业经营主体的申请意愿远低于市场主导型，如在市场主导型的宁波市江北区，76.2% 的农业经营主体愿意申请农地抵押贷款（俞滨和郭延安，2018）、同心县农户愿意参与的概率为 91.06%（杨婷怡和罗剑朝，2014）；而在政府主导型的高陵县仅有 30.91% 的农户愿意参与（杨婷怡和罗剑朝，2014）。因此，政府主导型模式下农地抵押贷款的边际需求弹性更小，贷款需求曲线会向右移至 D_1'。出于满足当地政府政治任务和金融监管机构的指标要求，基层农村金融机构的贷款供给短期会增加，由于政府主导下农业经营主体主要是新型农业经营主体，因此贷款供给量大于市场主导型，供给曲线会向右移至 S_1'，D_1' 和 S_1' 相交于 C 点，均衡点由 A 点移至 C 点（如图 1 – 3（b）所示）。此时，贷款利率 R_1' 低于市场主导型模式下的利率 R_1，但贷款量 Q_1' 高于 Q_1。

长期来看，如果农村产权配套机制、评估方法、处置制度仍不完善，政府主导型模式下农村金融机构的供给激励会不足，农村金融机构出于风险的考虑会减少贷款供给。但试点地区的地方政府推动农地经营权抵押贷款树立"改革典型"是其理性选择，基层农村金融机构出于政绩和满足监管政策目标的考虑，不会让贷款供给下降太快，贷款供给曲线会向左略微移到 S_2。虽然农地经营权抵押贷款业务在开办过程中，融资主体申办意愿不断升高[①]，但相较于市场主导型由农业经营主体牵头建立土地合作社等内生型中介组织，政府主导型模式需要通过依托政府部门兴办的外生型中

---

① 从对金融机构和农户的一项实地调查看农地经营权抵押贷款"难"在哪儿？中国金融新闻网，2019 – 01 – 03。

介组织（如村集体、产业协会、政策性担保机构等）来协助，农村金融机构的信息搜寻成本和监督执行成本更高（姜美善等，2020），而且这些交易费用会转嫁给贷款申请者。如政府主导型重庆江津的担保费率为2%（汪险生和郭忠兴，2017）、山东枣庄担保手续费为3%（王岩等，2017）、四川成都温江区的第三方评估费为3‰和监管费为2%（刘钰和宋坤，2019）。因此，贷款需求只会小幅增加，贷款需求曲线将由D_2'向右略微移至D_2。S_2和D_2相交，均衡点由C点移至D点（如图1－3（c）所示），贷款利率从R_1'增至R_2，仍低于市场主导型贷款利率R_1；贷款量从Q_1'降至Q_2，仍高于市场主导型贷款量Q_1。上述分析与当前各试点地区农地经营权抵押贷款利率表现相符：政府主导型下的重庆江津贷款年利率为9%（汪险生和郭忠兴，2017）、宁夏平罗为9%（王岩等，2017）、山东枣庄为6%~8%（王岩等，2017）、四川成都温江区为5.65%（刘钰和宋坤，2019），市场主导型的宁夏同心贷款利率一般为12.8%，部分信誉良好的"信用村"为达到10.8%（王岩等，2017）。

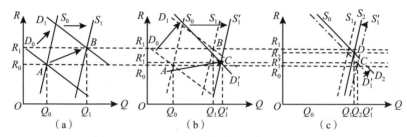

图1－3　市场配置和政府主导对农地经营权抵押贷款利率的影响

动态分析供求关系可见，相对于市场主导型，政府主导型模式下的农地经营权抵押贷款利率无论是短期还是长期都是有管制的，相对较低；贷款量从趋势上看并不会呈现增加的态势，贷款易陷入"停滞"状态。

既然不同模式下农地经营权抵押贷款融资成本大小有差别，那融资成本具体会带来哪些影响，以下从农地经营权抵押贷款申请者决策的角度进行分析。

假设只有农地经营权抵押贷款一个贷款品种，传统农户和新型农业经营主体的行为是理性的，其自身拥有的资产、可用于耕种的农地数量以及非农收入分别为W、T和F，只有农地可用于抵押。令v为单位农地的价值，y为单位农地的固定成本支出，I为单位农地的净收益。k为单位农地的资金投入，则贷款总额就是kT。令R是贷款利率，则贷款利息就是

kTR。令 C_{ca} 为农地经营权抵押贷款的相关信息费用和交易成本，包括信息搜集、担保、评估、审查、决策和监督。那么传统农户或新型农业经营主体期末可支配财富为

$$\begin{cases} Z^s = W + F + (v + I - kR)T - C_{c\alpha} \\ Z^f = W + F - C_{ca} \end{cases} \quad (1-27)$$

其中，Z^s 是传统农户或新型农业经营主体利用农地经营权抵押贷款投资农业产业成功时的期末可支配财富；Z^f 是失败时的期末可支配财富，此时其因贷款违约而将失去农地。

若传统农户或新型农业经营主体利用贷款投资农业产业成功的概率为 P，则其效用函数可表示为

$$\max Z^* = \max u \left[P Z^s + (1-P) Z^f \right] \quad (1-28)$$

$$\text{s. t. } \varphi = P(1-Rk) - (1-P)v - \frac{C_{ca}}{T} > y \quad (1-29)$$

其中，式（1-29）是约束函数，意味着只有单位农地期望净收益 φ 大于单位农地固定成本支出 y 时，传统农户或新型农业经营主体才会申请贷款。

由式（1-29）可见，单位农地的净收益 I、投资农业成功概率 P 以及可用于耕种的农地数量 T 对农地经营权抵押贷款需求有积极的影响；贷款利率 R、单位农地的资金投入 k、单位农地的价值 v、贷款的其他费用 C_{ca} 对需求有负向的影响。值得注意的是，C_{ca} 越大，T 也应该增大才能保证单位农地期望净收益 φ 不减少，因为相较于零散细碎的农地，规模化的农地能够降低农村金融机构在贷款方面的信息费用和交易成本。综上可知，政府主导型模式下的 C_{ca} 大于市场主导型的，这就解释了当前试点地区政府主导型模式下农地抵押规模普遍大于市场主导型模式的原因，金融机构本身更倾向于把农地抵押贷款发放给农业生产经营大户（王兴稳和纪月清，2007）。如政府主导型的福建明溪县为从事连片种植业经营100亩以上、种养业50亩以上、设施农业50亩以上的规模主体提供农地抵押贷款，市场主导型的宁夏同心县发放的农地抵押贷款中，户均抵押土地6.07亩（王岩等，2017）。因此，政府主导型模式更适合新型农业经营主体，而市场主导型模式更适合小规模农业经营主体。也正是因为抵押规模更大，政府主导型模式下的农地抵押贷款金额普遍大于市场主导型模式的。如政府主导型的宁夏平罗县截至2014年累计发放3300多笔、金额1.45亿元，平均每笔4.4万元（曹瓅和罗剑朝，2015）；政府主导型的成都市温江区截至2019年12月发放农地抵押贷款488笔、17.64亿元，平均每

笔361.4万元①；市场主导型的宁夏同心截至2018年6月发放贷款2.2万笔，金额6.9亿元、平均每笔3.14万元②。可见，市场主导型农地经营权抵押贷款的效率高于政府主导型模式。

此外，市场主导型模式下，农村金融机构出于风险的考虑，更倾向于向农业产业投资成功率 P 更高、单位农地的净收益 I 更大的农业经营主体放贷。当前市场主导型模式主要在农业收入占年户均总收入比重较大的地区开展（杨婷怡和罗剑朝，2014），这些地区的单位农地价值 v 相对较低。同时主要依靠内生型机构进行担保，贷款交易费用 C_{ca} 也非常低。因此，政府主导型模式下单位农地期望净收益 φ 低于市场主导型的。这意味着从长期来看，政府主导型模式下农业经营主体参与农地经营权抵押贷款的意愿会是偏低的，政府主导型模式不具备长期持续发展的可能性。

1.5.4 进一步讨论：模式的变迁路径及实现机制

综上所述，政府主导型模式下，农地抵押贷款量趋势上并不会增加，且农业经营主体参与该贷款的意愿偏低，依靠政府主导型模式大力发展农地经营权抵押贷款显然不足取并不具有可持续性。考虑到农村金融改革的内在逻辑和趋势，政府不该采用行政手段直接配置资源或影响资源的合理流动。因此，政府主导型模式应循序渐进适时收缩的规律，分阶段逐步变迁为市场主导型模式。

1. 模式变迁的速度与路径

$m(t)$ 表示农地经营权抵押贷款模式的代理变量，是时间的函数。$v_m(t) = \mathrm{d}m(t)/\mathrm{d}t$ 是政府主导型模式变迁为市场主导型模式的速度，$v_m(t) > 0$ 表示市场主导型模式的深入发展，$v_m(t) < 0$ 则说明市场主导模式发展的倒退。前面分析可知市场主导型农地经营权抵押贷款效率更高，即该贷款的发展效率 ef 与贷款模式变迁至市场主导型模式的速度成正比，可得 $ef = c + dv_m$，其中，$c > 0$，$d > 0$。效率越高，金融机构和农业经营主体对模式向市场主导型变迁的支持程度越高，但支持度具有边际递减的效应。因此，来自效率提高对支持程度的影响可表示为 $V_{Gef}(ef) = -pef^2 + qef$，其中，$p > 0$，$q > 0$，$ef \in [0, p/2q]$。金融机构和农业经营主体支持政府主导型模式向市场主导型模式变迁的原因是对未来效率提升抱有期望，但随着模式变迁的推进，预期提高的效率会逐渐下降。若设预期效率为 ef^e，可得

---

① 成都市农业农村局，2020 – 03 – 27。
② 陈伟忠. 土地活起来 农户富起来 [N]. 金融时报，2018 – 08 – 21。

$ef^e = g - hm$，其中，$g > 0$，$h > 0$。预期效率与金融机构和农业经营主体对模式变迁的支持程度正向相关。若设 r_1 为预期效率转换为支持程度的比率，来自预期效率提高对支持程度的影响可表示为 $V_{Gef^e} = r_1 ef^e = r_1(g - hm)$，其中，$r_1 > 0$。模式的变迁存在变迁成本 C，C 和变迁速度正相关，可设 $C = c' + d' v_m$，其中，$c' > 0$，$d' > 0$。变迁成本越高，金融机构和农业经营主体对模式变迁的支持程度越小，来自变迁成本变化对支持程度的影响可表示为 $V_{GC} = -wC^2$，其中，$w > 0$。因此，金融机构和农业经营主体对模式变迁的总支持程度 $V_G = V_{Gef} + V_{Gef^e} - V_{GC}$。鉴于向市场主导型模式的变迁具有渐进性，在 $t \in (0, T)$ 的区间里，政府需要在政府主导型模式向市场主导型模式变迁的初始状态直至完成的目标约束下调整变迁速度 v_m，以使目标函数 $V_G(v_m, m)$ 达到最优。目标函数的最优动态方程为

$$\max \int_0^T V_G e^{rt} \mathrm{d}t$$

$$= \int_0^T \left[-p(c + dv_m)^2 + q(c + dv_m) + r_1(g - hm) + w(c' + d'v_m)^2 \right] e^{rt} \mathrm{d}t$$

$$\text{s. t. } \mathrm{d}m/\mathrm{d}t = v_m, \quad m(0) = m_0 \qquad (1-30)$$

其中，m_0 是政府主导型模式开始向市场主导型模式变迁的初始状态，m_T 是 T 时刻要达到的变迁目标。构造 Hamilton 函数，求解可得到最优变迁速度 $v_m^*(t)$ 和最优变迁路径 $m^*(t)$：

$$v_m^*(t) = \theta e^{r(T-t)} - \vartheta \qquad (1-31)$$

其中，$\theta = \dfrac{r_1 h}{2r(pd^2 - wd'^2)} > 0$，$\vartheta = \dfrac{r_1 h + 2pcdr - 2wc'd'r - dqr}{2r(pd^2 + pd'^2)} > 0$。

$$m^*(t) = \frac{\theta e^{rT}(1 - e^{-rt})}{r} - \vartheta t + m_0 = -v_m^*(t)/r - \vartheta/r - \vartheta t + \theta e^{rT}/r + m_0$$

$$(1-32)$$

对 $v_m^*(t)$ 关于 t 求一阶导数，得到 $\mathrm{d}v_m^*(t)/\mathrm{d}t = -r\theta e^{r(T-t)} < 0$，说明模式变迁速度随时间推移而减少。因此，政府在政府主导型向市场主导型模式的变迁初期需要采取较大变迁力度并快速推进，使金融机构和农业经营主体获得在现有政府主导型模式下无法取得的潜在变迁收益，保证市场主导型模式的可持续发展。对 $v_m^*(t)$ 关于 t 求二阶导数，得到 $\mathrm{d}^2 v_m^*(t)/\mathrm{d}t^2 = r^2 \theta e^{r(T-t)} > 0$，说明模式变迁速度下降的程度呈递增状态。由于 $t \in (0, T)$，$v_m^*(0) = \theta e^{rT} - \vartheta$ 是最大值，$v_m^*(T) = \theta - \vartheta > 0$ 是最小值。$v_m^*(T) > 0$ 说明政府一直在推进市场主导型模式，由于该点是市场主导型模式推进过程中最优模式变迁速度的最小值，政府应当在该点采取新的农地经营权抵押贷款

模式,所以 $v_m^*(T)$ 能够作为开始推进市场主导型模式的先验指标。

对 m^* 关于 v_m 求一阶导数,得到 $\mathrm{d}m^*/\mathrm{d}v_m = -1/r < 0$,说明变迁速度越快,变迁路径越接近于市场主导型模式。对 m^* 关于 v_m 求二阶导数,得到 $\mathrm{d}^2m^*/\mathrm{d}v_m^2 = 1/r^2 > 0$,说明变迁速度越快,越有利于变迁的进行,市场主导型模式会加速形成。

2. 模式变迁的实现机制

农地经营权抵押贷款从政府主导型模式变迁至市场主导型模式的推进速度会逐渐下降,且速度衰减的程度呈递增状态,但变迁速度会促使市场主导型模式加速形成。因此,农地经营权抵押贷款向市场主导型模式的变迁应分阶段进行。在我国推进现代农业转型升级和农村社会连带逐渐由家人连带、熟人连带过渡至弱连带甚至无连带的背景下模式变迁是一项系统工程,本节构建包括动力机制、保障机制和运行机制在内的模式变迁实现机制,三大机制相互影响、相互促进,分阶段合力推进模式变迁至市场主导型(见图1-4),最终达到农地经营权抵押贷款发展的理想状态。

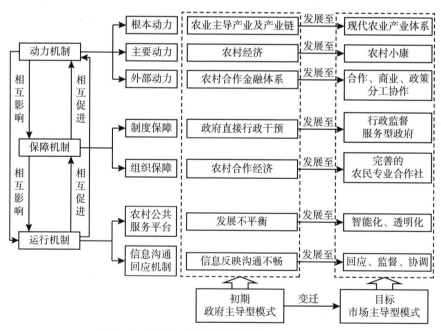

图1-4　农地经营权抵押贷款从政府主导型模式
变迁至市场主导型模式的实现机制

（1）动力机制。

①兴旺农业产业以至建立起现代农业产业体系是农地经营权抵押贷款向市场主导型模式变迁直至最终形成的根本动力。农业产业和上下游关联农业产业的兴旺一方面能够提升农业净产值从而真正激发农地经营权抵押贷款的市场潜力，另一方面其所获得的收益能够保障贷款的偿还。

②提振农村经济发展以至实现农村小康是农地经营权抵押贷款向市场主导型模式变迁直至最终形成的主要动力。农村经济发展水平较高一方面使得农地具有较高的抵押价值，另一方面高价值的农地使得对农地经营权的需求也相对较高，农地经营权更强的流动性能够降低抵押物处置的风险和成本。

③发展相对完整且独立的农村合作金融体系以至形成合作金融、商业金融、政策金融分工协作的农村金融体系是农地经营权抵押贷款向市场主导型模式变迁直至最终形成的外部动力。合作金融是农村金融体系的基础，它能够使合作社社员之间相对容易地转让转包抵押的农地并进行经营权变现，降低贷款交易以及抵押物处置的风险和成本。

（2）保障机制。

①制度保障：政府回归服务本源。中央政府是农地经营权抵押贷款政策的推动者、制定者和监督者，地方政府是具体执行者。政府主导型模式中，地方政府会促成或直接干预贷款业务，并用财政兜底来化解风险，政府俨然决定了农地经营权抵押贷款能否正常运行。行政干预扭曲资源配置，强推容易违背市场规律导致政策偏离甚至引发风险。应明确政府与市场边界，让政府回归到服务本源中来。

②组织保障：完善农村合作经济。依托农民专业合作社开展农地经营权抵押贷款，能有效提升土地经营的专业化和市场化，并能充分发挥农村熟人及半熟人社会中的信任机制、声誉机制和惩罚机制，有利于贷款的履约和风险的处置。但当前农民专业合作社普遍存在经济效益差、运营管理能力弱以及社会治理参与度低等问题，因此应完善农民专业合作社的发展。

（3）运行机制。

①降低农村金融机构在发放农地经营权抵押贷款过程中的信息搜索、评估、谈判、监督执行、处置等费用与风险需要农村公共服务平台的有效支撑，完善的服务平台能够在农地抵押贷款的前端和后段发挥出重要作用。虽然当前部分试点地区已建起县、镇、村三级农村产权交易市场，但

尚不成熟。应建立信息化、规范化、制度化、产品多元化的农村公共服务平台和统一的农地经营权评估专业技术标准。

②农地经营权抵押贷款需要农业经济主体、金融机构、监督者等多元利益主体参与，各主体表达利益的机会、渠道与作用均不同，有必要建立以表达诉求、反馈信息和协调沟通为内容的信息沟通回应机制并贯穿贷款的整个过程和环节，以约束有限理性和限制该类贷款人的机会主义行为，最大化甄别和化解风险。

1.6　本章小结

本章基于唯物史观的理论逻辑，通过生产力与生产关系、经济基础与上层建筑的矛盾运动分析农地经营权抵押贷款的产生和发展，并构建"农地产权—主体—模式"基本逻辑框架，结合土地产权理论、地租理论、制度变迁理论来阐述农地经营权抵押贷款实现的理论基础。同时，构建动态优化模型推导两种模式的存在条件，并量化两种发展模式得到政府主导型模式变迁至市场主导型模式的最优变迁速度、路径。研究发现，农地经营权抵押贷款的供给量决定了发展模式的选择。政府主导型模式下利率受管制，贷款易陷入"停滞"状态，同时政府主导型模式下金融机构更青睐规模较大的抵押贷款，农业经营主体参与意愿偏低，该模式不具备长期持续发展的条件。由于最优变迁速度随时间推进呈衰减状态且衰减力度递增，变迁至市场主导型模式的最优路径依赖于最优变迁速度且关于变迁速度递增。

第2章　农地经营权抵押贷款的
试点现状及调研情况

农村土地承包经营权抵押贷款是缓解农业融资困境的重要金融工具。本章全面分析农地经营权抵押贷款试点的推进历程、运行情况，细化比较不同模式，并辅以典型案例进行加以说明。

2.1　试　点　现　状

2.1.1　推进历程

农地经营权抵押贷款试点是党中央解决"三农"问题的重点探索，自2007年，不断出台的政策文件为农地经营权抵押贷款实施提供法律和制度保障。以下为出台的各项重要政策。

《中华人民共和国物权法》于2007年首次采用了"用益物权"的概念，并规定农地承包经营权是用益物权的一种重要类型，赋予农地抵押权有利于发挥其作为一种用益物权的价值，而《农村土地承包法》具有"土地承包经营权流转"的概念，这是农地用益物权化实现的关键步骤。

2013年11月颁布《中共中央关于全面深化改革若干重大问题的决定》，其对深化农村改革作出全面部署，给予农民占有、利用、收益、流转和承包经营权抵押、担保权能，这为农地经营权抵押贷款在政策上提供支撑。

2014年1月，中央一号文件《关于全面深化农村改革加快推进农业现代化的若干意见》首次提出，要在农地权利"三权分置"背景下构建承包地经营权抵押融资制度。要求落实农地集体所有权、放活土地经营权和稳定农户承包权，允许以农地经营权为抵押从金融机构进行融资。

2014年11月颁布《关于引导农村土地承包经营权有序流转发展农业适度规模经营的意见》，指出坚持农村土地集体所有权，稳定农户承包权，放活土地经营权，可以为引导农地经营权有序流转提供重要依据。

2015年8月颁布《开展农村承包土地的经营权和农民住房财产权抵押贷款试点的指导意见》，明确指出要以平稳有序的方式开展农地经营权抵押贷款业务，增加规模化经营和农业生产中长期的资金投入，促进农民增产增收和农业现代化的快速发展。

2015年12月授权国务院在北京市大兴区等232个试点县（市、区）行政区域，暂时调整实施《中华人民共和国物权法》和《中华人民共和国担保法》关于集体所有的耕地使用权不得抵押的规定；在天津市蓟县等59个试点县（市、区）行政区域暂时调整实施《中华人民共和国物权法》和《中华人民共和国担保法》关于集体所有的宅基地使用权不得抵押的规定。

2016年中央一号文件《中共中央　国务院关于做好2022年全面推进乡村振兴重点工作的意见》指出，若风险可控，可以平稳有序地推进农村承包土地经营权和农民住房财产权抵押贷款的试点。人民银行高度重视，加强论证调研，积极稳妥推进，完善政策措施。

2016年3月，中国人民银行、银监会、保监会、财政部和农业部联合颁布《农民住房财产权抵押贷款试点暂行办法》和《农村承包土地的经营权抵押贷款试点暂行办法》，并公布包括四川省成都市温江区、崇州市、广元苍溪县等在内的232个试点县（市、区）名单。

2016年10月，中共中央办公厅、国务院办公厅联合发布《关于完善农村土地所有权承包权经营权分置办法的意见》，明确提出要推进所有权、承包权、经营权"三权分置"改革，继家庭联产承包责任制后，"三权分置"改革是农村改革的又一大制度创新，对农地经营权抵押贷款提供更加有力的政策支撑。

2017年中央一号文件《中共中央　国务院关于深入推进农业供给侧结构性改革加快培育农业农村发展新动能的若干意见》指出，要推动金融资源继续向"三农"倾斜，深入开展承包土地经营权和农民住房财产权抵押贷款试点工作，探索大型农机具和其他农业生产设施抵押贷款业务。

鉴于试点经验和机制设计仍有待进一步检验完善，经全国人大常委会批准，原定于2017年底完成的农村"两权"抵押贷款试点延期1年。2018年3月，中国人民银行发布《关于进一步做好"两权"抵押贷款试点有关事项的通知》提出为了推动相关金融机构积极推进"两权"抵押贷款业务，把"两权"抵押贷款试点延期至 2018 年 12 月 31 日。

2018 年 12 月，国务院做出"关于全国农村承包土地的经营权和农民住房财产权抵押贷款试点情况的总结报告"。在下一步工作安排中指出，农村土地承包法修正案通过后全面推广农地抵押贷款业务。

2019 年 1 月，在正式实施的新《农村土地承包法》中，第四十七条规定"承包方可以用承包地的土地经营权向金融机构融资担保"，农地经营权抵押贷款的最大法律约束已打破。

2020 年 11 月，习近平总书记强调开展农村承包地确权登记颁证工作、明确对土地承包经营权的物权保护、巩固和完善农村基本经营制度。

重要政策发布时间点如图 2 - 1 所示。

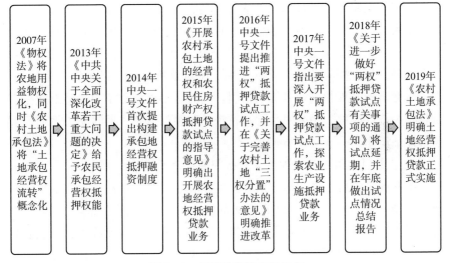

图 2 - 1　重要政策发布时间点

2.1.2　运行情况

开展农地经营权抵押贷款试点是党的十八届三中全会提出的明确任务，是我国农村土地制度和农村金融体制改革的一项重要制度创新。当前，我国正处于从传统农业向现代农业过渡的关键时期，农村土地经营权流转进程明显加快，发展适度规模经营具有现实意义，新型农业经营主体，如传统农户和家庭农场等，对盘活农地经营权存量资产存在现实需要。自试点以来，农地经营权抵押贷款取得快速发展。

截至 2017 年 9 月末，全国 232 个试点地区发放农地经营权抵押贷款余额 295 亿元，累计发放贷款 448 亿元；截至 2018 年 6 月，发放农地经营权抵押贷款余额 390 亿元；截至 2018 年 9 月，发放农地经营权抵押贷款余额 520 亿元，同比增长 76.3%，累计发放 964 亿元。[①] 自试点以来，普通农户的最高贷款额度由试点前的 10 万元增加至 50 万元，新型农业经营主体的最高贷款额度由试点前的 1000 万元增加到 2000 万至 5000 万元不等，农地经营权抵押贷款余额中用于农业和其他生产经营的分别占 99% 和 78%，对提升农户收入起到支持作用。从农地经营权抵押贷款的发展来看，农户贷款利率逐渐降低、单笔贷款额度逐渐提高，融资难、融资贵得到有效缓解。大部分家庭农场和农民专业合作社生产经营规模得以扩大，农业生产效率得到明显提升，成本逐步下降，有力促进农业经营由分散的小农生产逐步向适度规模经营转变。

1. 农地经营权抵押贷款制度不断完善

中国人民银行、财政部以及农业部等 11 个相关部门成立了试点工作领导小组，多次召开农地经营权抵押贷款专题会议、开展专题培训，并及时出台《农村承包土地的经营权抵押贷款试点暂行办法》。办法中明确指出农地经营权抵押的条件、贷款管理、风险处置和配套措施等实施计划，为各金融机构开展相关业务提供指引。同时该小组建立了农地经营权抵押贷款相关统计制度，用来对数据进行统计和跟踪监测，通过实地调研开展项目评估工作。

2. 各部门共同推动农地经营权抵押贷款政策实施

中共中央农村工作领导小组办公室和农业部牵头推动建立多层次农村产权交易网络平台。截至 2018 年 9 月底，共计 222 个试点地区建立了农村产权流转交易平台。农业部积极推进农村集体产权制度改革，开展农村集体产权确权登记颁证工作。财政部主要设立了专项转移支付，以对农村土地承包经营权进行确权登记颁证，率先建立健全国家农业信用担保体系和完善中央农业保险费补贴政策；银监会指导派出机构在贷款容错性方面对农地经营权抵押贷款作出专项安排，并督促银行业金融机构精简贷款管理流程；保监会推动有关部门开展农业贷款担保保险、农业贷款履约担保保险等业务；此外，发改委、住房城乡建设部、税务总局、林业局和法制办也大力支持试点工作。

农业农村部指出将会同相关部门，指导各地做好农村承包土地经营权

---

① 国务院关于全国农村承包土地的经营权和农民住房财产权抵押贷款试点情况的总结报告——2018 年 12 月 23 日在第十三届全国人民代表大会常务委员会第七次会议上。

融资担保工作，更好满足乡村振兴多样化、多层次的金融需求。同时，推动农村宅基地"三权分置"改革，做好与前期农村住房财产权抵押贷款试点的衔接，按照深化宅基地制度改革的统一部署，结合试点经验继续推进金融产品和服务创新，加大改革探索力度，赋予农民住房财产权（宅基地使用权）抵押融资功能。①

3. 地方政府积极探索解决各环节难题

在抵押物价值评估环节：各试点地区政府积极探索，因地制宜推动开展抵押物价值估算。通过第三方评估机构的引入、评估专家库的组建和金融机构自评估等方式，以丰富抵押物价值评估方式；在贷款风险补偿和缓释机制方面：截至 2018 年 9 月底，190 个农地经营权抵押贷款试点地区设立风险补偿基金，140 个试点地区设立政府性担保公司，按照出资额的多少对农地经营权抵押贷款提供风险补偿或担保代偿，能有效分担金融机构开办该项贷款的业务风险；在抵押物处置环节，各地探索形成贷款前抵押物预处置、第三方回购、多方合作联合处置等方式，解决抵押变现、价值评估、风险防控等问题。

4. 金融机构不断推出农地经营权抵押贷款创新产品

银行等金融机构应当将农地经营权纳入抵押物范围，制定农地经营权抵押贷款管理办法或实施细则，并作出绩效考核、资源配置和授信安排，以推动试点工作全面提升。同时，金融机构应逐步下放贷款审批权限，简化审批流程，优化利率定价和还款方式。农民可以在提交贷款申请后两天内获得银行贷款。截至 2018 年 9 月底，试点地区共有 1193 家金融机构办理了农地经营权抵押贷款。同时，创新推出"直接型"农地经营权抵押贷款、"间接型"农地经营权抵押贷款、"农地经营权＋"和"农地经营权＋保险"等创新模式，进一步释放农地经营权抵押担保权能。

2.1.3　主要模式

农地经营权抵押贷款试点开展以来，全国各试点地区结合自身地域特色进行贷款产品设计与业务创新，探索出各自独特的模式。对比分析不同模式的风险状况，形成各种模式的理论体系与实践运作，对完善我国农村金融创新方式有重要意义。

---

① 农业农村部. 对十三届全国人大三次会议第 9175 号建议的答复［EB/OL］. 农业农村部官网，2020 – 08 – 25.

1."直接型" 农地经营权抵押贷款模式

该模式中，农户以家庭承包取得的土地经营权或新型农业经营主体以流转取得的土地经营权，以此为抵押物办理抵押登记和价值评估后，直接向商业银行融资。商业银行根据农户信誉、农地经营权估价等因素确定贷款额度，并通过协商方式确定贷款期限、利率和还款方式等，签订农地经营权抵押贷款合同。其中浙江省嘉兴市南湖区、湖北省襄阳市南漳县、江苏省常州市武进区等是这一模式的典型代表。在这种抵押融资模式中，农地经营权变成纯粹的贷款抵押物，商业银行和农户属于债权人和债务人关系。若农户无法按时足额偿还贷款本息，商业银行会执行合同规定，流转变现所抵押的农地经营权。同时，政府部门通过出资成立贷款风险补偿基金的方式参与其中以降低商业银行可能面临的风险、提升其参与的积极性，包括：用风险补偿基金补偿商业银行可能遭受的潜在的贷款损失，从而降低商业银行的风险；同时对该贷款的开展给予更多的监督和指导，从而保证其能够持续、健康地发展。"直接型"农地经营权抵押融资模式具有操作方便、快捷，贷款成本相对较低等突出优点，而当农户违约时商业银行所承担的高风险则是这种模式的不足之处。严格来说，"直接型"农地经营权抵押贷款模式是信用贷款，商业银行发放贷款的原因主要是基于传统农户和新型农业经营主体的经济状况、信用水平和产业发展前景等，并不看重农地经营权的抵押功能，农地经营权没有发挥出独立抵押物的功能，仅充当了贷款增信的手段。

2."间接型" 农地经营权抵押贷款模式

该模式是以农地经营权抵押为主，以其他抵押担保方式为辅，其他抵押担保方式起到为农地经营权抵押贷款增信的作用。根据担保方式的不同，有以下三种模式。

（1）"农地经营权 + 担保增信" 贷款模式。该模式中，农业经营主体把农地经营权抵押给商业银行，但需要担保公司或自然人的担保，以提高抵押物处置的流转效率。但农业经营主体无法偿还债务时，商业银行首先处置农地经营权以补偿本金和贷款利息，不足部分由第三方抵押担保补足。如山东省枣庄市成立金土地融资担保有限公司为农业经营主体申请农地经营权抵押融资提供担保；贵州省遵义市凤冈县通过引入富民融资担保有限公司等为农地经营权抵押贷款提供担保，农业经营主体把农地经营权抵押给担保公司以获得担保；浙江省丽水市成立"村级担保机构"为该抵押贷款提供担保等。

（2）"第三方担保＋农地经营权反担保"贷款模式。该模式中，为农业经营主体提供担保的主体是熟悉农业生产经营的第三方机构，以农地经营权作为反担保。当农业经营主体无法偿还贷款时，由第三方担保人应承担偿还贷款责任，并负责对农地经营权进行抵押处置。如宁夏同心县的"土地承包经营权流转合作社＋农地经营权反担保"，每三户社员组成一个联保小组，共同承担债务风险，同时村民把自己的土地入股到土地合作社，由合作社为其担保，并把农地经营权抵押给土地合作社作为反担保措施；在吉林省梨树县开展"土地收益保证贷款"模式中，申请贷款的农业经营主体把农地经营权流转给政府所设立的物权融资公司，当农业经营主体不能按时足额偿还贷款时，物权融资公司作为担保人会按合同约定把农地承包经营权另行发包，发包所得款项用于偿还商业银行的贷款；在江苏省无锡市惠山区开展的"村集体回购＋农地经营权反担保"模式中，当农业经营主体不能按时足额偿还贷款时，村集体会把农业经营主体向银行机构抵押的农地经营权进行回购，回购所得款项用于偿还商业银行的贷款。总之，村集体、土地合作社等更具有贴近农村和农业生产的先天优势，作为第三方担保时，当出现贷款违约就能有效发挥农地经营权二次流转或农地经营的职能，抵押物变现相对容易。

（3）"农地经营权＋其他风险分散机制"贷款模式。该模式中，以设立风险补偿基金和引入担保保险机制减轻农地经营权抵押贷款的风险。如江苏省沛县设立 2000 万元风险补偿基金用于分担农地经营权抵押贷款的风险，并成立农村土地流转经营有限公司；当农业经营主体不能按时足额偿还贷款时，将由风险补偿基金补偿相应的损失，农地经营公司对抵押土地进行拍卖或自营。山东省平度市开展保障农地经营权的保险业务，在农业经营主体申请农地经营权抵押贷款时，需要先向保险公司投保，商业银行以保险单为担保向投保人发放贷款，当农业经营主体不能按时足额偿还贷款时，保险公司和商业银行将按照约定的比例分担风险。山东省沂南县成立农村承包土地经营权收储公司，当农业经营主体不能按时足额偿还贷款时，将由收储公司对土地经营权进行处置，处置的主要方式包括协商流转、挂牌流转、代耕代种等。新疆昌吉州奇台县实施"土流网＋保险＋银行"贷款模式，当农业经营主体不能按时足额偿还贷款时，由保险公司分担风险，同时农地经营权的二次流转和变现在土地信息流转平台的推动下得以实现。

从抵押品功能的角度来看，两种贷款模式的本质区别在于：两种模式的农地经营权是否具有完全的抵押功能。"直接型"农地经营权抵押贷款模式中，农地经营权具有完全的抵押功能，其在贷款发放中发挥着决定性的作用；"间接型"农地经营权抵押贷款模式中，农地经营权不具有完全抵押品的功能，商业银行是否放贷取决于农地经营权抵押和附加的增信方式组合。

3. "农地经营权＋"模式

（1）"农地经营权＋蔬菜大棚"模式①。山东省寿光市是开展农村土地承包经营权抵押试点市之一。该地以农地使用权和蔬菜大棚为突破口，因地制宜地积极探索有效的农民抵押贷款担保手段。具体流程如下：首先，当地的农业经营主体首先需要申请土地承包鉴证书和大棚所有权证，需要准备身份证复印件、土地承包合同复印件、村委关于抵押土地符合本村发展规划的书面证明并加盖村委、镇（街道）公章，把资料报至市经管局、潍坊齐鲁产权交易中心审批办理土地承包鉴证书和大棚所有权证；其次，银行收到农业经营主体提出的贷款申请后，组织专业人员对抵押的土地经营权和大棚开展实地调查、丈量评估，并确认评估价值，其中农地经营权抵押不能超过承包土地的70%；再其次，银行审查批复农业经营主体的资料，待批复后，农业经营主体和商业银行工作人员共同持贷款合同和抵押清单等资料至潍坊齐鲁产权交易中心、市经管局办理抵押登记手续，潍坊齐鲁产权交易中心和市经管局出具"他项权利证书"；再次，农业经营主体需要接受担保并办理贷款保险；最后，商业银行对该贷款进行放款。

目前，除"土地经营权＋大棚"抵押模式外，寿光银行部门针对资金需求量较大的新型农业规模经营主体还创新推出"土地经营权＋林权"抵押、"土地经营权＋畜禽舍"抵押等"承包土地经营权＋"类产品，以满足不同经营主体的融资需求。

（2）"农地经营权＋其他财产"模式②。该模式中，在抵押农地经营权的基础上需要附加农舍或其他财产为辅助抵押物，农地经营权和附加抵押物的处置权同时归属于商业银行。如在湖北襄阳"土地承包经营权＋房产"模式中，仅依靠小额农地经营权抵押贷款并无法满足农业经营主体的实际资金需求，而以房产结合农地经营权同时作为抵押物时就能获得额度相对较高的贷款；扬州宝应的"农地经营权抵押＋个人财产担保"贷款也为此类模式。

---

① 山东潍坊农地经营权抵押贷款试点见闻［EB/OL］.中央人民政府网，2017－02－21.
② 让农村沉睡资本活起来［EB/OL］.中国农业银行网，2015－03－21.

4. "农地经营权抵押贷款 + 保险" 模式①

在江苏靖江，中国人寿财险公司开展了"银政保"业务，形成"农地经营权抵押贷款 + 保险"模式。具体而言，农业经营主体在申请农地经营权抵押贷款时，需要在中国人寿财险公司办理信贷保险业务，其单笔贷款最高承保限额为 20 万元。此外，靖江市政府成立 300 万元涉农担保基金，由商业银行、保险公司以及涉农担保基金共同按一定比例分担风险，从而达到有效降低试点风险的目的。

5. 贷前抵押物"预处置"模式②

该模式中，为防范农地经营权抵押贷款风险，会通过信贷产品的创新提前做好抵押物处置工作。在就地消化、促进流转思路的指导下，山东省商业银行根据抵押物处置情境设计开发出"双保惠农贷""结对融"等信贷产品，使得农业经营主体在办理农地经营权抵押贷款时就已经提前找好抵押物接手的下家，如果农业经营主体出现违约，接手下家在为其偿还贷款本息后可获得抵押的承包土地经营权。如"结对融"③ 的具体流程如下：首先，农地经营主体以所拥有的农地经营权作为抵押物向农商银行提出贷款申请；其次，为保证抵押物评估的客观性并降低抵押评估费用，村委会、本村村民代表以及商业银行根据当地小麦亩产量的市场价格和承包期限协商确定抵押评估价值；再次，在村委会的监督下，借款农业经营主体和拥有信用等级的农业经营主体结对并签署土地转让协议，提交给镇农村财产交易所登记，承诺当借款的农业经营主体不能按时足额还本付息时，由结对的农业经营主体代为偿还，偿还后的农地经营权将由结对的农业经营主体拥有；最后，如果出现贷款违约，在代偿后，结对的农业经营主体将依照协议获得借款农业经营主体的农地经营权，直至农地经营权足以抵偿农地经营权抵押贷款的本息或农业经营主体将贷款本息支付给结对的农业经营主体。可见在"结对融"模式下，过去农户贷款要求由公务员担保或实行多户联保的担保方式已成为历史，借款的农业经营主体需要事先找好经营权的承接方，当自己不能偿还贷款时将由结对的农业经营主体偿还，偿还后结对方接手农地经营权并用于生产经营。这种模式使得土地经营权流转更加高效，主要是因为在签订结对协议后，农户在乡情层面上

---

① 市政府办公室关于印发靖江市农村土地经营权抵押贷款试点实施意见的通知［EB/OL］. 靖江市人民政府网，2016 - 08 - 01.

② 山东省农村承包土地抵押贷款政策措施［N］. 齐鲁日报，2016 - 11 - 11.

③ 农地"结对融"风险处置在前头［N］. 农民日报，2016 - 10 - 14.

不愿接手经营权的顾虑得意消除。

此外，山东省武城县建立了农地经营权储备"项目池"以方便农地的二次流转与处置，其中规定经营权流转处置承接方必须具备相同或相似的农业生产经营条件。承接"农地"抵押风险贷款经营权的优质储备是从该县农业经营主体中择优选出来的主体。当农业经营主体有意向申请该贷款时，需要先从既定的项目池中挑选一至两个优质主体作为承接储备主体并签订贷款承接意向协议后，方可正式申请农地经营权抵押贷款。如果农业经营主体不能按时足额还本付息，需要其与承接主体在农村产权流转交易平台上签订农地经营权再流转协议，然后根据农业经营主体和农户之间的原始合同由承接人支付农地租金，并用原农业经营主体的地上附着物收益或应向原农业经营主体支付的基础设施租赁费来偿还银行贷款。

6. 多方合作共同处置模式①

该模式中，参考银行"散存整贷"及"短存长贷"功能构建出土地银行制度。首先，土地银行向普通农户提供土地"散存整贷"业务。农民将分散的土地存入土地银行后，银行再由耕地的等级以及土地的期限来确定租金的高低。然后，土地银行对规整后的土地进行招租，即将土地经营权贷给规模经营主体，并由担保公司进行担保。同时，引入其他土地银行承担连带责任，不仅降低单一土地银行风险，而且提供充足的资金保障农民的土地权益，增强农地经营权的稳定性。当农户出现违约情形时，首先，担保公司应对规模经营主体的债务进行赔偿。也就是说，土地经营权转让给土地银行，由双方共同处理，优先用处置地上附着物的收益偿还担保公司；然后，由抵押物接管方与土地银行签订租赁合同后接手抵押土地，并向土地银行支付租金。

7. 土地承包经营权入股抵押模式②

该模式中，以两个以上经营户所拥有的土地承包经营权作为股权成立联营公司，把股权进行抵押来申请农地经营权抵押贷款。入股抵押方式可划分为两类：一类以土地承包经营权入股成立非营利性的社团法人，如土地协会；另一类以土地承包经营权入股成立以营利为目的的公司法人，如重庆江津市仁伟果业有限公司。

---

① 国务院关于全国农村承包土地的经营权和农民住房财产权抵押贷款试点情况的总结报告 [EB/OL]. 中国人大网，2018 - 12 - 24.

② 肖诗顺，高锋. 农村金融机构农户贷款模式研究——基于农村土地产权的视角 [J]. 农业经济问题，2010 (4)：14 - 18.

2.1.4　四川省试点地区运行情况

1. 四川省农地经营权抵押贷款运行总体情况

四川于 2014 年完成首笔农地抵押贷款，并逐步建立农村产权交易平台、担保机构等服务平台，出台多项农地贷款工作方案，推动了农地经营权抵押贷款的发展。2016 年四川省政府颁布《四川省农村承包土地的经营权和农民住房财产权抵押贷款试点实施方案》，确定成都市温江区、崇州市、眉山市彭山区、内江市市中区、遂宁市蓬溪县、南充市西充县、巴中市巴州区、广安市武胜县、乐山市井研县、广元市苍溪县为全国首批试点县（市、区）开展农地经营权抵押贷款试点地区。

自试点工作开展以来，四川省委和省政府连续 3 年将试点工作写入省委一号文件，将农地经营权抵押贷款试点作为农村金融改革工作的重心。四川省内各试点县（市、区）结合当地现实，积极出台适合自身发展的试点期间的管理办法和工作方案，具体如下：第一，加快确权登记颁证进度、建立农村土地流转交易市场、完善抵押物登记及处置方式等。第二，在农村产权价值评估中，以政府组织的专家评估组的评估为主，以双方协商评估、专业评估机构评估和商业银行自主评估为辅的评估方式，破解了农地经营权价值评估难题。第三，协同商业银行建立风险补偿基金，补偿基金与商业银行按一定比例分担贷款风险，以破解处置风险难以分担的现实难题。第四，在金融产品创新方面，包括成都农商银行在内的多家商业银行从信贷资源配置和绩效考核方面大力支持试点地区的分支机构，推出"金杏福农贷"和"土地流金"等 58 个创新性信贷品种，满足农户多元化需求。第五，在融资成本方面，中国人民银行面向试点地区和机构，从农业支持再贷款和农业相关票据再贴现等方面加以倾斜，鼓励商业银行继续增加信贷投资的力度。截至 2018 年 3 月初，四川省农地经营权抵押贷款利率低于同期农信社贷款利率 0.54%，仅为 6.67%。[①] 第六，四川省财政对各试点地区在保险承保、融资担保等方面的开展提供保障。

四川省农地经营权抵押贷款试点工作取得了积极成果。截至 2016 年 3 月底，四川省各试点县（市、区）农村承包土地经营权抵押贷款累计发放了 4.1 亿元；截至 2016 年 7 月末，四川省各试点县（市、区）累计发放农村承包土地经营权抵押贷款 598 笔，金额 8.31 亿元；截至 2016 年 12 月

---

① 吴迪．四川农村"两权"抵押贷款试点取得成效［N］．金融时报，2018 − 04 − 03.

底，四川省各试点县（市、区）农村承包土地经营权抵押贷款成交了2025笔，金额18.9亿元；截至2018年3月初，四川省各试点县（市、区）农村承包土地经营权抵押贷款成交了4838笔，金额40.69亿元，同比增长65.07%。① 其中，温江区、苍溪县、崇州市、西充县和彭山区位列前五。农地经营权抵押贷款资金供给方主要是四川省农村信用社、农村商业银行、村镇银行和邮政储蓄银行等。从农地经营权抵押贷款的投向上看，家庭农场、龙头企业以及农民合作社等新型农业经营主体是四川省农地经营权抵押贷款的主要发放对象，有效地改善农业融资环境，促进农民增收致富。

2. 四川省主要试点地区运行现状

四川省地理环境复杂，各试点地区农业生产组织形式和产业发展情况不尽相同，因此农地经营权抵押贷款各试点地区因地制宜地逐步探索出适合自身特点的"温江模式""崇州模式""苍溪模式""西充模式"。但四川省各试点地区的农地经营权抵押贷款均属于政府主导型。

（1）成都温江区运行现状。成都温江区作为全国集体资产股份合作制改革试点区和农村承包土地的经营权抵押贷款试点区，2016年以来，在区委、区政府的领导下，全区紧紧围绕成都市农村金融服务综合改革试点五大目标，结合区域农业农村发展实际，从金融创新、工作机制、激励机制和配套政策等方面协同推进，通过点面结合、持续推进、搭建平台、疏通渠道、实施财政金融互动等，引导商业银行"回归本源"，加大对乡村振兴战略、农村产权制度改革以及农业供给侧改革金融支持力度。截至2018年6月末，全区涉农贷款余额131.45亿元，同比增长6.17%，累计投放农地经营权抵押贷款375笔，金额为12.31亿元；发放集体资产股权抵押贷款4笔，金额为35万元；通过"农贷通"平台发放涉农贷款88笔，金额为2.26亿元。②

①市场化处置主导。2015年8月，成都市温江区被国务院确定为农地经营权抵押贷款试点区（县）之一，全国人大授权在试点区内调整相关法律条款的执行，2015年底，成都市获批全国农村金融综合服务改革试验区。农地经营权抵押贷款试点作为农村金融综合服务改革试验区的核心内容，温江区政府高度重视，及时成立领导小组（由区政府主要负责人任组长，包括人民银行、农村发展局、统筹委、园林局、金融办和财政局等为

---

①②　吴迪. 四川农村"两权"抵押贷款试点取得成效［N］. 金融时报，2018 – 04 – 03.

成员），围绕确权登记颁证、流转平台搭建、风险补偿和抵押物处置、风险防范控制和化解等出台 10 多份文件，为试点工作奠定制度基础。截至 2018 年 6 月，温江区发放农地贷款 314 笔，共计 10.47 亿元，位居全省 10 个试点县首位。①

在试点工作过程中，温江区结合特色花木产业实际，将农地经营权与地上附着物一并抵押，由政府设立基金，引导相关主体积极参与②，探索出市场化处置的"温江模式"，即"借款人 + 土地经营权及地上附着物 + 处置企业 + 商业银行"。经过多年的运行与探索，制度模式已实现落地并逐步推广，得到全国人大、国务院参事室和人民银行总行以及四川省推进小组的认可和肯定。同时，三联花木、成都花木交易所两家国有企业参与市场化处置试点中，更加丰富和完善市场化处置的"温江模式"，加快推动温江区农村产权和金融市场的有效对接。

②"两平台四机制"农村金融服务载体。一是多层级建立农村金融服务两平台。温江区横向建立区级层面的"两所三中心"综合服务平台，纵向搭建区镇（街）村（社区）"三级机构"的"农贷通"农村金融综合服务平台，目前已建立起 10 个镇（街）"农贷通"农村金融综合服务三中心，50 个村级服务三站，全辖 18 家银行、2 家担保公司和 2 家保险公司入驻"农贷通"平台，上挂金融产品 40 个。截至 2018 年 6 月末，8 家银行通过平台发放涉农贷款 88 笔，金额为 2.26 亿元。③ 二是全方位创新农村金融服务四机制。创新农村产权融资服务机制，借助"农贷通"平台把金融服务植入村级公共服务体系，开展农村产权流转交易、信用信息采集、融资对接、抵贷资产（收购）处置等一系列服务；创新农村产权价值评估机制，建立五方价格评估机制，完善定期公布各类农村产权基准价格（交易指导价格）、农村产权交易市场指数和花木价格指数等常态化运行机制，探索建立温江区农村产权评估机构；创新融资风险缓释机制，建立由银政企合作的市场化风险分担体系，设立农村产权抵押融资风险基金，实现传统的"债务收购—抵押物处置—净值分配"向"市场化处置—差额补偿"转变；创新涉农抵贷资产处置机制，作为产权交易市场的有益补充，引入处置企业发挥收储功能，丰富市场交易层

① 成都市温江区构建农村金融综合服务"一平台四机制"［EB/OL］. 人民网，2018 - 09 - 03.

② 邵兴全.《三权分置》背景下的农地抵押融资调查——以成都市温江区为例证［J］. 现代经济信息，2017（20）：483 - 484.

③ 从城乡统筹到城乡融合：缘起与实践——从成都市城乡融合实践为例［EB/OL］. 中农富通，2022 - 06 - 13.

次，提高抵贷资产处置效率。

③创新型农村金融产品和服务。温江区已创新推出"产权＋"金融产品体系，包括"惠农时贷""花木贷""农贷通—惠农贷"等10余个农地经营权抵押贷款品种，同时探索将现有的"专合贷""花木仓单""惠农产权贷"等特色信贷产品与市场化处置相融合。同时温江区政府出台相关文件，规定参与试点银行贷款利率上浮不超过同期同档次基准利率的30％，相关部门整合各类涉农财政资金对农业经营主体给予一定比例的贴息，通过补贴保费50％方式开展农村土地流转履约保证保险，采取增量奖补等手段鼓励和支持商业银行开办农村承包土地经营权抵押贷款业务。

（2）崇州市运行现状。崇州市围绕农业生产经营中"地碎、人少、钱散、缺服务"四个制约和"谁来经营、谁来种地、谁来服务"三大难题，成立土地股份合作社、培育农业职业经理人、开展社会化服务，加快推进农业农村现代化。特别是抓住获批全国农地经营权抵押贷款试点市、四川省"农村产权抵押融资试点市"的宝贵机遇，聚焦破解"钱从哪里来"的问题，以"农业共营制"为基础，探索建立流转交易、价值评估、风险分担等农地经营权抵押贷款"七大体系"，创新了农村金融服务体系，拓宽"金融下乡"渠道，助推现代农业转型发展。从2016年至2017年底，崇州市开展农村土地经营权抵押贷款266笔，贷款4.43亿元。①

崇州市先后制定出台《进一步深化农村产权抵押融资试点的实施意见》《成都市农村土地经营权证管理办法》等12个配套文件，建立并完善了包括农村产权交易服务、价值评估、金融服务、抵押融资担保、政策扶持和抵押风险防控在内的六大体系。如为搭建农村产权担保融资服务平台，市财政出资1.02亿元成立崇州市蜀兴融资担保有限公司；为完善农村产权抵押风险基金和持续补充机制，增强防范风险的能力，崇州市成立700余万元的风险基金并修订完善《崇州市农村产权抵押融资风险基金使用实施细则（试行）》；为有效盘活农村土地资源，形成"村收集、乡镇审核、市产权交易平台交易"三级农村产权流转管理及交易服务体系，崇州市建立成都农村产权交易所崇州农村产权交易子公司，通过该交易平台

---

① 全省农村"两权"抵押贷款试点工作"崇州经验"闪耀全场［EB/OL］.四川在线，2018－03－22.

累计完成土地入股和抵押 6296 笔，累计金额 36220.4 万元。①

作为"先行军"之一，崇州市构建"农业共营制"模式，即"土地股份合作社 + 农业职业经理人 + 农业综合服务组织"。该模式中，农业职业经理人是农地经营权抵押贷款的主体，土地股份合作社的农地经营权是抵押物，以此方式实现农地经营权的抵押物功能。

崇州市为解决农村金融服务"最后一公里"的短板，依托"农村信用体系建设暨农村金融服务创新试验区建设"，发挥在智慧城市、大数据产业方面的优势，为打破信息壁垒、实现多方信息实时无缝对接而建立"农贷通"农村金融服务平台。在村级服务站，实现农村电商、金融服务、产权交易和农业监测"四站合一"，进一步畅通农村金融服务的"毛细血管"。同时，崇州市一并探索实践农地承包经营权抵押、农业生产设施抵押等多个品种的农村产权抵押融资，不断拓展延伸抵押融资范围，推动金融与农业充分融合。

（3）苍溪运行现状。苍溪县作为四川山区经济欠发达地区的代表，具有典型的特征，如土地狭小分散、农业细碎化经营、土地流转难度大、城市化进程相对缓慢、地区经济辐射效应有限以及社会资金进入农业的比率相对偏低。苍溪县不论是地区生产总值还是农业生产总值都与成都平原地区差距较大。鉴于这些现实特征，试点中苍溪政府出台各项制度措施，以行政力量为主要动力，通过政府主导、自上而下的方式推动并监督农地经营权抵押贷款的运作，表现出典型的政府主导型特性（吴昕蓉，2019）。

在苍溪政府主导型农地经营权抵押贷款推进中，当地政府从组织保障、担保、风险防控以及抵押物处置方面制定相关配套措施，以确保该贷款的顺利运行。自 2015 年 12 月被选定为全国农村承包土地经营权抵押贷款试点县后，苍溪县通过建立"四配套 + 三结合 + 五保障"机制，在推进贷款试点、破解农业融资阻碍的同时推动金融精准扶贫工作的稳步推进。

苍溪县政府设立由县长担任组长，财政局、农工委和农业局等相关单位为主要成员的贷款工作领导小组，全面统筹负责推进试点工作开展。明确划定各相关部门职责，确保贷款政策能够有效落地，有序推进。在工作小组领导下，成立农村产权交易中心，并在乡、村两级分别建立土地经营权流转服务中心和服务站，实现土地流转服务配套，确保农地经营权便捷有序流转。为实现对贷款的有效管理，当地政府还对经营权抵押贷款实施

---

① 全面深化农村金融综合服务　推动农业供给侧结构性改革 ［EB/OL］. 搜狐网，2017 - 08 - 31.

方案、抵押登记程序、价值评估等进行细化，同时加强农户信用等级评价，采集农户信用档案，通过各种配套措施切实保障农地经营权抵押贷款的顺利推进。

苍溪政府为扩大农地经营权抵押贷款收益对象，积极发挥贷款服务三农，助推乡村振兴的作用，推动农地经营权抵押贷款同央行扶贫再贷款资金、小额信贷资金等结合，通过对商业银行贷款业务的优惠政策和相应财政补贴等行政手段鼓励银行、保险公司等开展农地抵押业务，积极开发相关贷款品种和保险品种。另外，政府部门积极推动农地经营权抵押贷款同基层服务结合，扩大贷款的宣传面，拓宽农地经营权抵押贷款的知情者、参与者和受益者范围。

苍溪县还通过一系列保障措施，为农地经营权抵押贷款各环节提供制度保障：第一，抵押物处置机制，在苍溪县农地经营权抵押贷款工作小组领导下，成立农村产权交易中心。第二，风险分担保障。在政府主导下，为保障农地经营权抵押贷款业务的有序推进，苍溪县财政出资 4500 万元与试点银行按 7:3 的比例共同成立风险分担基金，按银行放贷额度 10% 动态匹配，一旦出现违约，将通过基金池弥补银行的损失，分担银行贷款损失。第三，财政补助贴息保障。苍溪政府出台激励措施，对参与农地经营权抵押贷款的试点银行和保险公司分别按照贷款投放量和保费的 2‰ 给予补贴。第四，专家联合评估机制。政府组建农地经营权价值评估专家库，对贷款抵押物进行价值评估。第五，贷款担保机制。苍溪县财政局出资 1 亿元成立苍溪县农业信贷担保公司，为农地经营权抵押贷款业务提供信贷担保服务，有贷款需求的经营主体将土地经营权抵押给担保机构，由担保公司为农户提供信贷担保，将银行面临的信贷风险转移至担保机构，有效分担银行风险损失。

截至 2017 年 3 月，苍溪县共发放农地经营权抵押贷款 2.42 亿元，建成 "央行扶贫再贷款 + 农村承包土地的经营权抵押贷款" 示范龙头企业和示范基地各 1 个，带动 9100 余户年均增收 5000 余元，助力 3000 余户贫困户脱贫摘帽。[①] 截至 2018 年 2 月底，苍溪县农业信贷担保公司作为苍溪农地经营权抵押贷款担保机构，已担保农村土地贷款 50 笔，共计 5566 万元。截至 2018 年 7 月底，苍溪县累计发放 2290 笔农地经营权抵押贷款、涉贷金额 5.87 亿元，涉及流转土地 8.2 万亩；通过将农地经营权抵押贷

---

① 刘敏，唐倩. 四川农村 "两权" 抵押贷款试点 苍溪分享成功经验 [EB/OL]. 新华网，2017 - 04 - 18.

款同央行扶贫再贷款资金、小额信贷资金等有机结合的方式，带动 9200 余户贫困户脱贫，实现年均增收 5000 余元，支撑农业产业的发展壮大，盘活农村资金存量，拓宽农村融资渠道，实现农业增产、农民增收，推动农业农村发展的同时实现精准扶贫工作的推进。① 截至 2018 年 12 月底，建立放贷银行和县财政共同分担风险的涉农贷款风险基金 5523 万元，累计发放农村承包土地的经营权抵押贷款 7.29 亿元；全县引进和培育龙头企业 71 家，建成农业社会化服务超市 214 个，益农信息社 583 个（新增 258 个），培育农民专业合作社 920 家（新培育 106 家）、家庭农场 1134 家（新培育 300 家）、种养业大户 986 家（吴昕蓉，2019）。基本构建起了以家庭农场为主体、农民合作社 + 产业发展领军人 + 农业产业化服务超市"1 + 3"新型农业经营体系和利益联结机制。②

（4）西充运行现状。南充市西充县各部门积极开展试点工作，设立农村产权抵押融资风险基金，推动农地经营权抵押贷款政策落地实行。截至 2018 年 2 月末，全县累计发放农地经营权抵押贷款 4.23 亿元，位居四川省第四。

①配套制度建设逐步完善。各部门加快农村土地承包经营权、宅基地使用权和农民住房所有权确权登记颁证进程，对通过流转取得的农村承包土地的经营权进行确权登记颁证。建设完善农村产权信息管理平台，严格控制农村产权确权登记质量，夯实农村产权制度建设基础性工作。

完善农地经营权抵押登记制度。建立统一完善的农地经营权抵押登记制度，规范抵押登记流程，避免出现重复抵押，有效保护抵押权人的合法权益。流转土地的经营权抵押需经承包农户同意。在依法合规的前提下，进一步优化抵押登记流程，提高抵押登记便捷性。农村承包土地的经营权抵押期限，不应超过二轮承包剩余期限和承包土地的经营权流转剩余期限。农民住房财产权设立抵押的，应将宅基地使用权与住房所有权一并抵押。强化产权抵押登记信息管理，实现农村产权的信息公开和共享。

规范农村产权交易流转市场。制定完善的农村产权流转交易市场运行规范，建立农地经营权抵押、流转和评估的专业化服务机制，加快发展多种形式的农村产权流转交易市场。建立完善多级联网的农村土地产权交易

---

① 刘鸿博，安元琴. 苍溪：金融扶贫"两权"抵押贷款成效显著［EB/OL］. 四川新闻网，2018 - 04 - 13.

② 苍溪县农业局 2018 年工作总结和 2019 年工作计划［EB/OL］. 苍溪县人民政府网，2018 - 12 - 24.

平台和监测体系，提供信息沟通、委托流转等服务。加强农村产权纠纷调解仲裁体系建设，健全镇村调解、司法保障的纠纷调处机制，妥善化解农村产权纠纷。

建立农村产权评估体系。因地制宜，采用评估机构评估、银行自行评估、委托有关专家测算或者借贷双方协商等方式开展农村产权抵押价值评估，科学制定评估依据和标准，并根据市场变化实行动态调整，公平、公正、客观确定农村产权价值。成立评估专家组，制定不同农村产权的价值参考表，定期更新，对借贷双方的价格协商提供价格指导。专家库由从事农业、畜牧、水产、林业、金融和担保等相关行业具有中、高级以上职称的专家和熟悉基层业务的技术人员组成。

加强农村信用体系建设。建立健全专业大户、家庭农场、农民合作社、农业产业化龙头企业等新型农业经营主体信用档案，开展信用户、信用村和信用新型农业经营主体评定，进一步完善农村信用体系。严厉打击逃废金融债务的违法违规行为，依法保护金融资产，维护金融交易秩序，改善农村金融交易环境。在农业经营主体资格认证、评先选优、"三农"特惠政策实施等方面推广使用信用产品和服务，进一步完善农村金融守信激励和失信惩戒机制。鼓励商业银行依托信用信息基础数据库，开展内部授信评价，提升农业经营主体的诚信意识。

②农村金融创新产品不断增加。参与试点的商业银行逐步优化产品设计，在贷款利率、期限、额度、担保、风险控制等方面加大创新力度，适当放宽对基层行的创新授权，减少或调整对农户融资担保物的限制性规定，适当放宽对不良率的容忍度。推广以农村土地经营权抵押的小额循环贷款，采取"一次授信、随借随还"等方式，满足农户种养殖、创业、消费等小额信贷需求。适当提高授信额度，满足农业产业化、规模化经营的大额资金需求。积极适应农业社会化服务组织、农业产业化龙头企业、农民合作社、农户融合发展的趋势，设计"农业产业化龙头企业＋农民合作社＋农户""农民合作社＋农户""农业产业化龙头企业＋农户"等多方合作的信贷产品。

（5）眉山彭山运行现状。眉山市彭山区是我国 2014 年底确定的深化农村改革试验区之一，也是农地经营权抵押贷款试点区。彭山区专注于放活土地经营权，创新性地构建起高效的产权融资体系、便捷的现代农业服务体系、标准化的土地流转体系以及乡村旅游专项扶持政策，制约现代农业发展中"地钱人"等生产要素的体制机制障碍得到有效破除。"五方联动、四步流转、三方受益"是彭山经验的典型缩影。截至 2016 年 12 月,彭山区已发放农地经营权抵押贷款 293 笔,金额共计 1.63 亿元;截至 2018 年 2 月末,共计发放农地经营权抵押贷款 940 笔,金额共计 4.22 亿元;截至 2018 年 10 月,累计发放农地经营权抵押贷款 1373 笔,金额共计 6.95 亿元;① 截至 2020 年 5 月,彭山区累计发放农村土地经营权抵押贷款 1922 笔,金额共计 9.24 亿元。②

①五方联动。眉山市彭山区已形成以产权流转交易、确权登记颁证、风险防控、产品创新对接和产权价值评估为要点的农地经营权抵押贷款政策制度体系。构建起商业银行、农业公司、农业园区、地方政府和新型农业经营主体"五方联动"的运行机制。具体包括以下内容。

一是根据农村承包土地所有权、承包权和使用权"三权"分置要求,彭山区在农交中心交易大厅专门设立《农村土地经营权证》申办服务窗口,现场向规范流转土地的受让方登记颁发《农村土地经营权证》,受让方可凭权证向中心服务窗口申请抵押贷款,切实解决农户和业主"融资难"的问题。

二是初步构建一套完整的产权价值评估体系,具体是以集体建设用地基准地价为基础,由"行业专家+乡土人才"组成专家智囊团,设立价值评审中心和价值评审委员会,形成以评审委员会评估、商业银行自评估以及第三方中介评估机构评估相结合的产权价值评估体系。

三是建立统一规范的农村产权流转交易市场体系。彭山区农村产权流转交易服务中心是在区公共资源交易分中心的依托下成立的公益性事业机构,为农村产权的流转交易和抵押融资提供了信息申报、发布和对接等一站式服务,并已实现省市区三级互联互通,"两权"抵押绿色窗口建立起来。农业经营主体可依托此平台主动申报,商业银行可依托此平台获得关于农地经营权抵押贷款的工作信息。自 2015 年 9 月运行以来,已发布 700 多条产权流转信息和 200 多条"两权"抵押融资信息,成交产权流转面积 8000 余亩,累计金额 7300 万元。③

四是形成三级服务体系。国有正兴农业发展投资有限公司是由财政出资 5000 万元成立的,该公司协同 12 个乡镇土地流转服务公司和 80 个村

---

① "两权"抵押"红包"唤醒乡村振兴"细胞"[EB/OL].人民网,2018-12-06.

② "彭山模式"全国推广!农村产权流转交易服务走出"新路子"[N].川报观察,2020-05-14.

③ 吴迪:"两权"融资看彭山　四川形成省市县合力推动"两权"抵押贷款试点,良好局面 [N].金融时报,2017-01-04.

级土地流转服务站形成三级服务体系。服务体系中包括建立风险评估、风险防范和风险处置在内的风险防控机制，签约土地经营使用权时分类收取风险保障金以构建全区土地流转风险处置基金。该服务体系完善了风险防控机制，维护了农村生产关系稳定。

五是在产品创新方面，彭山农村信用合作社专门推出"金杏福农地"创新性农地经营权抵押贷款产品，以满足农业经营主体的信贷需求。

②四步流转。彭山区土地流转有"三级土地预推—平台公开交易—资质审查前置—风险应急处理"四步。由公司、乡镇和村组对土地预先整合包装，在交易平台上竞价后，由政府部门审查农地经营主体的资质，出现风险由公司应急处理。

③三方受益。农地经营权抵押贷款交易牵涉的办事事项繁多，涉及农业、林业、不动产登记和金融等相关部门，农民或业主对部门和办事流程不熟悉，若要逐一办完，耗时又耗力。因此，彭山区通过开辟农地经营权抵押融资绿色通道，为农村土地经营权抵押融资活动提供"一站式"服务，使得"业主少跑路、群众得实惠、政府服务更公益，最终实现三方受益"。

彭山区"五方联动"的农地经营权抵押贷款经验被人民银行成都分行列为四川省"样板"。"四步机制、三方受益"的土地规范流转经验正在全国范围交流推广开来。

（6）武胜运行现状。武胜县通过深化农村产权制度改革，推动农村金融制度创新，推进农村承包土地的经营权抵押融资试点工作，并结合本地实际，先后出台了《武胜县农村承包土地的经营权抵押贷款试点实施方案》《武胜县农村承包土地经营权抵押融资风险补偿金管理办法（试行）》等多项制度，不断优化创新以"经营权"抵押贷款为基础的农村金融产品和服务方式。通过抵押贷款解决农村融资难题，推动农村资产激活变现，并支持新型农业经营主体发展，以此推动农民增收致富。

武胜县作为长江流域柑橘最适宜种植区域之一，晚熟柑橘产业是其发展的主导产业之一。中国农业银行武胜支行、武胜农村商业银行、中国邮政储蓄银行武胜支行和武胜中银富登村镇银行作为资金供给方，采取以业主土地经营权抵押贷款、四川省农业信贷担保有限公司进行政策性担保等方式，开展产业贷款业务。截至 2018 年 2 月末，广安市武胜县累计发放农地经营权抵押贷款 520 笔，金额 3.13 亿元；截至 2018 年 9 月，该县累计发放农村承包土地经营权抵押贷款 606 笔，发放贷款金额超过 4 亿元①。具体包括以下运作流程。

①完善农地经营权抵押登记制度。由武胜县农业局负责办理农地经营权抵押登记，建立统一完善的农地经营权抵押登记制度，规范抵押登记流程，避免出现重复抵押，有效保护抵押权人的合法权益。流转土地的经营权抵押需经承包农户同意，在依法合规的前提下，进一步优化抵押登记流程，提高抵押登记便捷性。

②建立农地经营权交易流转平台。武胜县政府协同相关部门制定农地经营权流转交易市场运行规范，建立经营权抵押、流转、评估的专业化服务机制，发展形成多种方式的农地经营权流转交易市场。具体而言，依托公共资源交易中心，武胜县建立起农地经营权交易服务中心，各乡镇也建立起农村产权交易服务站，同时在各村设立交易代办点。在农村产权流转交易信息化建设方面，实现联网运行、网上交易，能够及时收集和发布各类农村产权流转交易信息。

③建立农地经营权价值评估体系。鉴于农地经营权可采用评估机构评估、银行自行评估、委托有关专家测算或者借贷双方协商等方式开展农村产权抵押价值评估。结合实际发展情况，武胜县在县公共资源交易中心设立农村产权价值评估专业机构，分别从农业、国土、住建、林业和房管所等职能部门抽选专业人员，分类制定农村产权价值评估管理办法和评估依据、标准，并根据市场变化对评估标准实行动态调整。针对不同地域、不同乡镇分别制定农地经营权价值参考表，定期更新，为借贷双方的价格协商提供价格指导。此外，武胜县政府还鼓励社会主体开办农村产权价值评估中介机构，开展社会化的评估服务。各评估主体能在农村产权抵押评估信息系统内实现信息公开与共享。

④建立健全抵押物处置机制。农地经营权抵押贷款抵押物处置应当充分保障农户承包权、优先受让权和土地持续生产能力，通过再流转、第三方托管、收储机构收储、依法起诉等多种形式获得的收益弥补贷款银行损失。武胜县探索建立农地经营权资产管理公司或收储中心，用于收储、托管、经营不良抵押资产，提高不良资产处置效率。同时允许收储中心率先对不良信贷资产进行债权回购，以降低商业银行的贷款风险。

⑤完善风险分担机制。武胜县财政按照贷款额度10%比例出资设立农地经营权抵押融资风险基金，一期存入风险准备金500万元，用于保障农

---

① 武胜县：农地经营权抵押贷款逾 4 亿元［N］. 广安日报，2018－09－13.

户权益，补偿分担自然灾害等不可抗力形成的风险、抵押物无法处置或处置后不足以弥补本金损失的贷款风险等。分担方式为平行分担，即当出现贷款逾期项目时，县人民政府与四川省农业信贷担保有限公司逐笔承担代偿责任；分担比例为 3∶7，即县人民政府承担代偿责任的 30%，四川省农业信贷担保有限公司承担代偿责任的 70%。

（7）巴州运行现状。巴中市巴州区是我国第二批农村改革试验区，在推进农村承包土地经营权抵押贷款试点工作时，邮政储蓄银行和农村商业银行成为首批试点金融机构。在《巴中市巴州区农村承包土地经营权抵押贷款指导意见》的指导下，建立和健全农地经营权抵押贷款管理办法和制度，在取得经验的基础上再向其他商业银行扩展，并且积极探索承包土地"三权分置"模式，创新颁发"农村承包土地经营权流转证"等，通过利益联结机制把贫困户"铆"在产业链上，带动贫困群众增收。截至 2018 年末，巴州区共计发放农地经营权抵押贷款 195 笔，金额为 1.80 亿元；截至 2019 年 9 月，巴州区实现土地经营权抵押贷款 3.1 亿元。①

①贷款对象方面。为切实满足新型农业经营主体及农户等的融资需求，巴州区把家庭农场、专业大户、农民合作社、龙头企业等新型农业经营主体列为贷款重点申请对象，解决"脚下有地，手里没钱"的尴尬局面。针对抵押物仅为农地经营权、贷款风险较大的问题，商业银行设计出"农业产业化龙头企业＋农民合作社＋农户""农民合作社＋农户"以及"农业产业化龙头企业＋农户"等多方合作的信贷产品。为增加农地经营权抵押贷款额度，风险可控的前提下，商业银行采用下列措施以提供更快捷的信贷审批和便捷实惠的金融服务：优化抵押登记流程来提高登记便捷性、合理确定贷款利率和期限需适当提高抵押率、及早授信和及时用信。

②风险分散方面。为达到为农地经营权抵押贷款保证保险提供保费补贴及化解农地经营权抵押贷款风险的目的，巴州区财政出资 1000 万元设立农村承包土地经营权抵押贷款风险补偿基金，以建立农地经营权抵押贷款的风险防范机制。按照风险共担的原则，区农村土地流转服务中心与商业银行分别按 70% 和 30% 比例来分担抵押贷款资金本息的实际损失。除此之外，巴州区还创新研发出了与农地经营权抵押融资紧密相关的保险产品，这能从根源上分散信用风险。

---

① 今日，人民日报、四川日报聚焦巴州［N］．人民日报，四川日报，2019 - 09 - 09.

③抵押物价值评估方面。考虑到农地经营权抵押贷款的抵押物不仅包括农地经营权自身的价值，也涵盖附着农产品和基础设施的价值，巴州区建立了行业专家构成的农村产权评估专家库，行业分布于农机、畜牧、园艺、农经、林业、房屋、水利、农艺和建筑等。由商业银行在上述专家库中随机抽取 3~5 名对应农村产权类别的专家和银行自身的工作人员组成农村产权评估小组。抵押物最终的评估价格由贷款的农业经营主体、上述农村产权评估小组和农村产权交易中心共同协商确定。第三方评估机制的引进有利于全方位、科学地对农地经营权进行评估。

（8）内江市市中区运行现状。内江市市中区政府为推进承包土地的经营权抵押贷款试点工作，组建起了试点工作小组，并根据本地实际情况先后出台了《内江市农村产权抵押融资试点工作方案》《内江市农村承包土地经营权抵押登记管理办法》等配套政策文件。截至 2017 年末，市中区共计发放农地经营权抵押贷款 57 笔，金额 4806 万元；截至 2018 年 2 月末，发放该项贷款 76 笔，金额 6424 万元（吴昕蓉，2019）。

①资金需求方和供给方。农民专业合作社、种养殖业专业大户、家庭农场等新型农村经营主体是农地经营权抵押贷款的主要服务群体，且贷款用途多用于种养殖业生产经营。作为农地经营权抵押贷款资金供给方，商业银行及其监管部门在商业可持续和风险可控的原则开展探索。2014 年，内江发布《内江市农村土地流转收益保证贷款试点工作实施方案》，选取中国农业银行内江市分行、邮政储蓄银行内江分行、内江辖内农合机构、内江兴隆村镇银行开展针对农地经营权的新型融资方式，为农村土地流转收益保证贷款，破解农地经营权抵押贷款难题。创新性地把反担保环节加入信贷产品中，农户、农民专业合作社及种养殖大户等在协同融资性担保公司的担保下信用增加。若农业经营主体无法按时足额偿还本息，本息由融资性担保公司代偿。代偿后，融资性担保公司可流转所获得的农地经营权。在收回代偿本息后，农业经营主体将得到返还的农地经营权。

②工作协调机制。为全面开展农村承包经营权抵押融资试点工作，市委农工委、市统筹委、市财政局、市国土资源局、市农业局、市房管局、市政府金融办、市政府法制办等行政部门和人民银行内江中心支行、内江银监分局等金融监管部门依托"内江市农村产权抵押融资试点工作领导小组"的工作机制，成立专门的领导小组，强化协调沟通能力，建立健全试点工作机制。

③确权颁证工作。内江市是四川省承包土地经营权确权登记颁证试点

的二级市，相继发布了《内江市农村产权交易管理暂行办法》《内江市农村土地承包经营权流转管理暂行办法》等明晰农村土地产权，促进承包土地经营权流转的相关政策文件，使确权颁证工作在实践中得以稳步开展。

④搭建流转交易平台。依托于内江联合产权交易有限公司，内江市市中区成立市县（区）级农村产权交易监督管理委员会，搭建起市农村产权交易中心。负责农村产权流转交易的政策咨询、对象接收、变更备案、交易组织、合同签订和项目调查等配套服务。经各乡镇同意后，依托农业综合服务中心挂牌成立流转服务站，关于政策宣传、流通信息收集汇报、纠纷调解等工作由设立的村流转信息员负责。总之，初步建成市、县、乡、村四级流转服务体系。

⑤规范抵押贷款流程。内江市市中区内所有试点银行业金融机构，在结合自身实际情况下，颁布了相关的实施细则、具体措施和操作程序，规范了承包土地经营权的适用对象和条件、贷款管理要素和抵押担保管理等。农地经营抵押贷款操作流程主要包括"借款人提出申请—商业银行受理并进行贷前调查—承包土地经营权价值评估—是否申请贷款组合担保—签订承包土地的经营权抵押贷款合同—商业银行贷后风险管理"，由商业银行和担保公司协调信贷资金管理和风险防范事宜。农业经营主体的生产经营收入优先用于偿还贷款本息，若农业经营主体出现违约，则被抵押的农地经营权将会被商业银行或担保公司挂牌于流转交易平台再次流转，流转所得收益用于偿还商业银行或担保机构的代偿款。

3. 基于预调研梳理的四川省农地经营权抵押贷款典型案例

（1）"农地经营权抵押＋央行扶贫再贷款"模式。

①案例简介。冯某某，男，现年52岁，是五龙镇双树村的建档立卡贫困户。44岁时在外务工因操控机床不慎被压断左小臂，导致终身残疾。2012年，受沿海先进的循环农业经济和精细的田间管理理念启发，他决定回乡创业种植猕猴桃。创业资金来自务工积蓄、残疾赔付金、亲戚朋友借贷以及农商银行小额信贷。但在2014年即将挂果时2000余株猕猴桃患上溃疡病，果园受损严重。为挽回损失，经营思路日渐成熟的他决定扩建猕猴桃种植规模，套种核桃、脆红李，配套建设生猪养殖小区，但却陷入资金不足的困境，在这时，苍溪试点推行的农村土地承包经营权抵押贷款再次给予冯某某发展契机。2016年初，苍溪农商银行五龙支行主动采取"农地经营权抵押＋央行扶贫再贷款"的模式为冯某某提供了年利率4.35%，共计20万元的资金支持。有了发展资金，冯某某的猕猴桃种植

规模比原来增加了 60 亩，还间种了脆红李等，建成并使用生猪养殖小区。猕猴桃进入丰产期时冯某某已实现脱贫致富（吴昕蓉，2019）。

②贷款运作方式。"农地经营权抵押 + 央行扶贫再贷款"的模式主要是在坚持政府主导的前提下，以农户或新型农业经营主体自愿申请为原则，将金融政策与扶贫政策有机结合，充分发挥人民银行扶贫再贷款在金融助推脱贫攻坚中的政策导向作用。在贷款工作中，对于参与投放农村承包土地的经营权抵押贷款的地方法人金融机构，人民银行优先向其发放扶贫再贷款；商业银行优先对贫困户、使用贫困户劳动力的农业经营主体以及流转贫困户土地的情况发放农村承包土地的经营权抵押贷款，确保扶贫再贷款资金精准落地。"农地经营权抵押 + 央行扶贫再贷款"模式具体运作如下：一是建立信用档案。商业银行通过乡镇片区授信同授信到户相结合的方式对拥有农村承包土地的贫困户、新型农业经营主体等建立信用档案，并开展评级授信工作。二是放宽贷款条件。一方面，为盘活农村土地资源价值拓宽贷款对象范围，有土地经营权证的贫困户和新型农业经营主体都可以向银行申请该贷款；另一方面，灵活实施贷款期限、利率、结息等优惠政策，贷款期限根据农业生产周期来合理确定，结息方式则由商业银行同农业经营主体协商确定。三是落实贷款审查。在运用扶贫再贷款发放农村承包土地的经营权抵押贷款前，放款银行对农业经营主体的主体资格、生产经营状况、贷款用途、抵押物承包或流转手续等内容进行全面调查；贷中审查审批环节，商业银行严格按照相关要求，对贷款资料的真实性、完整性、有效性和合法合规性进行重点审核；贷后检查环节，商业银行逐户建立"农地经营权抵押 + 央行扶贫再贷款"电子台账，并严格按规定频次开展现场或非现场检查，确保扶贫再贷款资金精准有效对接脱贫攻坚。四是严控贷款风险。采取"农村土地承包者 + 村组 + 银行网点 + 县级财政"四级风控体系，合力管控潜在信贷风险。由乡镇联村干部、驻村干部、村两委干部和村民推选的群众代表组建村级风险控制小组，贷款遵循农村土地承包者同意→村级风险控制小组核实推荐→银行网点贷前调查→农业主管部门备案→银行机构审核发放贷款→报地方财政备案纳入分担贷款管理这一完备流程，确保贷款合理利用、安全收回。

③贷款运作成效。一是促进家庭增收。冯某某这笔 20 万元的贷款年利息仅为央行贷款基准利率 4.35%，比其他同类贷款低两个多百分点。冯某某引入循环经济理念，扩大农业生产经营规模，建立起"猪—沼—果（蔬、粮）—鸡"的立体循环经济链，家庭年增收 10 万元以上。二是贷款

辐射效应显著。当地村民视为冯某某的成功为榜样，更多贫困户被激励着走上发展农业产业的脱贫致富的道路。双树村20多户贫困户主动把土地流转给冯某某，在"自强农场"务工，于2016年底脱贫。五龙镇周边的龙王、三川、永宁、白鹤等乡镇贫困户受冯某某影响也纷纷种植猕猴桃，年人均增收3000余元。三是有利于贫困户脱贫致富。这种模式引导商业银行充分利用中央银行的扶贫再贷款资金向贫困农户和农业经营主体发放农地经营权抵押贷款，有效提高农业经营者贷款的可得性，增加农业经营主体规模化生产的资金投入，不仅有效盘活农村资产，还实现农地经营权抵押贷款试点工作同金融精准扶贫的有机结合，推动有创业意愿、有自投资金、有发展前景的本地经营业主、专业合作社在产业发展的同时带动贫困户实现脱贫致富。

④案例小结。该模式是深化农村金融改革的产物，在一定程度上盘活农村资源、资金、资产，增加农业生产和经营的资金投入，增加农户的收入；这种贷款与精准扶贫工作的结合为冯某某这种有能力、有见识、有创业意愿但因病、因残等致贫的农户提供信贷支持，帮助他们发展农业生产。另外，商业银行放贷中对农业经营主体提出通过吸纳就业、流转土地、入股分红等方式带动一定比例贫困户就业发展的要求，也助推当地农户脱贫致富。但是，这种模式是以政府为主导的，面临的政策变更风险在一定程度上阻碍贷款的持续推进。冯某某因各种缘由获得银行的主动帮扶，但其他经营主体不完全具备这类客观条件，借贷主体之间存在的信息盲区导致供需不对接。在实践中，为保证贷款的持续推进，政府应积极搭建平台，增加商业银行同农业经营主体对接方式，促进供需方实现双赢。

（2）"农村土地经营权＋担保"模式。

①案例简介。邱某某，四川绵竹人，于2013年在苍溪县白桥镇白桥村从事猕猴桃种植，种植面积210.8亩，年产量达100多吨，年产值200余万元。2016年夏季，苍溪县持续高温，该园种植的猕猴桃在还未采摘就已变软变质，产量急速下降，邱某某迫切需要为园区增建灌溉设备，但由于不是本地户籍，在没有担保和抵押的情况下，难以申请到贷款。在她走投无路的时候，得知能够用流转土地作为抵押标的物向银行申请贷款，便及时向邮政储蓄银行苍溪支行提出贷款申请。银行信贷人员上门对其经营情况进行现场调查，按照政府指导价格对客户承包土地及地上附着物进行评估，并按50%的抵押率评定该抵押物最高授信额度。2016年8月邮储银行对其提供最高授信额度70万元，额度支用期限24个月，额度存续期

限 48 个月，单笔贷款年利率 6.525% 的农地经营权抵押贷款，解决其燃眉之急（吴昕蓉，2019）。

②贷款运作方式。一是抵押登记。为有效减少争议和纠纷，所有流转合同须在土地所在行政村、乡镇备案，流转面积超过 100 亩的合同须在当地公示。鉴于承包土地的经营权抵押须经承包方同意，对前期已签订土地流转合同且承包方外出务工的情况，通过电话录音、村组干部证明、委托他人书面签字来获得承包方同意；对尚未签订流转合同的，县农业局在土地流转格式合同中增加"被流转耕地的经营权可用于抵押，流转方申请贷款时无须再书面征求土地承包方同意"条款，简化贷款流程；承包土地的经营权办理抵押登记后，由土地所在的乡镇政府、村委会进行公示。二是贷款申请。符合银行贷款申请条件的农业经营主体凭借合法取得农地经营权的证明材料；农地的经营权租金支付票据或相关证明；农地经营权价值评估报告或者价值认定协议书；农业经营主体经营情况证明、地上附着物经营面积、品种及效益情况说明等材料向银行申请农地经营权抵押贷款。三是担保增信及价值评估。担保方式主要包括组合担保和保证担保两种。组合担保是农业经营主体以地上附着物、机器设备、建筑物等作为组合担保工具，增加银行的贷款授信额度；保证担保是指农业经营主体将承包土地的经营权抵押给政府出资设立的政策性融资担保机构即苍溪县农业信贷担保有限公司，由担保公司对贷款提供保证担保。在价值评估方面，已建立起规范评估机制的，由当地政府相关部门或专家小组进行评估，也可聘请经银行准入、具有专业评估资质的第三方机构进行评估；没有规范的借贷评估机制的，则由借贷双方协商协议评估，协议评估需遵循以下原则：农地经营权评估价值 = 政府公布的基准参考价格（元/亩·年）× 面积（亩）×（家庭承包合同剩余年限或已缴清租金的剩余使用年限 − 1）+ 生物性资产价值 + 相关设施价值（减折旧及损耗）。四是授信审批并放贷。经办商业银行对农业经营主体基本情况、经营能力、土地权属证明等进行调查，同时审查农业经营主体报送资料的真实性、完整性、合法性等，对审查无误的农业经营主体，确定授信额度、贷款期限、利率和结息方式等后向农业经营主体发放贷款。五是风险防控。加强贷后监管，定期或不定期进村入户回访、实地查看，对农业经营主体资金用途、经营情况等进行审查，严格监控农地经营权转让及地上附着物收益变化，确保抵押权利真实有效。

③贷款运作成效。一是增强农业抗风险能力。有邮储银行农地经营权

抵押贷款的支持，邱某某的猕猴桃种植园区已建成标准化的灌溉设备，为防御干旱天气提供有力的保障，增强农业生产的抗风险能力。二是扶贫效应显著。园区内常年聘请 20 余名农民进行解袋、套袋、施肥、授粉等工作，不仅解决当地农民就业问题，而且通过产业扶持带动当地贫困户脱贫致富。三是具有带动效应。这种模式将农地经营权抵押贷款同担保增信相结合，能够有效防控贷款中可能的信用风险，增加非本地户籍、没有担保和抵押的农业经营主体的信贷可得性，这对于引入外地业主，发展农业产业有良好的示范效应。

④案例小结。"农村土地经营权＋担保"模式立足便民惠民需要，提升农村金融改革实效。首先，这种模式将地上附着物、机器设备等纳入抵押范围，增加商业银行的授信额度；其次，引入第三方担保机构作为主要中介，分散银行面临的潜在信贷风险，增强农户信贷可得性，对于贷款数量与质量的提升有重要作用；最后，这种贷款模式下商业银行对风险把控力度增强，贷款受益群体得以扩大，非本地户籍或缺乏抵押、担保的农业经营主体也能申请贷款。当然，"农村土地经营权＋担保"模式下第三方担保机构介入农地经营权抵押贷款运作中虽然降低农户还款风险，但是对于抵押物的处置方面没有明确的处置渠道和路径，一旦发生风险，抵押物处置的难度较大；另外，这种模式下，农地经营权抵押的独立性欠缺，与农地经营权抵押贷款原有的政策设计和预期效果存在一定的偏差。

（3）"农村土地经营权＋授信"模式。

①案例简介。苍溪县云峰镇狮岭村地处苍溪县城东面，是全国 10 个首批西部"生态家园富民计划"试点村之一。全村 9 个组 337 户 1246 人，地域面积 3.4 平方公里，耕地面积 1382 亩。在整村推进产业发展中，创新模式，引金融活水支持产业发展，取得良好成绩，先后被评为"全国生态家园富民计划示范村""全国文明村""全国 AA 旅游景区""四川省小康环保行动计划试点村""省级园林式村庄"。

②贷款运作方式。一是整村评级授信。2016 年，狮岭村以农村承包土地的经营权抵押贷款为融资突破口，积极发展乡村生态观光游。苍溪农商银行对该村 337 户农户进行全部评级授信，授信总额 1850 万元，已发放贷款 611 万元，其中 14 户获得首批农村承包土地的经营权抵押贷款，共计 80 万元。二是抱团规模经营。以农村承包土地的经营权抵押贷款项目为载体，为 10 家有一定规模档次的农家乐提供贷款支持。其中，张某某以承包土地的 5.36 亩经营权抵押获得农户信用贷款 10 万元、农村承包土

地的经营权抵押贷款 5 万元，共计 15 万元。用于雪梨产业和农家乐发展，种植雪梨 2.36 亩，农家乐年接待游客 1100 余人次，2016 年实现收入 10 万元。

③贷款运作成效。通过典型示范带动，全村共建观光步行道 3.3 公里，水网、路网、渠网配套，村容村貌焕然一新；建生态观光雪梨示范产业园 8 个，雪梨种植面积扩大到 800 余亩，年销售雪梨 450 吨，产值达 90 万元，解决该村 80 余劳动力日常务工；培育 2 星级以上农家乐 15 家，被列为四川省旅游休闲型特色小镇。2016 年，该村实现人均增收 1550 元，人均纯收入达到 9500 元以上。

④案例小结。整村授信模式是将农地经营权抵押同信用贷款相结合，化零为整，既增加村民贷款授信额度，也提高信贷的可得性，更重要的是将小规模农户纳入贷款中来，一定程度上缓解贷款难题，提高农业生产规模和村民收入。但是，整体授信模式下，信贷资金的分配也是问题，在贷款推进中会存在潜在的风险。另外，这种模式中，仅以农地经营权为抵押，具有抵押物面积小、价值低的特点，违约出现时抵押物的处置难度大。这就需要在健全农地经营权抵押贷款风险处置机制，培养抵押权承接对象的基础上，加大对农户诚信的管理，推动农地经营权抵押贷款惠及更多小规模经营者。

（4）"农地经营权 + 种养殖土地的未来收益担保"模式。

①案例简介。该模式是承包土地经营权抵押 + 种养殖土地的未来收益担保模式，要求借款的农地经营主体把农地经营权与种养殖物合并进行抵押担保，充分考虑到农地经营权价值、种养殖物的预期收益等折现因素。该模式的特点是抵押率维持在 40% 左右，抵押物估值较高，能有效缓解合作社融资难、融资贵问题。

"农地经营权 + 种养殖土地的未来收益担保"模式是目前内江市试点承包土地的经营权抵押贷款的典型模式。作为内江市威远县特色优势产业之一，无花果产业获得了当地政府的重视并得到重点发展。共计 2 万亩的无花果核心示范基地陆续在新店镇、向义镇、界牌镇、靖和镇建立。在这一产业发展潮流中，最具代表性的当属威远县向家岭某无花果种植农民专业合作社。该专业合作社在四方村农村产权交易服务中心的协调下带动周边生产队的农户种植和收购无花果。该专业合作社以 497.45 亩流转土地为抵押申请农地经营权抵押贷款，此片流转土地的价值最后被四川威远农村商业银行评估为 1169 万元。在附加威远县金四方果业有限责任公司的保证担保情况下，专业合作社获得 300 万元承包土地的经营权抵押贷款，贷款期限 4 年，年利率 7.26%。

②贷款运作成效。在成功申请到农地经营权抵押贷款后，该专合社新建冻库和仓库，种植农户年人均收入上涨 3400 元，经济效益显著提高。2012—2014 年，作为该专合社合作伙伴的威远县金四方果业有限责任公司的产值也由 1359 万元增长至 3216 万元，盈利由 140 万元增长至 404 万元。

（5）"农地经营权 + 农村产权收储处置"模式。

①案例简介。2016 年 12 月，温江区寿安镇百花社区种植大户黄某某获得农商银行温江支行运用支农再贷款发放的农地经营权抵押贷款，金额 85 万元，贷款利率 5.655%，期限 3 年。该笔贷款由黄某某流转的 49.02 亩农村承包土地的经营权 + 经济林木（果）权直接抵押发放。在该笔贷款中，花乡农盟花卉苗木专业合作社作为托底收储企业与借贷双方签订三方托底收储协议，承诺向贷款人履行收储义务并向农业经营主体收取贷款总金额 0.5% 的监管费用。当该借款主体在借贷中期出现无力还本付息情形，收储企业利用其自身的行业优势，实现抵押物的提前处置变现，有效减少市场风险。

②处置机构运作方式。成都市温江区花乡农盟花卉苗木专业合作社充当了处置企业。该专合社按照"指导意见"，牵头成立抵押资产价值认定小组，认定小组由农业经营主体、处置企业、当地村委会推荐和专家库成员这四方各出一名成员组成。根据温江区农村土地经营权基准价格和苗木基准价格，抵押资产价值认定小组对农地经营权和地上附着物进行价值认定，并出具《农村承包土地的经营权（含附作物）价值认定书》。在借款的农业经营主体与商业银行按程序分别在区农发局和区花卉园林局办理土地经营权和经济林木（果）权抵押登记手续之后，农业经营主体、处置企业和商业银行签订《抵押资产市场化处置三方协议》。协议中约定处置企业（第三方）负责监督借款农业经营主体的抵押资产，若农业经营主体不能按时足额还本付息，处置企业须于 80 天以内完成抵押资产的处置。处置资金用于偿还农业经营主体的违约债务，且办理强制执行公证。同时，根据《成都市温江区农村产权抵押融资风险基金使用实施细则（试行）》，违约债务纳入风险基金补偿的范围，商业银行须向成都市温江区三联融资担保有限公司（该担保公司是温江区农村产权抵押融资风险基金的承办机构）备案。

③贷款运行成效。黄某某将 85 万元农地经营权抵押贷款资金用作花木生产经营，解决了暂时性资金周转难题，同时在扩大园区规模、引进优

良品种、改善种植条件等方面也起到了很好的促进作用，带来良性循环。同时，由于温江区农户多进行花木种植经营，该笔贷款的成功发放也将吸引更多农户参与到农地经营权抵押贷款之中，使温江经验在全国范围内推广开来。

④案例小结。温江区以具有当地特色的花木产业作为突破口，通过引入花乡农盟花卉苗木专业合作社等市场主体组建农村产权收储处置联盟，创新引入托底收储机制，即在融资前端，由收储联盟提前开展价值评估与贷前调查，在中端由收储联盟与借贷双方签订三方托底收储协议，在后端借助收储联盟的产业优势开展收储处置工作。不仅解决了银行的后顾之忧，增加对农地经营权抵押贷款的供给意愿，同时以市场化处置方式替代政府的兜底责任。

2.2　调研情况

2.2.1　预调研情况

课题组于 2016 年 12 月开始对四川省内全部试点地区（包括温江区、崇州市、眉山市彭山区、内江市市中区、遂宁市蓬溪县、南充市西充县、巴中市巴州区、广安市武胜县、乐山市井研县和广元市苍溪县）的农地经营权抵押贷款进行预调研。预调研结果结合表 2-1 总结出来的四川各试点地区农地经营权抵押贷款的开展情况，认定成都温江区和崇州市是四川省内开展政府主导型农地经营权抵押贷款最具代表性的地区。因此，后面各阶段均选择成都温江区和崇州市作为主要调研区域。

表 2-1　　四川省各试点地区农地经营权抵押贷款运行情况比较

地区	温江区	苍溪县	崇州市	彭山	巴州区	市中区
截止日期	2019 年 12 月	2018 年 2 月	2018 年 2 月	2019 年 12 月	2016 年 8 月	—
贷款笔数	488 笔	2013 笔	326 笔	1830 笔	38 笔	—
贷款金额	17.46 亿元	5.1 亿元	5.94 亿元	9.1 亿元	4734 万元	—

续表

地区	温江区	苍溪县	崇州市	彭山	巴州区	市中区
银行机构	中国农业银行温江支行、成都银行、成都农村商业银行	—	浙江民泰商业银行、崇州上银村镇银行	—	农村商业银行和邮政储蓄银行、农业银行	农村商业银行
担保机构	成都市温江区三联融资担保公司	注册资本金为1亿元的苍溪县普惠农业融资担保有限公司	由财政注资1.02亿元成立崇州市蜀兴融资担保有限公司	财政出资5000万元的国有正兴农业发展投资有限公司	—	注册资金为1000万元的市中区农业产业担保分公司
价值评估方式	评估公司评估、村镇干部、业主和村民代表	苍溪县农村承包土地的经营权收益评估专家小组	—	—	在银行、贷款客户及农村产权交易中心三方协商确定评估价格的基础上引进第三方评估机构	—
抵押物处置方式	担保公司通过土地交易市场将土地经营权进行市场化处置	试点银行依法通过交易市场将抵押物进入流转市场，通过获取转让收益权清偿贷款本息	政府负责进行处置	—	—	—
风险分担	农村产权抵押融资风险基金首次筹集规模为500万元，区财政与贷款银行按80%和20%比例分担风险	风险补偿基金5223万元。贷款逾期后无法收回的损失贷款，属担保公司提供担保的，由担保公司按照约定代偿本息，未由担保公司提供担保的，县财政局与贷款银行按70%和30%的比例分担风险	风险补偿基金750万元，贷款损失由风险基金分担80%，贷款银行分担20%	—	区财政出资1000万元，设立农村承包土地经营抵押贷款风险基金，对抵押贷款资金本息的实际损失，区农村土地流转服务中心与贷款银行按70%和30%的比例分担风险	—

续表

地区	温江区	苍溪县	崇州市	彭山	巴州区	市中区
贷款费用	贷款利率在基准利率上上浮不超过 30%，加评估费、担保费后，贷款成本在处于 11.5%~14.8%	—	担保贷款利率在基准利率基础上上浮不超过 30%，担保费为担保贷款金额的 1.5%/年	—	—	—
类型	政府主导型	政府主导型	政府主导型	政府主导型	政府主导型	政府主导型
其他	横向建立区级层面"两所三中心"综合服务平台，纵向搭建区镇（街）村（社区）"三级机构""农贷通"农村金融综合服务平台	—	建立成都农村产权交易所崇州农村产权交易子公司，形成"村收集、乡镇审核、市产权交易平台交易"三级农村产权流转管理及交易服务体系	"三级土地预推—平台公开交易—资质审查前置—风险应急处理"土地流转四步机制	—	引入保险公司，建立特色农产品风险保险

注：表中"—"表示数据或资料缺失。
资料来源：调研并结合新闻报道。

　　成都市温江区境内自然资源丰富，以种植花木类经济作物为主，适宜多种经济苗木生长，因此当地农户大多从事花木种植、编艺和销售，种植品种为紫薇、桂花和银杏等。崇州市以种植粮油类粮食作物为主，以"十万亩粮田"闻名，农户主要种植粮食作物，如玉米、小麦、水稻等。

　　成都温江区与崇州市在开展的农地经营权抵押贷款方面有相似之处也存在差异，相似性在于以下四个方面：（1）政策实施时间。温江和崇州均为四川省农地经营权抵押贷款首批试点地区，不存在政策实施时间差。（2）风险补偿基金。两地均属政府主导型农地经营权抵押贷款，存在风险补偿基金"兜底"情形，其中温江 500 万元，崇州 750 万元。（3）地理位置。两地均处成都周边，温江距成都市人民政府 23.4 千米，崇州距成都市人民政府 38.2 千米。（4）新闻报道次数。两地政府网站均对农地经营权抵押贷款试点工作做过多次新闻报道，其中温江 8 次，崇州 12 次。差异之处在于以下两个方面：（1）担保机构不同。温江担保机构为社会企业法人或股东发起成立的成都市温江区花乡农盟花卉苗木专业合作社、成都三联花木投资有限责任公司和红花紫薇合作社，① 崇州担保机构为财政注资1.02亿元成立的崇州市蜀兴融资担保有限公司。（2）抵押物处置方式不同。温江区主要为政府主导下在抵押物处置和担保环节引入第三方参与进行市场化运作，具体如下：农户将农地经营权与地上附着物花木一起作为抵押向银行申请贷款，增加农地经营权评估价值；引入市场化主体作为处置企业对不良资产进行处置变现，尽早实现不良贷款抵押资产价值；参与市场化处置主体（如花乡农盟合作社）在贷前对农户进行资质评估和资产担保，贷中提供核实审查服务，贷后继续对农户种植经营进行日常监督，若发生不良贷款则依托其强大的销售网络及工程渠道进行苗木资产处置。而崇州市虽已形成市场化运作体系，但仍全程由政府进行抵押物处置和担保，沿用政府制定崇州市上银村镇银行作为资金供给主体、蜀兴担保公司作为风险担保机构、政府风险补偿基金进行兜底的模式。

2.2.2 八个阶段的实地调研情况

2017年1月开始，课题组主要对成都温江区和崇州市等地进行八个阶段的实地跟踪问卷调查。问卷涉及的时间区间为2015—2020年，涵盖政府主导型农地经营权抵押贷款政策准备、提出和实施的各个环节。问卷详见附录。各阶段的详细描述具体如下。

1. 第一阶段

第一阶段截止日期为2018年3月，调研地区为成都温江区和崇州市，调研对象为参与过农地经营权抵押贷款的传统小农户、家庭农场、种养大户、专业合作社与龙头企业。调研目标为了解农地经营权抵押贷款开展的基本情况，银行在农地经营权抵押贷款中决策行为的选择，以及政府主导型农地经营权抵押贷款的收入效应。通过查阅政府工作报告和相关文献，根据土地流转和农地经营权抵押贷款政策实施情况抽取5个乡镇，在各乡镇随机选取3个作物种植类别和社会经济条件相似的自然村，每个自然村随机访谈10~20名传统农户以及新型农业经营主体。本阶段收回问卷151份，经过对问卷数据库的严格检查和区间核实，其中有效问卷146份，样本有效率为96.69%。

---

① 在温江农地经营权抵押贷款参与第三方担保的机构中，花乡农盟合作社担保笔数最多，其次为红花紫薇合作社，三联投资担保笔数最少。

2. 第二阶段

第二阶段截止日期为 2018 年 8 月，调研地区为成都温江区和崇州市，调研对象为第一阶段抽取的自然村内的农业经营主体，并访谈参与该贷款的部分商业银行和农村产权交易平台的相关负责人。调研目标为研究农地经营权抵押贷款信用风险影响因素。本阶段收回问卷 194 份问卷（包含第一阶段的问卷），经过对问卷数据库的严格检查和区间核实，其中有效问卷 187 份，样本有效率为 97.42%。对上述两个阶段调研结果的说明如下。

（1）农地经营权抵押贷款开展的基本情况。大多数农地经营权抵押贷款均需要房屋、苗木、盆景等财产进行抵押，无担保公司参与的农地经营权抵押贷款只有 1200 万元，共 17 笔，所占比重非常小。在贷款手续方面，若没有政策性担保机构的参与，获得贷款的时间普遍较长，从申请到资金落地最长可达 4~5 个月。有政策性担保机构参与的贷款业务，最快 1 个月，续贷业务 1 个月以内就能完成。成都市温江区某第三方交易平台贷款情况统计见表 2-2。

表 2-2　　　　　成都市温江区某第三方交易平台贷款情况统计

贷款类型	有担保的土地经营权抵押贷款	无担保的土地经营权抵押贷款
贷款金额	70000 多万元	1200 多万元
贷款笔数	400 余笔	17 笔
平均申请时长	40 余天	4~5 个月

资料来源：根据调研整理所得。

在农地经营权抵押贷款过程中，对地上附着物的价值评估存在困难。较为专业的评估会采用五方评估法，由农业经营主体、村委代表、银行、专家和第三方机构组成 10 人的评估团队，商议评估土地及其附着物的价值。即使经过如此复杂的评估，贷款额度也只能达到土地及地面资产价值的 30%~40%。

在贷款利率方面，政策规定的农地经营权抵押贷款业务中，银行贷款利率为基准利率上浮 30%，约为 5.655%。商业银行在追求效益性、安全性和流动性的原则下，只能在政策补贴的基础上做出让利。并且为尽可能避免信贷风险，银行还要参与到前期的调查和评估中，在负担工作人员出差成本的同时，也承担完成其他业务的机会成本。但对于承包农地的新型农业经营主体来说，需要负担人工费、承包土地的租金、担保公司的担保费用以及银行的贷款利息，最终落到手里的贷款资金成本远远不止 5.655%。据估计，担保机构的担保费用一般约为 1.8%，因此农业经营主体需要负担 7.5% 的贷款成本。

（2）农地经营权抵押贷款的借款主体。不同农业经营主体之间的贷款情况存在较大差异，具体情况统计见表 2-3。

表 2-3　　　成都市温江区、崇州市农地经营权抵押贷款情况统计

农业经营主体类型	合作社	家庭农场	龙头企业	专业大户	散户
数量/户	58	33	4	23	28
比例/（%）	39.73	22.60	2.74	15.75	19.18
平均贷款金额/万元	56.79	62.28	385	158.57	29.54
平均贷款利率/（%）	7.24	7.98	6.35	7.87	6.76

资料来源：根据调研整理所得。

从农业经营主体类型来看，合作社获得贷款的数量最多，龙头企业最少，这与成都市温江区、崇州市现存的新型农业经营主体的基数有关。从贷款金额上来看，龙头企业的平均贷款金额最大，从事农业的散户的平均贷款金额最小。可见，贷款金额跟经营主体的规模有关，规模越大的经营主体更容易获得较高的贷款额度。从贷款利率上来看，龙头企业获得贷款的实际平均利率最低，约为 6.35%，但仍高于 5.655%；家庭农场获得贷款的实际平均利率较高，达 7.98%。龙头企业作为有正规财务报表、资产与收入较高、资产负债率低于 60% 的企业，银行更愿意为其提供贷款，因此贷款额度较高、平均贷款利率较低。

3. 第三阶段

第三阶段截止日期为 2018 年 11 月，调研地区为成都温江区和崇州市，调研对象为第一阶段抽取的自然村内的农业经营主体，以及参与该贷款的部分商业银行和政策性银行的工作人员、担保公司的工作人员、当地政府职能部门工作人员（包括农发局、人民银行、银监局和金融办等）以及了解农地经营权抵押贷款的专家学者。调研目标为有效识别政府主导型农地经营权抵押贷款面临的风险种类以及第三方参与对政府主导型农地经营权抵押贷款收入效应的影响。本阶段分别收回农业经营主体问卷 268 份（包含第一和第二阶段的问卷）、银行工作人员问卷 185 份、担保公司和政

府职能部门工作人员问卷 183 份、专家问卷 93 份，经过对问卷数据库的严格检查和区间核实，其中有效问卷分别为 260 份、178 份、177 份和 93 份，样本有效率分别为 97.01%、96.22%、96.72% 和 100%。

4. 第四阶段

第四阶段截止时间为 2019 年 3 月，调研地区为成都温江区和崇州市，调研对象为除第一阶段抽取的自然村以外的农业经营主体。调研目标为研究第三方参与对政府主导型农地经营权抵押贷款收入效应的影响。本阶段收回问卷 280 份（包含第一、第二和第三阶段的问卷），经过对问卷数据库的严格检查和区间核实，其中有效问卷 249 份，样本有效率为 88.93%。

5. 第五阶段

第五阶段截止日期为 2019 年 5 月，调研地区为成都温江区内 6 个乡镇和 4 个街道，调研采取访谈的方式。访谈对象为中国人民银行温江支行、成都农商银行温江支行等银行的农地经营权抵押贷款业务负责人、温江区农发局负责人、温江区花卉园林局负责人、花乡农盟合作社负责人、温江区各街道办事处干部和各乡镇干部以及通过花乡农盟取得农地经营权抵押贷款的农户。调研目标为花乡农盟合作社为例证，研究政府主导型农地经营权抵押贷款的履约机制。

6. 第六阶段

第六阶段调研时间为 2020 年 1 月和 6 月，调研地区为成都市温江区。调研对象为第五阶段中访谈的部分工作人员及了解农地经营权抵押贷款的专家学者。调研目标为对政府、担保、银行威慑能力和受摄能力进行评分。本阶段发放 60 份问卷，经过对问卷数据库的严格检查和区间核实，其中有效问卷 57 份，样本有效率为 95%。

7. 第七阶段

第七阶段截止时间为 2020 年 7 月，调研地区为四川广元、成都温江区、崇州市、眉山彭山和乐山井研。调研对象主要是各地参与农地经营权抵押贷款的银行的工作人员、经办过农地抵押贷款业务的第三方组织负责人及部分专家学者。调研目标为分析影响农地经营权抵押贷款抵押物处置效果的因素。本阶段共发放问卷 214 份，有效问卷共计 200 份，样本有效率为 93.46%。

8. 第八阶段

第八阶段截止时间为 2021 年 4 月，调研地区为成都温江区和崇州市，调研对象为第五阶段中访谈的部分工作人员及了解农地经营权抵押贷款的专家学者。调研目标为全面科学地评价所设计出的政府和贷款银行的风险分担比例是否更合理,是否更能满足农地经营权抵押贷款各参与方对风险分担比例的要求。本阶段共发放问卷 120 份,有效问卷共计 100 份,样本有效率为 93.33%。

2.3　本 章 小 结

本章首先介绍农地经营权抵押贷款在我国试点地区的运行情况,发现农地经营权抵押贷款制度是在不断地完善中,各部门共同推动农地经营权抵押贷款政策实施;地方政府积极探索解决各环节难题,商业银行也不断推出农地经营权抵押贷款创新产品。然后梳理了全国各试点地区结合自身地域特色探索出各自独特的模式,并对四川省各主要试点地区的典型模式进行案例分析。最后对课题组八个阶段的调研概况进行描述。

第3章 政府主导型农地经营权
抵押贷款的收入效应

虽然成都市温江区和崇州市均采取政府主导型农地经营权抵押贷款，但由于种植作物和农户特征不同，温江区和崇州市在农地经营权抵押贷款第三方参与程度和市场化运作方面存在分化。那么引入第三方参与是否在信贷约束缓解程度、农户总收入、农业收入以及非农收入提升等方面存在显著差异？本章着力解答上述问题。

3.1 文献综述与研究假说

3.1.1 文献综述

虽然具有监督和控制机制灵活、无担保等特点，民间借贷更受农户青睐（Petrick，2004），但民间借贷资金多被用于消费（史清华和陈凯，2002），农户在农业生产投资方面的资金需求通常需要通过正规借贷资金来满足。从金融功能观的角度来看，通过正规借贷资金，农户的农业生产投资能力能够得以提升、农业要素投入能够得以增加、农业产出和收入能够得以增长（Adetiloye，2012）。农地经营权抵押贷款是来自正规金融机构的资金，改善信贷可得性、能够有效激活农户的土地资本、促进农户加大资本和劳动力要素投入、降低交易费用（牛晓冬等，2017）、割断利率提升链（郭忠兴等，2014）、帮助农民快速积累资本（赵丙奇，2017）、实现农业产出的提高和农户财富水平的提升（Besley & Ghatak，2009）。通常情况来看，商业银行等正规金融机构会要求农业经营主体必须按照贷款合约将农地经营权抵押贷款资金"取之于农，用之于农"。因此，农地经营权抵押贷款对收入的促进作用一直是学者们讨论的重点。

1. 农地经营权抵押贷款增收的三渠道

大部分学者认为农地经营权抵押贷款促进收入增长主要表现在三个方面：一是增加农户人均总收入；二是增加农户人均农业收入；三是增加农户人均非农收入。但关于农地经营权抵押贷款促进农户增收的具体表现形式并没有一致的研究结论。

现行土地市场总体上发挥了把土地向更有效率耕种者手中转移的配置功能。通过土地流转，那些具有较高农业生产能力水平但初始土地禀赋有限的农户将能够有机会从市场中获得更多与其经营能力相称的土地，从而有助于改善耕地配置效率，提升农户家庭收入（史常亮等，2017）。农地经营权抵押贷款参与行为显著促进农户人均收入和农业收入（张欣等，2017；梁虎和罗剑朝，2017）。这是因为允许土地承包经营权抵押贷款后农民将会获得稳定的贷款，一定程度上解决农业生产中缺乏资金的问题，增加农业生产中单位资本要素投入和单位劳动力要素投入的产出，提高总收入和农业收入（张珩等，2018）；也有学者认为农地经营权抵押贷款对农户人均总收入、非农收入存在显著的正向影响，能明显改善农户家庭福利水平，而对农户农业收入影响不显著（曹瓅等，2014）。

虽然有学者提出，大部分农户选择获得农地经营权抵押贷款后将资金用于购买先进的农机设备以便更好地组织农业生产，提高农业收入，对非农收入的促进作用并无优势（牛晓冬等，2017）的观点。但是方达（2019）基于政治经济学理论，从资本、信用与收入视角入手，对农地经营权抵押贷款进行探讨，结果表明，农地经营权抵押获得的资金土地使用权内涵增加会为农户带来更多土地经营权转让等非农收入。以农地确权为基础的市场化交易带来供求与竞争，土地要素的抵押价值在其中得以体现，农户的资产性收入就会增加（米运生等，2018）。曹瓅等（2014）运用 Tobit 回归方程测算农户产权抵押融资借贷行为对家庭福利的影响，研究显示，农户产权抵押借款对农户的家庭年收入、非农收入均存在显著正向影响，显著改善农户家庭福利水平，而借贷对农户家庭农业收入影响不显著。

2. 不同收入层次的促进效果

有学者将农户按其人均纯收入水平的不同，分为中低等收入水平以及高等收入水平农户两个层面进行对比研究，以全面探究土地经营权抵押贷款的绩效。研究结果表明，无论农户处在何种收入水平下，农地经营权抵押贷款对农户收入增长均有积极影响，但其贡献率随着收入的增加将呈下降趋势（于琴等，2014），因此，从回归系数来看，农地经营权抵押贷款

对中低等收入农户的收入影响要大于其对高等收入农户的影响（马嘉鸿
等，2016），但梁虎等（2019）提出农地经营权抵押贷款仅促进中等收入
农户家庭收入增长，没有提高低、高收入农户家庭的收入水平。

3. 两种模式收入效应对比分析

关于政府主导型和市场主导型下农地经营权抵押贷款实施效果的研
究，惠献波（2019）认为，在消除样本选择性偏差和内生性问题之后，
两种模式下农村土地经营权抵押贷款收入效应具有显著且持续的推动作
用，而且贷款周期越长，推动作用越大。非农生产项目的收益往往高于
农业生产的收益，若农业经营主体把农地经营权抵押贷款资金用于非农
生产项目投资，该贷款对非农收入的正向影响将有显著的持续效应
（张珩等，2018）。但是，相较于政府主导型，市场主导型农地经营权抵
押贷款对农业经营主体的影响更为显著。可能原因在于，由于市场主导型
是一种"抵押＋保证＋信用"的金融产品，多重保障能消除各方的顾虑。
因此，在同等条件下，市场主导型农村土地经营权抵押贷款对农户收入的
拉动效应更加明显。但曹瓅等（2015）认为政府主导型和市场主导型两种
抵押融资模式对于农户福利水平的影响不同，农户自发、自下而上推动的
市场主导型抵押融资模式对农户家庭农业收入及年收入具有显著促进作
用；政府主导、自上而下引导的抵押融资模式对于农户非农收入具有显著
拉动作用。

梳理文献发现，尚无学者对政府主导型农地经营权抵押贷款引入第三
方参与对农户信贷约束缓解程度和收入效应方面进行分析。

3.1.2　研究假说

随着新型农业经营主体发展速度加快，资金需求日益增长，但受制于
缺乏抵押物和银行针对新型农业经营主体的贷款产品相对匮乏（周明栋，
2018），导致农户面临较强信贷约束限制（林建伟，2018）。农地经营权抵
押贷款是农地资本化的重要形式（郭忠兴等，2014），能够将农地资产转
化为高效资本而为经营主体提供有效资本支持（刘兆军等，2018），能够
拓宽农村抵押物范围而解决融资难题（Deininger et al.，2003）、缓解农户
信贷约束程度（Besley，1995；Kemper，2015；张龙耀等，2015；李韬和
罗剑朝，2015；赵丙奇，2017）。农民获得贷款后，能在一定程度上解决
资金匮乏问题，促使农业生产资本和劳动要素产出增加。农地经营权抵押
贷款资金用于生产投资提高收入主要有三个途径：一是增加总收入，农户

将所获资金用于农业生产经营、投资和创业等，以增加包括农业收入、财产性收入等在内的总收入（鲁美辰，2013；梁虎和罗剑朝，2017；张欣等，2017）；二是农户将所获资金用于农业生产经营活动（于丽红等，2016），生产要素通过信贷资金进行优化重组，实现农业现代化经营，提升产出（Besley & Ghatak，2009）和农业收入（梁虎和罗剑朝，2019）；三是基于农地确权的市场化交易使土地抵押价值得到体现，进而增加农户的非农收入（米运生等，2018）。基于以上分析，提出以下假设。

H3 – 1 排除其他因素影响，政府主导型农地经营权抵押贷款能减轻农户面临的信贷约束程度，增加户均总收入、农业收入和非农收入。

温江已形成"农业经营主体 + 农地经营权及地上附着花木 + 第三方 + 金融机构的模式，第三方机构如花乡农盟合作社（刘钰和宋坤，2019）、红花紫薇合作社等"①，第三方参与贷前评估、贷中审查、贷后监管，若发生违约则依托自身渠道进行抵押物处置，尽早实现抵押资产价值；崇州启动以"职业经理人 + 农地股份合作社 + 农业综合服务"为主体的"农业共营制"模式②，政府强制提供政策性担保③，若出现违约则由政府及相关机构进行处置。农户通过第三方（如花乡农盟）取得农地经营权抵押贷款的流程如图 3 – 1 所示。

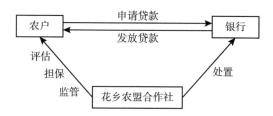

图 3 – 1　第三方参与农地经营权抵押贷款环节示意

温江第三方主体运用自身资本实力、专业运作手段和销售渠道，降低银行交易风险，缓解慎贷情绪，从而促进银行增加贷款发放规模，缓解信贷约束。农户取得更为充裕的资金后将用于增加总收入、农业收入和非农收入。因此，温江通过引入第三方参与，可能将在信贷约束程度、户均总

---

① 中国人民银行温江支行关于温江区农村金融服务综合改革及农村承包土地的经营权抵押贷款试点工作情况的通报。

② 崇州市农村金融服务综合改革试点工作领导小组关于崇州市推进农村金融服务综合改革试点工作情况的报告。

③ 担保公司为由财政注资成立的崇州市蜀兴融资担保有限公司。

收入、农业收入和非农收入方面表现更优。成都温江区政府引导与市场化运作相结合的特征实现农地资源的帕累托改进。成都崇州市模式中,一旦合作社经营失败出现违约风险,将由政府牵头进行资产处置,贷款无法偿还部分则由风险补偿基金买单,无疑会加重政府财政负担(侯松林,2016)。基于以上分析,提出以下假设。

H3 – 2　排除其他因素影响,第三方参与政府主导型农地经营权抵押贷款更能减轻农户面临的信贷约束程度,增加户均总收入、农业收入和非农收入。

3.2　实 证 分 析

3.2.1　数据来源

由于温江和崇州均属政府主导型,且在地理位置、报道次数等方面相差不大,因此可将两地合并讨论政府主导型农地经营权抵押贷款收入效应的影响。基于两地在有无第三方参与方面存在区别:温江创新引入第三方参与农地经营权抵押贷款评估、担保和处置等环节;崇州仅为政策性担保处置模式,无第三方参与,因此可对比研究第三方参与对农户收入效应的影响。

调研过程的说明详见"2.2.2 八个阶段的实地调研情况"的第四阶段。有效样本中,实验组样本量为 101 户,温江区 50 户,崇州市 51 户;对照组样本量为 148 户,温江区 80 户,崇州市 68 户。为便于 DID 模型差分处理,数据的时间跨度为 2015 ~ 2018 年。由于四川省 2016 年开始实施农地经营权抵押贷款试点,因此将 2016 年及之后农地经营权抵押贷款参与农户定义为实验组,未参与农户定义为对照组。问卷涵盖农户个人、家庭、社会资本、外部环境等内容及农地经营权抵押贷款情况。

3.2.2　变量选取

信贷约束程度作为中介变量,农地经营权抵押贷款对其的影响最终将表现在收入层面,对农户信贷约束程度的研究有利于保证整个过程的连贯性。因此,选取农户信贷约束程度(*LIMIT*)、农户人均总收入(*INC*)、人均农业收入(*AI*)、人均非农收入(*UAI*)作为被解释变量,农户个人层面、家庭基本层面、社会资本层面、外部层面和政策层面的控制变量分别为：农户个人层面由户主年龄 *AGE*（戴琳等，2020）、受教育程度 *EDU*（黄惠春和陈强，2017；梁虎和罗剑朝，2019）表示；家庭特征层面由人均耕地面积 *AREA*、劳动力占比 *LAB*（常露露和吕德宏，2018；高瑞英等，2018）、家庭资产总额 *PROPER*（周明栋，2018）表示；社会资本层面由农户家庭社会资本 *SOC*（牛荣等，2018）表示；外部层面由农地流转率 *TRANS*（吴婷婷和黄惠春，2018）、作物价格指数 *PRICE* 表示（罗必良等，2018）；政策层面由政策了解程度 *POLI*（于丽红等，2014；李景初，2018）表示。变量及其描述性统计见表 3 – 1。

表 3 – 1 　　　　　　　　　　　　变量及其描述性统计

	变量	解释	均值	标准差	最小值	最大值
信贷约束指标	信贷约束程度	$\dfrac{意愿贷款额 - 实际贷款额}{意愿贷款额}$	0.2564	0.2727	0	0.8
收入指标	户均总收入/万元	$\dfrac{总收入}{总户数}$	4.2979	3.4698	0.36	25.2
	户均农业收入/万元	$\dfrac{农业收入}{总户数}$	3.8440	3.3385	0.3	24.8
	户均非农业收入/万元	$\dfrac{非农业收入}{总户数}$	0.4539	0.2709	0	2
农户层面	农户年龄	1 = 29 岁以下，2 = 30 ~ 39 岁，3 = 40 ~ 49 岁，4 = 50 岁以上	3.1205	1.1187	1	4
	农户受教育程度	1 = 小学，2 = 初中，3 = 高中/中专，4 = 大学/大专及以上	2.9036	1.2341	1	4
	社会资本	农户是党员/担任村干/在银行工作；0 = 否，1 = 是	0.4498	0.4985	0	1
专合社层面	户均耕地面积/hm²	$\dfrac{自有 + 流转农地面积}{总户数}$	6.0464	6.0606	0.24	32
	劳动力占比	$\dfrac{固定劳动力人数}{总人口数}$	0.8235	0.2558	0.1667	1
	资产总额/万元	汽车 + 土地 + 地面附着物 + 农机设备①	89.0562	64.1671	10	455
	农地流转率	$\dfrac{流入农地面积}{农地总面积}$	0.8905	0.1871	0.28	1

续表

变量		解释	均值	标准差	最小值	最大值
政策层面	政策了解程度	1 = 仅仅听过，2 = 基本了解，3 = 比较了解，4 = 非常了解	3.5341	0.8327	1	4
外部层面	作物价格/万元	温江：主要花木价格②	4.2124	0.1932	4.0140	4.3990
		崇州：主要作物价格③	0.2760	0.0267	0.2463	0.2998

注：①土地价值以农户流转交易价格为衡量标准进行计算。
②温江选取紫薇、桂花和银杏为测度对象，分别计算其在2015~2018年的平均价格，资料来源于中国农产品网。
③崇州选取玉米、小麦和大米为测度对象，分别计算其在2015~2018年的平均价格，资料来源于中国农产品网。
资料来源：根据2.2.2节第一至第四阶段调研整理所得。

描述性统计结果显示，两地户主年龄基本为40~49岁，有较为丰富的花木或粮食作物种植经验；受教育程度总体为初中及以上；由于温江农户多为外地人，外地农户自有耕地面积为零，崇州进行粮食种植所需土地面积较大，因此两地农地流转率均较高。两地农户对农地经营权抵押贷款政策也较为熟悉，这离不开政府及金融机构的大力宣传，有助于农地经营权抵押贷款进一步推广。此外，由于温江区花木种植农户主要来自外地，流动性较大，而花乡农盟合作社主要为本地居民提供担保，较少为外地农户提供相应服务，因此温江区社会资本变量较崇州市更小。

表3-2将2015年、2016年信贷约束程度和收入分别加总取均值作为2015年指标，将2017年、2018年信贷约束程度和收入分别加总取均值作为2017年指标。从两地差值来看，温江区农户在信贷约束缓解和收入提升方面均较崇州市更优。

表3-2　农地经营权抵押贷款前后温江区和崇州市农户各项指标比较分析

指标	总体			温江区			崇州市		
	2015年	2017年	差值	2015年	2017年	差值	2015年	2017年	差值
信贷约束程度	0.4312	0.0826	-0.3486	0.4965	0.1074	-0.3891	0.3474	0.0592	-0.2882
人均总收入	2.6529	5.0789	2.4260	2.6675	6.2565	3.5890	2.6342	3.9727	1.3385
人均农业收入	2.1959	4.4883	2.2924	2.2176	5.5903	3.3727	2.1679	3.4530	1.2851
人均非农收入	0.4571	0.5906	0.1335	0.4499	0.6661	0.2162	0.4662	0.5197	0.0535

3.2.3　PSM – DID 介绍及模型构建

由于存在不同农户异质性较大和样本选取非随机性，以及工具变量法在有效工具变量选择上存在困难的特点，将导致估计结果出现偏误，难以真实反映农地经营权抵押贷款收入效应，而 PSM – DID 能有效消除选择性偏差，解决内生性问题，从而得到政策处理效应。

如果将农地经营权抵押贷款看作一次自然实验，农地经营权抵押贷款政策对农户收入效应的影响存在"时间效应"与"政策处理效应"，DID 根据"农户是否参与农地经营权抵押贷款"划分为实验组与对照组，在满足平行趋势条件下，通过 DID 可将参与后不同农户的收入差异视为农地经营权抵押贷款所造成的影响。由于系统性差异在实验组与对照组农户参与前就可能存在，因此实验组与对照组农户收入效应差异难以简单视为农地经营权抵押贷款政策带来的影响。尽管 DID 能够有效地捕捉到"政策处理效应"并消除内生性，但难以解决样本选择性偏差的问题，而 PSM 能够较好地解决该问题。因此，本节先对样本进行匹配后再采用 DID 方法，从而使实验组和对照组在时间效应上尽可能达到相似。

在研究某项政策的有效性时，PSM 方法是通过尽可能找到相似的对照组和实验组，来达到有效降低样本选择偏误的目的。在可选的样本特征中，PSM 选出影响政策参与的特征，通过一定的方法把这些特征变为具有代表性的指标，即为倾向得分值（Propensity Score，PS），然后采用线性匹配或最近邻匹配等方法，按照 PS 值匹配实验组和对照组（连玉君，2010），不能匹配的样本被筛选出后能达到降低样本选择偏误的效果。采用 PSM 方法能够尽可能地排除其他因素对政策有效性的影响，最大限度突出参与农地经营权抵押贷款与否对农业经营主体收入的影响。

因此，采用 PSM 和 DID 相结合的方式，即 PSM – DID 对匹配样本数据进行分析。首先根据控制变量，运用 PSM 进行匹配得到平均处理效应 ATT，随后根据匹配后的实验组和对照组进行 DID 估计，最终得到农地经营权抵押贷款政策实施净效果。

按照是否参与农地经营权抵押贷款将农业经营主体划分为实验组和对照组，来判断农地经营权抵押贷款政策实施前后的农业经营主体的收入变化。但是，由于"选择偏差"的存在，需要测度项目参与者已有结果与反事实结果之间的差异。将 2016 年及以后参与农地经营权抵押贷款的农户定义为实验组，未参与农户定义为对照组。按照 DID 模型的基本步骤，设立两个虚拟变量：一是实验组和对照组虚拟变量。实验组为参与农地经营权抵押贷款的农户，定义为 1；对照组为未参与农地经营权抵押贷款的农户，定义为 0。二是政策时间虚拟变量。将 2016 年及之后的时间段定义为 1，2016 年之前的时间段定义为 0。用 $D_i = \{0, 1\}$ 表示农户 i 是否参与农地经营权抵押贷款。若农户参与，$D = 1$；反之，$D = 0$。农户收入效应为 Y_i，未参与农地经营权抵押贷款的农户的收入效应为 Y_{0i}，参与农户的收入效应为 Y_{1i}。探索 D_i 对 Y_i 的影响，如下式所示：

$$ATT = E[Y_{1i} - Y_{0i}] = E[Y_{1i} - Y_{0i} \mid D = 1] = E[Y_{1i} \mid D = 1] - E[Y_{0i} \mid D = 1]$$

$$(3-1)$$

其中，ATT 为参与者的平均处理效应。事实上，每个农户只能存在一种状态，即参与或者未参与，对于参与农地经营权抵押贷款的农户，并不存在假如其不参与农地经营权抵押贷款的现实状态，即实验组未参与的结果 $E[Y_{0i} \mid D = 1]$ 无法直接观测到。

　　一般可以根据与实验组农户具有相似特征的对照组农户状况，估计实验组农户的反事实状况，实验组农户的实际状况与该值的差距即平均处理效应。这就是匹配估计量的思想。匹配之类的优劣取决于对 "相似特征" 的把握程度。罗森鲍姆和鲁宾（Rosenbaum & Rubin）1983 年提出的倾向得分匹配法（Propensity Score Matching，PSM）的核心思想就是通过计算倾向得分对实验组个体的反事实结果作匹配。可忽略性假定是这一模型的前提，即基于理论框架部分关于农户决策行为的论述，假设给定特征变量 X，则农户收入效应独立于项目的参与选择（陈强，2013），表示为：$Y \perp D \mid X$，即满足可忽略性假定。接下来，定义农户参与倾向为 P，表示在给定的 X 的情况下，农户属于实验组的条件概率，即 $P(X_i) \equiv P(D_i = 1 \mid X = X_i)$，并且存在 $Y \perp P \mid X$。估计倾向得分采用二元 Logit 回归。

　　由此可得式（3-1）中的 $E[Y_{1i} \mid D = 1]$ 和 $E[Y_{0i} \mid D = 1]$ 分别为

$$E[Y_{1i} \mid D = 1] = \frac{1}{N} \sum_{i : D_i = 1} (Y_{1i}) \qquad (3-2)$$

$$E[Y_{0i} \mid D = 1] = \frac{1}{N} \sum_{i : D_i = 1} (Y_{0i}) = \frac{1}{N} \sum_{i : D_i = 1 ; D_j = 0} \sum w(i, j)(Y_{0j}) \quad (3-3)$$

其中，N 为实验组个数；Y_{0j} 是观测到的未参与农地经营权抵押贷款的农户收入；$w(i, j)$ 为适用于配对 (i, j) 的权重，代表两种农户参与该项政策倾向的差异，反映实验组农户在未参与农地经营权抵押贷款的条件下的收入效应的权重，如下：

$$w(i, j) = \frac{K[(P_j - P_i)/h]}{\sum_{k:D_k=0} K[(P_k - P_i)/h]} \quad (3-4)$$

其中，h 为指定带宽；$K(\cdot)$ 表示核函数，即采用核匹配方法计算权重；P_i 是所处理的参与农户 i 的倾向得分；P_j 和 P_k 则分别是在带宽内的第 j 个和第 k 个未参与农户的倾向得分。则

$$ATT = E[Y_{1i} \,|\, D = 1] - E[Y_{0i} \,|\, D = 1]$$

$$= \frac{1}{N} \sum_{i:D_i=1} \left[Y_{1i} - \sum_{j:D_j=0} w(i, j)(Y_{0j}) \right] \quad (3-5)$$

以上是运用 PSM 方法探讨农地经营权抵押贷款实施效果的思路，为控制不可观测的组间差异（陈强，2013），在 PSM 方法的基础上采用双重差分倾向得分匹配方法（以下简称 PSM – DID），其优点在于通过使用两期截面数据的双重差分值，减弱组间差异对评估结果的影响。

双重差分（Diference – in – Differences，DID）的基本思路为：一项政策造成的影响需要通过政策实施前后的净效果来反映，计算实验组在政策实施前后变化的同时，计算同期对照组的变化，最后计算两个变化的差值，即 DID 估计量，这就是政策实施带来的净效果（薛凤蕊等，2011）。结合 PSM 匹配的筛选结果，采用 DID 方法能够通过比较同时期收入和信贷约束的变化，排除其他因素对收入和信贷约束的影响，从而得到较为准确的政策实施净效果。模型具体为

$$Y_{it} = \beta_0 + \beta_1 treated_{it} + \beta_2 time_{it} + \beta_3 did_{it} + \gamma X_{it} + \varepsilon_{it} \quad (3-6)$$

其中，下标 i 和 t 分别表示第 i 个农户和第 t 年；系数 β_1 表示参与农地经营权抵押贷款的效应；系数 β_2 表示时间效应；did 为 $treated$ 和 $time$ 的交叉项；系数 β_3 是所需要估计的农地经营权抵押贷款的收入效应和信贷约束缓解效应；X 为一系列控制变量；ε 为随机扰动项；被解释变量 Y_{it} 为农户收入和信贷约束程度。

3.2.4 结论分析

1. 倾向得分估计

为检验不同地区中所选变量的相关性，从总体样本、温江样本和崇州样本出发，分别进行倾向得分估计，结果见表 3 – 3。

表 3 – 3 结果显示，选取的控制变量对农户参与行为具有相关性。农户年龄越大，对农地经营权抵押贷款参与意愿越不强烈；受教育程度越高，参与意愿越强；社会资本和劳动力占比将正向促进农户参与；由于温

江农户多为外地人，而第三方（如花乡农盟）仅为本地人提供担保，因此，农地流转率越高，农户越难获得花乡农盟担保，参与意愿越低。此外，温江主要种植花木类经济作物，崇州主要种植粮油类作物，两类作物价格相差较大，由于在总体中是将两类作物合并考虑作物价格这一指标对农户贷款行为的影响，这将造成回归系数较低的现象，从而使得作物价格这一变量的总体回归系数远低于温江和崇州。

表 3 – 3　　　　　　　　　　倾向得分估计结果

变量	总样本		温江区		崇州市	
	回归系数	标准误	回归系数	标准误	回归系数	标准误
农户年龄	− 0.7386	0.3960	− 0.6259	0.5786	− 1.4092	0.7767
农户受教育程度	0.3111	0.2846	0.1013	0.3495	0.7645	0.6588
社会资本	0.9841	0.5026	2.0971	0.9936	0.7345	0.6805
户均耕地面积	0.0040	0.0042	0.4058	0.2139	0.0038	0.0323
劳动力占比	3.5272	2.0460	4.7928	3.1987	3.5868	2.9673
资产总额	− 0.0062	0.0051	− 0.1200	0.0603	− 0.0039	0.0607
农地流转率	− 5.0208	2.1747	− 9.8595	3.4081	− 4.0471	4.4539
政策了解程度	0.4894	0.3232	0.7567	0.5321	0.1957	0.5533
作物价格	0.0501	0.2257	3.3535	1.3485	10.5019	9.2464

温江和崇州农户的 ATT 实证结果见表 3 – 4。

表 3 – 4　　　　　　　　　核心变量的 ATT 效应分析

地区	变量	实验组	对照组	差异	标准差	t 值
总样本	信贷约束程度	0.1935	0.2543	− 0.0607	0.0385	− 1.58
	户均总收入	4.3104	4.2287	0.0817	0.4848	0.17
	户均农业收入	3.8316	3.7580	0.0736	0.4674	0.16
	户均非农收入	0.4788	0.4707	0.0081	0.0376	0.22
温江区	信贷约束程度	0.2838	0.3558	− 0.0720	0.0781	− 0.92
	户均总收入	4.9406	4.5074	0.4332	1.2776	0.34
	户均农业收入	4.4825	4.0855	0.3970	1.2338	0.32
	户均非农收入	0.4581	0.4220	0.0361	0.0915	0.39

续表

地区	变量	实验组	对照组	差异	标准差	t 值
崇州市	信贷约束程度	0.1476	0.2040	- 0.0564	0.0585	- 0.96
	户均总收入	3.8275	3.6114	0.2161	0.3516	0.61
	户均农业收入	3.3392	3.1415	0.1977	0.3199	0.62
	户均非农收入	0.4882	0.4698	0.0184	0.0480	0.38

由表 3 - 4 可知，农户参与农地经营权抵押贷款后信贷约束减少 6.07%，户均总收入增加 0.0817 万元，其中农业收入提升 0.0736 万元，非农收入提升 0.0081 万元；对比温江和崇州发现，温江农户参与后信贷约束减少 7.20%，户均总收入增加 0.4332 万元，其中农业收入提升 0.3970 万元，非农收入提升 0.0361 万元；崇州农户参与后信贷约束缓解 5.64%，户均总收入增加 0.2161 万元，其中农业收入增加 0.1977 万元，非农收入增加 0.0184 万元。

2. 匹配结果及平衡性检验

表 3 - 5 为按照规定对特征变量进行平衡性检验，若实验组和对照组相关变量匹配后结果与匹配前未呈现明显差别，且标准偏差绝对值为 10% 以内，则表明匹配结果稳定有效，PSM - DID 模型满足平行假设；若两者出现显著差异，则表明所选匹配方法不适宜，且 PSM - DID 为无效结果。

表 3 - 5　　　　　　　匹配平衡性检验结果

变量	样本	总样本			温江区			崇州市		
		标准偏差/(%)	减少幅度/(%)	t 值	标准偏差/(%)	减少幅度/(%)	t 值	标准偏差/(%)	减少幅度/(%)	t 值
农户年龄	匹配前	5.7	17.2	0.44	-9.1	37.3	-0.51	22.1	97.8	1.18
	匹配后	4.7		0.34	-5.7		-0.27	0.5		0.03
农户受教育程度	匹配前	20.1	82.3	1.55	6.5	47.2	0.36	36.9	92.3	1.94
	匹配后	3.6		0.25	3.4		0.17	2.8		0.17
社会资本	匹配前	25.4	92.5	1.97	4.5	-267.3	0.25	48.1	93.6	2.60
	匹配后	1.9		0.13	16.5		0.75	-3.1		-0.15

续表

变量	样本	总样本			温江区			崇州市		
		标准偏差/(%)	减少幅度/(%)	t 值	标准偏差/(%)	减少幅度/(%)	t 值	标准偏差/(%)	减少幅度/(%)	t 值
户均耕地面积	匹配前	25.5	83.9	2.02	-9.6	13.9	-0.53	46.3	72.8	2.51
	匹配后	4.1		0.26	8.3		0.38	12.6		0.67
劳动力占比	匹配前	10.5	73.5	0.81	-3.1	-196.3	-0.17	26.2	99.8	1.38
	匹配后	2.8		0.20	-9.0		-0.43	0.0		0.00
资产总额	匹配前	8.0	65.2	0.62	-10.9	13.6	-0.60	47.1	73.0	2.56
	匹配后	2.8		0.20	9.4		0.44	12.7		0.67
农地流转率	匹配前	-7.5	57.1	-0.59	-20.5	84.8	-1.17	2.7	-324.9	0.14
	匹配后	3.2		0.23	-3.1		-0.14	-11.3		-0.72
政策了解程度	匹配前	16.4	66.5	1.25	3.4	-124.6	0.19	27.6	84.6	1.46
	匹配后	5.5		0.40	7.6		0.35	-4.2		-0.28
作物价格	匹配前	-7.1	86.1	-0.55	34.3	63.8	1.90	40.0	73.3	2.15
	匹配后	1.0		0.07	-12.4		-0.56	-10.7		-0.57

结果显示，总样本所有特征变量匹配后标准偏差绝对值为 10% 以内，温江和崇州大多数变量匹配后标准偏差绝对值为 10% 以内，表明匹配结果稳定有效，PSM – DID 满足平行假设。

3. PSM – DID 估计结果

虽然农地经营权抵押贷款参与农户和未参与农户在个人层面、社会资本层面和外部环境层面等存在诸多差异，但是通过倾向得分匹配—双重差分法控制农户的选择性偏误后，计算得到政策实施前实验组与对照组农户信贷约束程度和收入差异（实施前 DIFF）及政策实施后实验组与对照组农户信贷约束程度和收入差异（实施后 DIFF），两组结果差异称为"一次差分"，而这只是得到实验组与对照组之间农户信贷约束和收入的差异。要计算农地经营权抵押贷款政策最终实施效果 DID，需利用政策实施前 DIFF 减去政策实施后 DIFF，即得到"双重差分"结果，见表 3 – 6。

由表 3 – 6 可知：一是总样本中，农户参与后信贷约束明显缓解 16%（$P = 0.0020$），户均总收入明显增加 2.1510 万元（$P = 0.0060$），其中农业收入明显提升 2.0060 万元（$P = 0.0190$），非农收入显著增加 0.1450 万元（$P = 0.0210$），验证了 H3 - 1。二是对比温江和崇州市农户发现，在信贷约束缓解方面，崇州农户参与后信贷约束明显减轻 19.2%（$P = 0.0100$），温江农户明显减轻 31.6%（$P = 0.0000$），高于崇州农户；在收入效应方面，崇州农户户均总收入显著增加 1.3080 万元（$P = 0.0360$），其中农业收入明显提升 1.0520 万元（$P = 0.0660$），非农收入显著增加 0.2460 万元（$P = 0.0020$），温江农户户均总收入明显增加 2.5790 万元（$P = 0.0290$），其中农业收入明显提升 2.4910 万元（$P = 0.0450$），非农收入增加 0.0600 万元（$P = 0.5140$）。两地对比可知，温江农户收入增加程度明显大于崇州农户，因此验证了 H3 - 2。

表 3 - 6   PSM - DID 估计结果

地区	结果变量	参与前 DIFF	参与后 DIFF	DID	标准误	t	p
总样本	信贷约束程度	- 0.0310	- 0.1910	- 0.1600	0.0520	3.09	0.0020 ***
	户均总收入	0.3010	2.4530	2.1510	0.7750	2.78	0.0060 ***
	户均农业收入	0.2720	2.2780	2.0060	0.8480	2.36	0.0190 **
	户均非农收入	0.0170	0.1620	0.1450	0.0630	2.32	0.0210 **
温江区	信贷约束程度	0.1110	- 0.2050	- 0.3160	0.0740	4.30	0.0000 ***
	户均总收入	- 0.6620	1.9180	2.5790	1.1640	2.22	0.0290 **
	户均农业收入	- 0.6520	1.8380	2.4910	1.2260	2.03	0.0450 **
	户均非农收入	0.1400	0.2000	0.0600	0.0920	0.66	0.5140
崇州市	信贷约束程度	0.0520	- 0.1410	- 0.1920	0.0730	2.63	0.0100 ***
	户均总收入	- 0.2510	1.0570	1.3080	0.6170	2.12	0.0360 **
	户均农业收入	- 0.1570	0.8950	1.0520	0.5670	1.86	0.0660 *
	户均非农收入	- 0.0840	0.1620	0.2460	0.0770	3.21	0.0020 ***

注：* 表示在 10% 水平下显著，** 表示在 5% 水平下显著，*** 表示在 1% 水平下显著。

3.3 稳健性检验

为进一步检验 PSM - DID 匹配结果稳健性，进行 3 次反事实检验。反事实 1 中，将两地未参与农户作为实验组，参与农户作为对照组，时间节点不变；反事实 2 中，将 2016 年及之后定义为 $t = 0$，2016 年之前

定义为 $t=1$，实验组和对照组不变；反事实 3 中，将两地未参与农户作为实验组，参与农户作为对照组，同时将 2016 年及之后定义为 $t=0$，将 2016 年之前定义为 $t=1$。

从表 3 – 7 可知，3 次反事实检验结果均与现实相符：反事实 1 和 2 中信贷约束 DID 大于零，收入 DID 小于零，与现实相符；反事实 3 中信贷约束 DID 小于零，收入 DID 大于零，也符合实际，说明"表 3 – 6　PSM – DID 估计结果"是稳健的。

表 3 – 7　　　　　　　　　　　　　　反事实检验

检验	结果变量	参与前 DIFF	参与后 DIFF	DID	标准误	t	p
反事实 1	信贷约束程度	0.0580	0.1820	0.1240	0.0540	2.29	0.020 **
	户均总收入	– 0.2230	– 2.3200	– 2.0970	0.7710	2.72	0.0070 ***
	户均农业收入	– 0.2220	– 2.0680	– 1.8460	0.8270	2.23	0.0270 **
	户均非农收入	0.1070	– 0.1200	– 0.2270	0.0630	3.59	0.0000 ***
反事实 2	信贷约束程度	– 0.0760	0.1080	0.1840	0.0470	3.90	0.0000 ***
	户均总收入	0.2790	– 1.8820	– 2.1610	0.7880	2.74	0.0070 ***
	户均农业收入	0.4580	– 1.6340	– 2.0910	0.7810	2.68	0.0080 ***
	户均非农收入	0.0090	– 0.1070	– 0.1160	0.0680	1.70	0.090 *
反事实 3	信贷约束程度	0.0990	– 0.1230	– 0.2220	0.0550	4.06	0.0000 ***
	户均总收入	– 0.1240	1.7940	1.9180	0.9380	2.05	0.0420 **
	户均农业收入	– 0.1030	1.6950	1.7980	0.9010	1.99	0.0470 **
	户均非农收入	– 0.0220	0.0820	0.1040	0.0690	1.51	0.1330

3.4　本章小结

本章选取均属政府主导型农地经营权抵押贷款试点地区的成都温江和崇州市作为研究区域，选取倾向得分匹配—双重差分法（PSM – DID），根据实地调研样本，研究政府主导型农地经营权抵押贷款对农户信贷约束和收入效应的影响；同时基于温江创新引入第三方参与农地经营权抵押贷款评估、处置等环节，崇州仅为政策性担保处置模式，无第三方参与这一区别，进一步探讨第三方参与对农户信贷约束和收入效应的影响。研究发现：一是政府主导型农地经营权抵押贷款能缓解农户面临的信贷约束程度，提升户均总收入、农业收入和非农收入；二是由于温江在抵押物评估、处置等环节引入第三方参与，不仅能减轻政府财政资金压力，还能缓释金融机构承担的风险，提高银行信贷规模，这对于缓解农户信贷约束、提升户均总收入、农业收入和非农收入具有更明显的推动作用，因此温江区农户信贷约束缓解及收入增加程度的实证结果相较崇州市表现更优。

第4章　政府主导型农地经营权
抵押贷款的履约机制

　　成都市温江区试点过程中采用政府主导型农地经营权抵押贷款。由于政府主导模式不具有可持续性，仅靠财政资金对冲亏损势单力薄，地方政策变更风险大，易发生赖账不还的道德风险（王君妍等，2018）。因此，成都温江创新引入花乡农盟合作社作为第三方处置企业，并将农地经营权抵押贷款的违约率降至零，该模式对违约率较高的地区有重要借鉴意义。那么其履约机制是什么？本章着力解答上述问题。

4.1　文　献　综　述

4.1.1　不完全契约

　　从现实经济运行来看，使交易得以顺利完成的制度装置是契约（洪名勇，2018）。契约是双方或多方当事人之间共同协议订立的有关买卖、抵押、租赁等关系的一种协议、约定（聂辉华，2017），可分为完全契约和不完全契约。虽然经典的契约理论假定契约是完全的，但由于存在有限理性、机会主义和契约各方无法在事前规定所有可能的或然情况，导致现实中存在大量的不完全契约（叶桂峰等，2017；刘文革等，2016）。哈特和穆尔（Hart & Moore，1999）也曾建立模型证明：现实中存在的交易费用和有限理性使得交易或者合约中的信息不能事前明确写入契约，导致契约不完全。

　　农村土地制度本身具有所有权与承包经营权分置的特点，符合不完全契约的特征（韩家彬等，2018）；我国农地产权是一种典型的不完全契约，以农地经营权为抵押物所签立的贷款契约理所当然继承这一不完全性，表现在抵押品未来现金流不可预期、抵押品失效和抵押品难以处置等方面。同时，在成都温江区办理的农地经营权抵押贷款业务，无论是银行机构与农户之间达成的贷款合同，还是第三方处置企业参与贷款前签订的两方协议和三方协议，甚至政府和银行共同出资设置的"风险补偿基金"，由于无法穷尽所有的风险和信息，因此均被定义为不完全契约。不完全契约有损于契约效力和增加违约风险（王珏等，2019）。

具有不完全性的契约又可分为正式契约和非正式契约。

1. 正式契约

现代主流契约理论认为，交易秩序的重要来源是以法律为后盾的正式契约。正式契约设定以立法边界的制度框架，交易双方的权利、义务、职责等在该框架内被编码为法律条文，通过以最为清晰的形式详细列出，能稳定人们的预期、减少机会主义、限制合作关系中的道德风险，从而降低违约风险。因此，正式契约通常需要通过第三方的介入（如法庭）来促使契约的履行（盛乐，2003）。

2. 非正式契约

我国乡村普遍具有乡土性，村民们的交易关系性强，内嵌于同一社会网络而彼此熟悉，因此农地流转市场是基于血缘、亲缘、人情的非完全要素市场（罗必良，2014），农地流转必然呈现出明显的关系型缔约特征（邹宝玲等，2016）。熟人社会是具有互惠、信任、沟通和声誉机制治理的，农地流转契约是相对稳定的（胡新艳等，2015），因此在农地流转市场中长期且大量存在着非正式契约。通常情况下，社会关系越紧密则非正式契约签订的概率越大，这就呈现出差序格局（邹宝玲等，2016）。有研究表明，大多数农户在进行土地流转时选择非正式契约（叶剑平等，2006；刘一明等，2013；刘文勇等，2013；何欣等，2016）。但非正式契约存在逃避责任、增加冲突的可能性，会出现妨碍执行战略、协调活动和利用资源等现象（Goldberg，1976）而导致投资激励不足（郜亮亮和黄季焜，2011；Grout，1984；Tirole，1986）。洪名勇和钱龙（2016）验证声誉机制和信任机制对契约形式选择的影响，得出农户声誉无疑是降低违约风险，提高履约概率的有效机制。因此非正式契约需要通过声誉效用机制、信任机制及违约的机会成本来实现自我履约（韩洪云和李寒凝，2018）。

良好的契约安排能够降低交易成本、防范机会主义，促进有效激励并有助于动态协调（Hart et al.，2008），所以能够减少争议并获得更多合作剩余。由此，改进契约安排和完善契约制度是减少合作纠纷的关键，能够带来提升契约履约效率的正向作用。温江区的农地经营权抵押贷款除需要白纸黑字的正式契约来明确缔约者的责任与义务，还需要通过意识层面的非正式契约来约束缔约者的行为,将二者结合起来才能更好地推动农地经营权抵押贷款政策的发展。

4.1.2 履约机制

由于不完全契约会导致各交易主体信息不对称,履约监管困难(贾晋等,2019),事前最优安排失效。为防止当事人被"敲竹杠",现实中通常采用第三方实施机制、外部环境制约机制和自我实施机制来保证契约的履行。第三方指法律,法律是人们设计来规范契约的一种外在制度安排,它通过法定的暴力机构来进行强制实施(沈海军,2013)。这种类型的外在执行机制往往会增强缔约伙伴的信心。为避免遭受违约带来的法律处罚,各参与主体通常会严格遵守协议上的相关条款,形成良性的合作关系,共同促进协议的履约。

然而法律制度不是保障契约执行的唯一机制(郑周胜和朱万里,2014)。农业经营主体在契约规则议定和履行的过程中并非一直处于有利地位,即便贷款契约已经签订,承包土地的农业经营主体仍然能够利用法律中主体权利界定不清的漏洞侵害农地经营权(吴一恒等,2018)。因此研究法律外的外部环境制约、声誉、信任、激励和社会资本等履约机制(洪名勇和龚丽娟,2015)是必要的,它们可以降低履约过程中的纠纷和违约行为、节约契约实施成本,提升不完全契约中低下的效率(米运生等,2015)。

1. 外部环境机制

外部环境机制主要包括村干部督促和宗族组织。村干部在村庄治理中起到权威的作用,在传统乡村治理延续和村庄民主自治的背景下,由村干部负责维系村庄的基本社会秩序。有学者就村干部在农地经营权抵押贷款过程中所发挥的作用进行了探讨,发现村干部在推动农民收入增加、农业产出增效以及农户信贷履约的过程中发挥着极为重要的作用(高梦滔和毕岚岚,2009;赵仁杰和何爱平,2016)。特别是在农地流转中,村干部不仅是农地经营权抵押贷款的宣传中介和组织协调者,还是贷款交易双方的代理人(孔祥智等,2013)。村干部的存在将缓解农地经营权抵押贷款谈判成本过高(温涛等,2017)、金融机构对农户履约信息掌握不完全等问题,并从日常监管和行政干预方面督促农户完成贷款履约。若村干部出现权威弱化等问题,将使得农地经营权抵押贷款的经济效益和社会效益发生折损(王敬尧和王承禹,2018)。陈慧荣(2014)基于山东省的案例发现,鉴于村干部的不同行为模式,即便在地形地貌、乡镇经济结构、外出务工人数、人均土地面积等外部条件都非常相似的村庄，农业经营主体的履约也是存在明显差异的。

宗族组织是外部环境中促使履约的另一作用途径。宗族组织对于农户家庭行为的影响是多方面的，影响包括家庭劳动力流动、融资渠道选择、民主政治治理、农户贷款履约等方面（Xu & Yao，2015；孙秀林，2011；郭云南和姚洋，2013；林建浩和阮萌柯，2016）。宗族组织影响力越大的村庄越能推动农户实现履约，研究发现宗族网络能对农地流转和农户履约产生显著影响。

2. 声誉机制

声誉是一项战略性的无形资产（丁永亮，2003），主要表现为一种信号发送机制和搜寻机制。声誉是个人历史表现和特征的函数，标志着承诺具有可信性（Kreps et al.，1982）。声誉的传播能够有效降低搜寻成本和拓宽市场交易范围（洪名勇和钱龙，2015），降低交易成本（皮天雷和张平，2009），抑制机会主义（刘丽和吕杰，2017）并有效防止敲竹杠行为的发生（刘凤芹和王姚瑶，2013）。

相对封闭的农村社区是熟人或半熟人社会。在此环境下的声誉机制有助于形成农业合作中的"可自我执行协议"（罗必良，2009）。农户借贷声誉由人缘、经营效果主借贷历史等综合信息构成，对形成农户借贷结果具有促进作用（黄晓红，2009）。从不完全契约运行的角度看，声誉是与法律强制机制相补充的私人执行机制（Swoboda et al.，2013）。

克雷布斯和威尔逊（Kreps & Wilson，1982）对声誉的作用和对契约自我实施的影响进行了解释：当只有一次性交易时，为追求利益最大化，理性的契约方会选择机会主义至上，从而导致"非合作博弈均衡"；当存在多次重复博弈时，为获得长期的收益，理性的契约方将选择实现契约的自我实施，在多次交易中建立自己的声誉。因此，法马认为声誉是一种隐性激励，良好的声誉能够带来持续的收益流，在长期交易中，如果声誉资本大于当期违约收益时（Salomon & Forges，2015），声誉主体会选择珍惜声誉，即通过履行契约获得更长远的利益（洪名勇和钱龙，2016），确保农户贷款能在商品经济条件下实现可持续发展（贾生华和吴波，2004）。

3. 社会资本

社会资本具有社会组织的特征，既有利于人们协调和合作以获得共同利益，也有利于限制违约行为的发生（Putnam，1993）。社会资本是责任与期望、规范与有效的约束，能鼓励或限制某些行为。社会资本中的重要资产是信任，信任能够影响农户对契约的选择（洪名勇和龚丽娟，2015），良好的信任机制有利于克服机会主义并保障不完全契约的自我履约（周脉伏和徐进前，2004）。增加社会资本存量，可以增加人们彼此之间的信任度（赵立新，2005）。契约方的彼此信任能使自发合作成为可能，同时降低交易成本，最终实现契约的自我履约（Fukuyama，2011）。

归根结底，所有机制能够促进履约的实现都是基于当事人为获得履约带来的奖励和避免违约遭受惩罚的心理，因此适当的奖惩机制能够达到契约自我实施的效果。

4.2　成都温江区农地经营权抵押贷款运行现状及花乡农盟概况

4.2.1　运行现状

本节所涉数据与案例均为 2019 年 5 月通过面对面访谈获得的原始资料，调研过程的说明详见"2.2.2　八个阶段的实地调研情况"的第五阶段。

成都温江区作为全国首批试点地区，目前全区有 6 家银行在办理该项贷款业务，各行依据温江区的花卉产业特色，推出的农地经营权抵押贷款产品见表 4 - 1。

表 4 - 1　温江区办理农地经营权抵押贷款的银行和具体产品信息

贷款银行	产品信息	
	贷款产品	贷款期限
中国农业银行温江支行	花木贷	1 年
成都农商银行温江支行	经营贷	1 ~ 3 年
成都银行温江支行	流动资金贷款	1 年
中国邮储银行温江支行	惠农产权贷	1 ~ 3 年
哈尔滨银行温江支行	金秋贷	1 ~ 3 年
民生银行温江支行	苗木经营性贷款	1 ~ 10 年

资料来源：根据 2.2.2 节第五阶段调研整理所得。

农户通过农地经营权直接抵押融资总成本比通过其他担保方式获得贷款的融资成本低 1% ~ 1.5%，平均贷款年利率为 5.655%。在成都温江区，银行主要收取的抵押物形式为"农地经营权及地面附着物花木"，采用"农户 + 银行 + 第三方处置企业"的市场化处置模式来尽早尽快实现抵押资产的价值，有效防范银行信贷资金风险。

4.2.2 花乡农盟概况

成都市温江区花乡农盟花卉苗木专业合作社（以下简称花乡农盟合作社）成立于 2012 年，注册资本 3000 万元，是由成都同源园林工程有限公司、成都三邑园艺绿化有限公司、成都恒盛园林绿化有限责任公司、成都邦哲生态农业科技有限公司和成都高新信息技术研究院等农业产业化经营重点龙头企业的法人或股东共同发起成立的农民专业合作经济组织。于 2016 年获得成都市温江区"推进农村土地承包经营权及地面附着物抵押融资试点单位"主体资格，是成都温江区首家农村承包土地的经营权抵押贷款市场化处置企业①，以其强大的销售网络及工程渠道通过市场化手段解决苗木资产的处置问题。此外，花乡农盟还参与贷前资产评估和贷中担保等环节。目前除还未到期的贷款外，其余贷款无一笔违约，成功释放大量资金，提高农村土地的使用效率。因此，以花乡农盟为例，深入研究不完全契约视角下成都温江区政府主导型农地经营权抵押贷款的履约机制。

通过对花乡农盟合作社负责人进行访谈，得到通过花乡农盟获取农地经营权抵押贷款的部分农户信息见表 4－2。

表 4－2   **通过花乡农盟贷款的部分农户信息**

姓名	性别	年龄/岁	是否为温江本地人	学历	收入来源	固定资产/万元	2017年总收入/万元	是否购买农业保险	贷款金额/万元	贷款期限/年
张某	男	54	是	大专	花木种植	62.1	9	否	10	3
李某	女	56	是	高中	花木种植、养殖、个体经商	340	35	是	8	3
王某	男	50	是	初中	花木种植、个体经商	250	40	否	30	3
刘某	男	50	是	初中	花木种植	175	15	否	32	3
马某	男	48	是	初中	花木种植	92	10	否	10	3
邓某	男	33	是	本科	花木种植、个体经商	400	450	是	30	1

资料来源：根据 2.2.2 节第五阶段调研整理所得。

---

① 据花乡农盟内部资料显示，截至 2018 年 12 月，通过花乡农盟办理和发放的农地经营权抵押贷款总金额为 1000 多万元。

4.2.3　花乡农盟业务操作流程

1. 评估业务操作流程

花乡农盟农地经营权抵押贷款评估业务操作流程如图 4-1 所示。

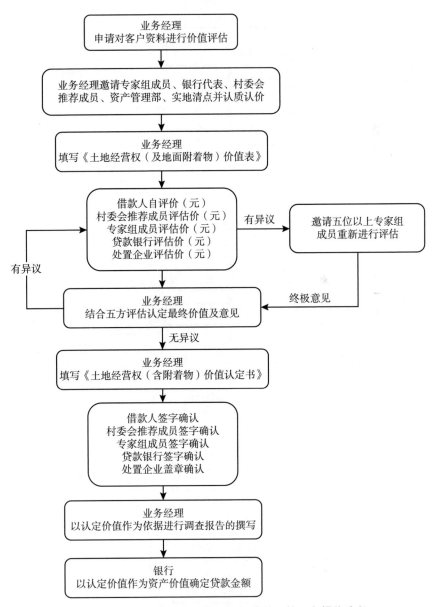

图 4-1　花乡农盟农地经营权抵押贷款评估业务操作流程

资料来源：根据 2.2.2 节第五阶段调研整理所得。

2. 处置业务操作流程

花乡农盟农地经营权抵押贷款处置业务操作流程如图4-2所示。

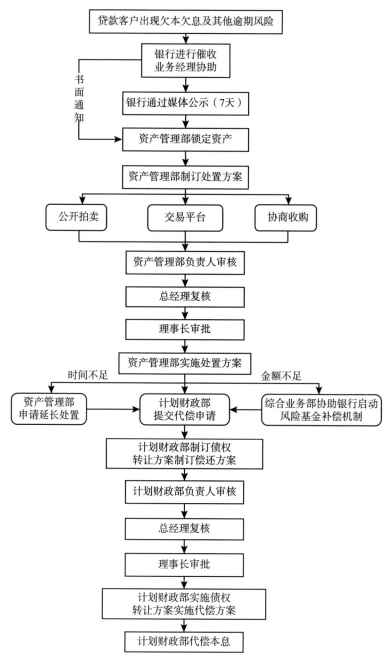

图4-2 花乡农盟农地经营权抵押贷款处置业务操作流程

资料来源：根据2.2.2节第五阶段调研整理所得。

4.2.4　调研中的典型案例

1. 合作社社员共同贷款模式

合作社社员共同贷款模式是指经合作社组织，多个成员将自有和流转的土地经营权及地上附着物汇总并将其作为抵押从银行获取农地经营权抵押贷款资金，贷款过程产生的评估费和监管费按户平均分摊。以天源村为例。张某、李某、王某、刘某和马某同为天源村某合作社的成员，2016 年5 人商量将其自有土地面积之和的农地经营权及地面附着物作为抵押向银行申请贷款，共获得 90 万元贷款，贷款期限 3 年。

2. 个人独立贷款模式

农户以独立个人名义将其自有和流转的土地经营权及地上附着物一起作为抵押品向银行申请贷款。以深水村为例。邓某于 2017 年向银行以承租的农地经营权及地面附着物花木作为抵押物向银行申请农地经营权抵押贷款，共获得 30 万元贷款。与合作社共同贷款不同的是，邓某所获贷款的期限仅为 1 年。据了解，邓某已按时还清农地经营权抵押贷款，并在2018 年没有继续办理该项贷款。

农户通过花乡农盟获得农地经营权抵押贷款的具体流程如图 4 – 3所示。

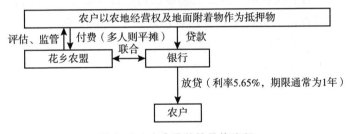

图 4 – 3　农户贷款的具体流程

4.3　贷款合同与相关协议的说明

上述分析可见，通过花乡农盟办理的农地经营权抵押贷款所涉及的各协议均为不完全契约，其中写有条款的正式契约需要第三方实施机制（法律）来进行强制履约，而协议双方心照不宣的非正式契约则需要信任、声誉和奖惩等自我实施机制来促进履约。第三方实施履约机制和自我实施履约机制相辅相成，在降低政府主导型农地经营权抵押贷款违约率的操作过程中缺一不可。以下讲述贷款合同以及相关协议。

4.3.1   贷款合同

农地经营权抵押贷款中的核心契约是农户与银行签订的贷款合同。由于贷款时间越长、面临的信用风险将越大，因此成都温江区各银行在办理农地经营权抵押贷款业务时设置的贷款期限普遍为 1 年，最多不超过 10 年。并且为缩小风险敞口、减轻风险基金偿付负担，目前通过温江花乡农盟合作社达成的农地经营权抵押贷款单笔金额均控制在 100 万元以内。贷款合同具体的运行机制如图 4-4 所示。

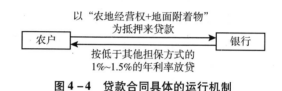

图 4-4   贷款合同具体的运行机制

4.3.2   风险分担协议

由于农地经营权抵押贷款本质是一项惠农政策，因此银行和第三方处置企业之间没有利益联结，双方只需在银行放贷环节开展前签署一个两方协议，即《抵押资产市场化处置两方协议》（无须付费），以保证处置企业全程参与贷款的评估发放、资产监督和风险处置过程。该协议同样具有法律效力，其运行机制如图 4-5 所示。

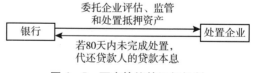

图 4-5   两方协议的运行机制

4.3.3   处置协议

成都温江区各银行在办理农地经营权抵押贷款业务之前，需要和农户、第三方处置企业共同签订一个三方协议，即《抵押资产市场化处置三方协议》，以明确参与主体各方的责任并规范其行为，达到互利共赢的目的。以花乡农盟合作社为例，协议中三方愿意达成共识并履行契约的动机在于：甲方（银行）想要降低农地经营权抵押贷款的违约风险和发生违约后产生的资产处置成本；乙方（农户）想要从银行获取以农地经营权为抵押物的低息贷款；丙方（花乡农盟）想要获取资产评估费（3‰）和日常监管担保费（2%）。三方协议的运行机制如图4－6所示。

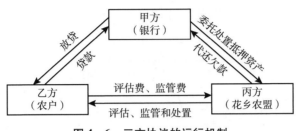

图4－6　三方协议的运行机制

　　农业经营主体一旦出现违约情况，成都温江区的市场化处置机制就会启动。具体的处置操作流程如图4－7所示。

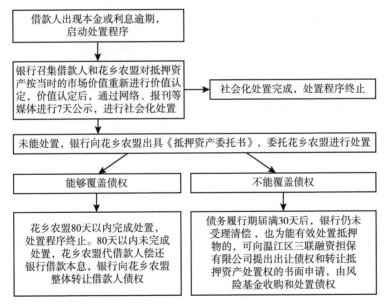

图4－7　市场化处置的操作流程

　　为使转出土地经营权的农户在农业经营主体违约后仍能持续获得租金，三方协议中的条款写明"花乡农盟合作社在银行开立专户，专项用于存储抵押资产处置资金和借款农户按照不低于抵押的土地经营权流转土地面积的 1 年租金缴纳的风险保证金,专户由银行和花乡农盟双方共同监管,若借款农户出现本金或利息逾期,经银行审核并同意,将风险保证金直接支付给借款农户流转土地所在的村(社区)用于支付其土地租金"。具体运转流程如图 4 - 8 所示。

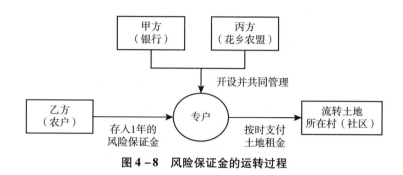

图 4 - 8 风险保证金的运转过程

4.3.4 风险补偿基金

温江区政府与银行共同出资 500 万元设立"风险补偿基金",用于分担处置抵押物后仍面临的净损失的 80%。为优化农村产权抵押融资风险基金管理使用流程,将其中 20% 的资金用于探索风险基金使用重点从抵押物"债权收购—资产处置—净值分配"向"市场化处置—差额补偿"转变,降低风险补偿基金兜底压力,逐步建立起政府引导与市场化运作相结合的农村产权抵押融资不良资产处置机制。

4.4 不完全契约的履约机制分析

成都温江区实施政府主导型农地经营权抵押贷款模式,为减轻"政府财政资金兜底"压力,通过签订协议引入花乡农盟合作社探索该项贷款的市场化道路。花乡农盟是由 5 名股东共同发起成立的农民专业合作经济组织,其主营业务涵盖花木信息咨询与资产处置、农业信息技术咨询与推广服务以及为社员提供农业生产资料的购买等,在农地经营权抵押贷款中起到的作用主要是资产评估、日常监管和抵押物处置。在多地实施政府主导型农地经营权抵押贷款均出现不同程度违约的情况下,成都温江区通过花乡农盟合作社办理的该项贷款违约率为零,有利于缓解各银行的惜贷情绪,现对其履约机制进行分析。

4.4.1　法律机制

成都温江区实施的政府主导型农地经营权抵押贷款涉及的各个契约都受到现行法律保护。法律制度的作用是提高资源配置效率、降低市场经济中的交易成本和维系社会公正（翟林瑜，1999）。法律肩负着预防与救济的双重责任（李秋高，2012）。4.2.4 节事前农户与银行签订的贷款合同、银行与花乡农盟签订的两方协议以及三方协议都属于正式契约并写明"具有法律效力"，体现出法律在银行放贷前已经给各参与主体打下"预防针"。如果缔结契约后出现农业经营主体违约、银行不按照合同放贷或花乡农盟拒绝处置抵押资产的情况，法律将会强制对违约方进行处罚，体现法律事后救济致力于维护各参与方的权利。因此，在法律强制约束下，农地经营权抵押贷款的履约机制得到保障。

4.4.2　信任机制

阿罗（Arrow，1981）指出信任是社会经济中交易关系的润滑剂，是控制契约最有效的机制。我国传统文化以人际关系为核心，信任的建立依赖于关系。祁玲玲和赖静萍（2014）通过数据分析得出在中国人的社会关系网络中，从家人、亲朋好友、同学和同事到陌生人，人与人之间的信任呈现出逐步递减的差序格局①。也就是说，信任度在亲缘关系中最强，在熟人关系中次之，而在陌生关系中最弱。

从花乡农盟合作社获取的信息显示，为避免外地人获得贷款后违约潜逃导致资金难以收回的风险，目前只针对温江本地人开展农地经营权抵押贷款相关业务。这从表 4 - 2 的贷款农户信息中能够得到印证。说明花乡农盟合作社对本地熟人充分信任，而对外地人心存戒备。同时，考虑到普通农户的收入稳定性较差、违约后还款能力欠缺，花乡农盟通常将贷款对象主要锁定在专合社、家庭农场和龙头企业这几类农业经营主体上。4.2.4 节两个案例中，农业经营主体为合作社成员和专业大户，均印证这一点。说明在面对关系亲密度差异不大的农业经营主体时，花乡农盟主要考虑的是农业经营主体的盈利能力和生产经营规模，农业经营主体盈利能力越强、生产经营规模越大，花乡农盟对其越信任。而花乡农盟之所以能

---

① 费孝通在《乡土中国》中定义差序格局的概念为"以己为中心，像石子一般投入水中，和别人所联系成的社会关系不像团体中的分子一般大家立在一个平面上的，而是像水的波纹一样，一圈圈推出去，愈推愈远，也愈推愈薄"。

够较为精准地判断农业经营主体的可信度或者其是否对农业经营主体予以信任，源自其拥有的社会资本。

济和戈沙尔（Tsai & Ghoshal, 1998）认为，社会关系网络加强企业与外界（银行、客户、供货商）以及企业内部各部门之间的交流和联系。而在我国"关系"文化背景下，社会资本作为孕育资源的有效途径已经得到广泛认可（白璇等, 2012）。温江花乡农盟合作社作为省级示范社，长期与地方政府、龙头企业、金融机构以及农户进行交流合作，形成庞大的社会资本。因此，在决定是否向有贷款需求的农户提供农地经营权抵押贷款时，花乡农盟能根据自身的内外部社会资本来判断该贷款农户的信誉高低和还款能力强弱，选择可靠的农户来缔结契约并发放贷款，从根本上降低违约率。

4.4.3　声誉机制

克雷布斯和威尔逊（1982）创建声誉理论，认为声誉在现实中十分强大，人们会为维护声誉而努力兑现承诺，促进契约的履约。里奇曼（Richman, 2004）研究发现，在声誉机制中，商家通过拒绝未来的业务来惩罚违约方。而且随着违约信息的扩散，潜在的合作者也会拒绝与之合作，违约者会失去未来获利的机会（张晓艳和刘明, 2009）。为获得长久的利益，人们一般在签约后会竭力履行契约。

4.2.4 节的 5 名农业经营主体来自同一个合作社，其中李某是所在村的村委书记。为维护自己的声誉以便下次缺乏资金时能够再从银行获取贷款、继续和村里村外的人保持良好合作关系，这 5 名借款人会尽全力在贷款期限内履行契约。说明声誉机制发挥作用的两大前提是重复缔结契约和长期有效合作。此外，李某为维护自己的声誉、在村民心中树立权威，会在自身还款的前提下督促同时借款的另外 4 人及时还款。体现出不同身份的人对于声誉的重视程度具有异质性，越是看重声誉的人会越努力地促进契约履约。同理，对于4.2.4 节的专业大户邓某而言，"好名声"不但能吸引更多的合作，还能维持其与金融机构、政府的良好关系。因此，邓某为获得长久利益，在声誉机制的激励下按时还清贷款。

4.4.4　奖惩机制

刘亚娜（2003）指出激励和约束是奖惩制度最直接、最基本的作用。特别是在当事人需要与对方长期多次合作的情况下，奖励和惩罚对其履约产生的正负向激励作用会更加明显。奖励机制是通过给予履约者物质或精神上的鼓励使其获得实际利益,从而正向激励其他缔约者更加努力地兑现承诺和实现契约;惩罚机制的方式则刚好相反,它是通过对违约者执行一些或软或硬的惩罚手段使其利益受损,从而负向激励其他缔约者严格执行契约条款而不敢轻易违约。

4.2.4 节的邓某,由于他在约定期限内按时还清所有贷款,银行会认可他的履约能力,那么今后当邓某再次向银行申请农地经营权抵押贷款时,银行会同意放贷并适当增加放贷额度和延长贷款期限,使邓某下次的资金需求得到保障。这样的奖励机制会让其他寻求长期发展的农户自觉履行契约,以便在未来缺乏资金时能再次获得贷款。但假设他没能按时还款,他会受到社会谴责和群体惩罚。社会谴责这种连带式的软惩罚有很大的威慑性(张晓艳和刘明,2009),在邻里消息互通的乡村,一旦有人借钱不还,违约信息会迅速传开。除违约者会遭受村民的嘲讽导致声誉受损,其亲属也会受到连带歧视。而群体惩罚是具有毁灭性的硬惩罚,如果农业经营主体违约,其信息会受到各个银行的重点关注并且所有银行会联合起来抵制该违约者。相当于他今后将无法从任何一家银行获取农地经营权抵押贷款,永久性失去从银行获取该项贷款的资格。

4.4.5　评估机制

有效破解"价值评估难",建立满足银行风险评价需求的评估机制,对于促进银行涉农信贷投放,缓解农村地区"融资难",具有积极的实践意义(徐华君和操颖卓,2017)。在花乡农盟合作社牵头对抵押资产进行价值认定时,仅按照土地经营权及地面附着物的 3~5 折计算。尽管规定评估后的农户地面资产不能低于在银行的估价,但这样打折后农户所能获得的贷款金额也得到较大的控制。除此之外,花乡农盟会定期到贷款农户的抵押资产所在地进行实地监管,防止农户出售抵押资产导致抵押资产在贷款期限内出现大幅缩水的现象,防范控制未来的处置风险,降低农户违约的概率。

4.4.6　处置机制

土地处置风险是农地承包经营权抵押贷款的主要风险之一(兰德平和刘洪银,2014)。适当的抵押土地处置机制不仅能够提高债权人处置农地经营权时的速度和价值,还能够优化农地配置效率和防止土地荒废(刘兆军和李松泽，2018），如采取贷款重组、协议转让、按需清偿、交易平台挂牌再流转，以及多种方式组合处置抵押权等方式。即及时、足额地实现土地经营权的预期收益，也保障了金融机构的权益，真正促进农村土地经营权抵押贷款的有序推进（仝爱华和姜丽丽，2016）。针对温江区大规模从事花木产业的实际，对抵押资产采用市场化处置模式能有效节约处置时间和成本，防范银行信贷资金风险。基于此，温江区创新引入花乡农盟合作社等第三方处置企业来对农地经营权抵押贷款形成的不良资产进行处置，着重处置地面附着物花木。通常农业经营主体违约后，银行会让花乡农盟再次对其抵押资产进行价值认定并通过网络进行 7 天公示和社会化处置。如果 7 天的社会化处置失败，由于严格的评估机制使得抵押资产均能覆盖债权，这时就要求花乡农盟在 80 天内完成处置。倘若 80 天内未能处置成功，花乡农盟合作社则需代替农业经营主体偿还银行本息，银行向花乡农盟整体转让农业经营主体债权从而完成风险转嫁。

4.5　本章小结

　　本章基于不完全契约视角，以温江花乡农盟合作社为例，解释政府主导型农地经营权抵押贷款的履约机制。一方面，第三方实施机制（法律）强制缔约者严格执行契约条款，给银行打下"强心剂"，保证契约的履行；另一方面，信任、声誉和奖惩的自我履约机制让追求长期利益的农户时刻保持自觉、严于律己并及时还款。即使农业经营主体违约，银行和政府所面临的损失也是极小甚至为零的。放贷前，折价评估的机制有效缩小贷款的风险敞口；放贷后，市场化处置机制能较快匹配供需双方信息，提升处置抵押资产的效率。履约不只是农业经营主体单方促成的，有效的评估和处置机制让银行和处置企业积极参与其中，为契约履约提供基本保障。因此，第三方实施机制与自我实施机制相结合时，能够有效保证政府主导型农地经营权抵押贷款各契约履约。同时，有效的资产评估机制和抵押物市场化处置机制也能在一定程度上降低贷款违约率，提高银行和处置企业参与该项贷款的积极性。

第5章　农地经营权抵押贷款发展存在的问题

农地经营权抵押贷款在实践过程中存在着较为严重的发展瓶颈，本章从理论推导、调研数据以及文献梳理三个方面全面分析提炼制约农地经营权抵押贷款发展的关键问题，以对后面章节的研究起到统摄作用。

5.1　数理推导制约其发展的关键问题

本节基于第2章的调研，分别在法律法规、抵押物处置和风险分担三个约束条件下，对商业银行与新型农业经营主体的借贷行为进行动态博弈分析，通过研究商业银行对农地经营权抵押贷款的信贷决策行为，推导出制约农地经营权抵押贷款发展的关键问题。

5.1.1　文献综述

1. 信贷决策的相关研究

施蒂格利茨（Stiglitz，1990）提出信息不对称的观点，在信贷过程中会存在逆向选择和道德风险，影响着金融机构的信贷决策。伯南克（Bernanke，1988）提出信贷"质量逃亡"概念，当遇到宏观经济压力时，银行信贷会向"高净值"的企业转移。在不同的金融环境下，银行的信贷决策行为存在差异。龚光明和黄菁瑜（2016）运用探索性数据分析获贷企业，发现在需要大量政府干预、法律法规不完善和诚信制度不健全等问题存在的较差金融生态环境下，银行信贷决策更注重企业现金流量。郭妍（2016）在前景理论的基础上，对银行小微贷款信贷人员的非理性决策行为进行分析，在不确定条件下的认知偏差以及不同的个体特征会导致系统性的非理性借贷行为。周超（2016）基于构建进化博弈模型，分析发现在利率市场化条件下，由于存在行为金融范式，银行对中小企业存在偏见，贷款更多集中于大企业。朱太辉（2019）对企业融资难融资贵问题的分析则更加全面，经济下行、企业类型和行业差异、地区信用环境以及第三方担保都是影响银行信贷决策的重要因素。

2. 信贷研究中的博弈分析

在对银企之间信贷行为进行系统分析的基础上，张汉江等（1999）运用博弈论研究信贷配给问题，构建不完全信息动态博弈模型讨论银企的还贷行为，得到精炼贝叶斯纳什均衡解。徐晓萍等（2014）利用浙江省台州市三家"城商行"的经验数据，借助博弈分析模型研究关系型借贷对企业贷款行为模式的影响。俞雪莲和傅元略（2017）为验证小微企业政策性担保机构的有效性，将商业银行和小微企业双方的信贷博弈与商业银行、小微企业、担保机构三方的信贷博弈比较分析。

博弈分析也逐步应用到农村地区的信贷研究中。邝梅和赵柯（2008）从简单博弈到多阶段博弈，对我国的农村信贷关系进行分析，并求出了不确定环境下农户与金融机构的不完全信息动态博弈的贝叶斯均衡。吴勇（2015）将金融机构与农村中小企业之间的信贷行为的动态博弈分为3个阶段，研究农村中小企业的信贷融资问题。窦俊贤（2016）构建静态、动态博弈模型对不同假设条件之下农村小额信贷机构和农户借贷行为进行博弈分析，认为农村小额信贷信用风险形成的主要原因是制度不健全，从而提出风险控制的思路。赵晔（2017）通过建立农村贷款人和小额信贷机构之间申请阶段不完全信息的博弈模型以及归还阶段的完全信息博弈模型，分别进行分析，得出：征信制度不完善、信用评级体系不完备、信用环境较差和法律法规不规范是我国农村小额信贷信用风险逐渐加剧的根本原因。

梳理文献发现，虽然有学者把动态博弈方法应用于农村贷款主体与贷款机构之间的信贷行为研究中，但尚未涉及农地经营权抵押贷款业务。因此，利用动态博弈的分析方法，分析银行与新型农业经营主体在农地经营权抵押贷款业务中的借贷行为，以促进银行信贷决策是较新颖的切入点。在此基础上提出的有针对性的建议可以为缓解银行业金融机构对于农地经营权抵押贷款的顾虑提供思路，对推进该业务的进一步发展有积极的意义。

5.1.2 动态博弈分析

根据对成都市温江区、崇州市两个试点地区的农地经营权抵押贷款业务开展的实地调研，发现银行的信贷决策是农业经营主体获得贷款额度和所获贷款利率的重要影响因素，因此构建动态博弈的分析框架，从理论上分析银行的信贷决策行为，能够为促进银行进一步开展农地经营权抵押贷款业务提供有益的建议。

1. 假设前提

H5-1　参与的博弈方是有农地经营权抵押贷款资金需求的新型农业经营主体及银行。

H5-2　新型农业经营主体追求效用的最大化，银行追求风险的最小化，因此在经济活动中都能作出使自身利益最大化的理性选择，符合理性人特征。

H5-3　银行无法全面地了解新型农业经营主体的农户个体特征、家庭经济特征、生产经营情况和抵押资产评估等方面，因此在借贷过程中存在信息缺陷，属于不完全信息博弈。

2. 参数设定

动态博弈的参数设定与说明见表 5-1。

表 5-1　　　　　　　　　　　动态博弈的参数设定与说明

参数	说明	参数	说明
L	银行向经营主体提供的贷款额	r	农地经营权抵押贷款的贷款利率
R	投资项目回报率	P	投资成功的概率
C_1	银行发放贷款的交易成本	C_2	新型农业经营主体申请贷款的交易成本
q	银行通过法律途径处置经营主体的成本	Q	新型农业经营主体应诉的成本及损失
g	银行要求政策性担保机构介入的费用	G	新型农业经营主体承担的担保费用
e	新型农业经营主体因担保机构追偿承受的损失	D	抵押物的处置价值

3. 博弈过程分析

根据以上假设，农地经营权抵押贷款中新型农业经营主体与银行的动态博弈过程如图 5-1 所示。

整个动态博弈过程可分为三个阶段：第一阶段，新型农业经营主体向银行申请贷款，银行选择是否放贷；第二阶段，新型农业经营主体选择是否归还贷款；第三阶段，银行选择处置新型农业经营主体或者容忍。在第三阶段，考虑受法律法规规章制度、抵押物处置平台和风险分担三种约束情况。

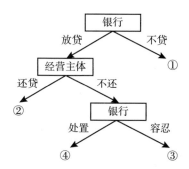

图 5 - 1　农地经营权抵押贷款中新型农业经营主体与银行的动态博弈过程

在不考虑机会成本以及第三阶段约束的情况下，对博弈过程进行分析。因为对风险的顾虑，银行选择不贷，支付函数①为（0，0）。在较理想的情况下，银行选择贷款，新型农业经营主体按时还款，支付函数②为（$Lr - C_1$，$PLR - L - Lr - C_2$）。此时，需满足等式 $L + Lr + C_2 \leqslant PLR$。受投资项目成功概率 P 的影响，新型农业经营主体会出现不按时还贷的行为选择，在无第三方约束的情况下，银行只能容忍损失的产生，因此支付函数③为（$-L - Lr - C_1$，$PLR - C_2$）。

下面加入相关约束对支付函数④进行定义，并运用逆推归纳法进行动态博弈的均衡分析。

完善的法律制度能够保障社会公平公正，因此在法律、法规和规章的规定下，支付函数④为（$Lr - C_1 - q$，$PLR - L - Lr - C_2 - Q$）。在完善的规定约束下，只要 $q < 2Lr + L$ 银行在第三阶段定会选择起诉新型农业经营主体，以分摊自己承担的损失。在第二阶段，新型农业经营主体选择不偿还贷款获得的收益 $PLR - L - Lr - C_2 - Q$ 显著地小于偿还贷款获得的收益 $PLR - L - Lr - C_2$。所以，新型农业经营主体的最优选择应当为按期偿还贷款。在此基础上，第一阶段中银行放贷的收益 $Lr - C_1$ 高于不发放贷款的收益 0，因此银行会选择向新型农业经营主体发放贷款。

政策性担保机构的介入可以有效分担风险。政策性担保机构一般在农地金融业务方面较为专业，在新型农业经营主体的信息收集方面具有优势。在担保约束下，支付函数④为（$Lr - C_1 - g$，$PLR - L - Lr - C_2 - G$）。在有政策性担保机构介入情况下，出于风险分担的考虑，银行愿意分摊担保机构介入的费用,为农户违约后的处置提供保障,在第三阶段银行也会选择处置追究。第二阶段,新型农业经营主体选择不偿还贷款会遭受政策性担保机构的追偿,社会声誉等个人资产损失 e。因此新型农业经营主体的最优选择是按期偿还贷款。第一阶段,只要 $C_1 + g < Lr$,银行依旧会选择放贷。

专门的农地产权处置平台可以保证农地经营权流转处置的价值保值,在抵押的农地经营权及地面资产可以成功处置的约束下,支付函数④为 $(-L - Lr - C_1 + D, PLR - C_2 - D)$。在第三阶段,银行可以成功处置抵押物的情况下,可以获得一定的抵押物处置补偿,因此银行会选择处置抵押物。基于这个事实,在第二阶段,新型农业经营主体可以预测,如果不偿还贷款,银行会处置土地经营权以及地面资产。此时选择还贷的收益为 $PLR - L - Lr - C_2$,选择不还贷的收益为 $PLR - C_2 - D$。只要 $D > L + Lr$,新型农业经营主体的最优选择依旧是偿还贷款,即贷款额度的本利和小于抵押物的处置价值。逆推第一阶段,银行发放贷款的收益为 $Lr - C_1$,高于不贷的收益 0,因此银行的最优选择是向新型农业经营主体放贷。

5.1.3 结论分析

根据博弈分析的结果来看,若无约束,银行的最优选择是不贷,新型农业经营主体的最优选择是不还。在法律法规制度完善、政策性担保机构有力支持以分担风险,以及抵押物处置有效的动态博弈分析情况下,银行都会选择向新型农业经营主体发放贷款,新型农业经营主体也会按时归还贷款。因此,有约束的动态博弈模型从理论上为控制农村土地经营权抵押贷款的风险,促进银行放贷提供了思路。在法律、法规、规章制度下,司法机关、政府相关部门的对口协作支持能够抑制新型农业经营主体的信用风险;在抵押物能成功保值变现的情况下,农地产权处置平台能够降低银行的抵押物处置风险;在担保支持下,政策性担保机构可以分担银行的风险。因此能够增强银行开展农地金融业务的意愿和信心。根据供求定理,在市场上新型农业经营主体对资金需求不变的情况下,银行增加农地经营权抵押贷款的放贷供给量,新型农业经营主体获得贷款的总量增加,融资成本也能逐步降低。

结合成都市温江区、崇州市的农地经营权抵押贷款的融资现状来看,由于相关的制度不够完善甚至缺失,在动态博弈的第三阶段中,银行难以依靠法律法规规制、政策性担保机构以及处置抵押物来收回全部贷款本金和利息，相关信贷风险降低银行的放贷意愿，以及新型农业经营主体融资成本较高是存在的关键问题。因此，应积极采取有效措施，从法律法规、抵押物处置和风险分担三个方面着手，促进银行的放贷决策。

5.2　法律层面的风险障碍已基本消除

5.1 节的动态博弈推导结果显示，法律规制能够降低信用风险，农地经营权的抵押作为一种物权担保行为应当受到法律的保障和约束。

表 5-2 是在"三权分置"实施之前，法律上对于土地经营权抵押的禁止性规定。但是随着农村社会经济的发展，严格限制农村土地承包经营权已不能适应农村经济发展的现状，也不能使农村土地的价值得到最大限度的发挥，农民的生产投资被牢牢限制。2013 年党的十八届三中全会后，中央调整战略，逐步形成"三权分置"格局，发展试点地区，并以特别授权的形式支持试点地区土地经营权抵押先行先试。在中央一系列政策的支持并得到特别授权的前提下，试点地方政府开展了一系列的试点工作，下发了一系列关于土地经营权抵押贷款的具体工作文件。

表 5-2　　　　　　　　　　土地经营权抵押禁止性法律

法律名称	法律内容
《中华人民共和国物权法》第一百八十四条	耕地、宅基地、自留地、自留山等集体所有的土地使用权等财产不得抵押，但法律规定可以抵押的除外
《中华人民共和国担保法》第三十七条	耕地、宅基地、自留地、自留山等集体所有的土地使用权不得抵押，但本法第三十四条第（五）项、第三十六条第三款规定的除外
《最高人民法院关于审理涉及农村土地承包纠纷案件适用法律问题的解释》第十五条	承包方以其土地承包经营权进行抵押或者抵偿债务的，应当认定无效

2014 年中央一号文件《关于全面深化农村改革加快推进农业现代化的若干意见》提出在落实农村土地集体所有权的基础上，稳定农户承包权、放活土地经营权，允许承包土地的经营权向金融机构抵押融资，这为农地经营权抵押贷款业务提供了政策支持。2015 年 12 月 28 日，第十二届全国人民代表大会第十八次会议通过了关于在北京市大兴区等

232 个试点县（市、区）范围内允许以农地经营权进行抵押贷款，暂停原集体所有耕地的使用权不得进行抵押的规定。2017 年 10 月 31 日，全国人大常委会对《农村土地承包法修正案（草案）》（以下简称《草案》）进行审议。根据《草案》，通过家庭承包方式获得的土地承包经营权在流转中分为土地承包权与土地经营权，明确规定了土地经营权流转和融资担保等事项。但《草案》对于土地经营权抵押的规定仅仅表述为"可以向金融机构融资担保"，并没有给出更加具有操作性的明文规定，因此就算《草案》审议通过后，仅仅依靠该修正案，能起到的作用也只有解禁土地经营权的抵押。如果在抵押土地经营权抵押时出现纠纷，鉴于这方面不完备的制度建设、抵押过程中不规范的操作，抵押权仍然可能存在实现不了的情形，当事人的权益仍然无法得到保障。由此看来，政策松动和舆论引导并未引发预期的效果，"三权分置"视野下农地经营权抵押贷款实施中遇到的农村政策法规的可操作性差、土地流转市场监管缺乏相应的市场规制措施、农业生产经营资质审查不健全（徐建中和于泽卉，2018），导致我国农村市场体系不完善（胡元聪，2018），农地经营权抵押实践一直处于低位徘徊状态（郑涛，2018）。究其原因主要不完善的法律法规不能有效保障借贷双方的利益，使得金融机构存在慎贷心理，土地经营权抵押制度的可持续发展更是无从谈起。随着 2019 年新《农村土地承包法》的实施，"承包方可以用承包地的土地经营权向金融机构融资担保，并向发包方备案。受让方通过流转取得的土地经营权，经承包方书面同意并向发包方备案，可以向金融机构融资担保"。这标志着农地经营权抵押贷款法律障碍基本消除。只要守住耕地红线不突破、农民利益不受损的底线，农户对于农地经营权抵押贷款的需求便能得到有效满足（李蕊，2019）。

5.3 调研数据验证制约其发展的关键问题

5.1 节的动态博弈推导结果显示，法律规制能够降低信用风险，担保机构能够分担银行的风险，农地产权处置能够降低抵押物处置风险。可见，农地经营权抵押贷款的顺利开展依赖于有效的风险管理。政府主导型农地经营权抵押贷款风险的识别有助于科学评估各风险指标，从而能够进行有效的风险防范及应对，为政府主导型农地经营权抵押贷款的风险防控提供依据。本节基于调研数据通过风险识别分析来对 5.1 节的结论进行检验。

5.3.1　从风险影响因素的实证分析中发现问题

虽然潘文轩（2015）构建农地经营权抵押贷款风险研究框架来揭示风险形成的一般规律，但该研究只是基于抵押直贷模式，没有引申至对其他抵押贷款模式风险的分析。当前绝大多数农地经营权抵押贷款需要非耕地资源、信誉和政府资金等作为二重抵押物的掩护（黄源和谢冬梅，2017）。丁志国等（2014）研究了农业经营主体在正规金融机构融资时违约的内在机制，发现发生贷款风险的重要原因在于信息不对称。贷款价值比、利率、抵押期限、信贷金额、资产总额、借款人文化程度、家庭福利（吕德宏和朱莹，2017；苏治和胡迪，2014；丁志国等，2014；曹瓅和罗剑朝，2015）、是否有借款、打工人数、是否为种粮户以及农户的主观努力程度等因素会影响农地经营权抵押贷款风险（张云燕等，2013）。此外，包括抵押土地面积、作物类型和土地流转市场发达程度等在内的土地特征也是农地经营权抵押贷款风险的影响因素（吕德宏和张无坷，2018）。陈永清（2016）根据实地调查发现，在影响农村土地经营权抵押贷款风险的各种因素中，环境因素起主导作用，其次是借贷人和金融服务机构的因素。同时，由于农村劳动力转移和土地流转，传统小农户、种养大户、家庭农场、专业合作社和龙头企业等农业经营主体的农业生产经营规模存在较大差异，农户分化趋势显著（牛晓东等，2017）。吕德宏和张无坷（2018）认为农地经营权抵押贷款风险影响因素的贡献程度具有次序性，由高到低依次为土地估值准确度、贷款期限、是否参与农业保险、土地流转市场发达程度、是否有担保人、主要农作物类型、抵押土地面积、土地经营权来源、是否遭受自然灾害和是否获得农业生产补贴。

1. 明确风险影响因素

政府主导型农地经营权抵押贷款风险受多种因素影响，且各因素的影响程度不尽相同。根据吕德宏和张无坷（2018）、曹瓅和罗剑朝（2015）、吕德宏和朱莹（2017）的研究以及全面性、代表性、科学性、可量化和可适应性原则（陈菁泉和付宗平，2016；许艳秋和潘美芹，2016），选取 3个二级指标和 16 个三级指标构建政府主导型农地经营权抵押贷款风险影响因素指标体系，见表 5 – 3。

表 5 – 3　　　　　　政府主导型农地经营权抵押贷款风险影响因素指标体系

一级指标	二级指标	三级指标	指标赋值
农地经营权抵押贷款风险	借款人及其家庭特征	性别	0 = 女，1 = 男
		年龄	借款人的实际年龄
		学历	1 = 小学，2 = 初中，3 = 高中/中专，4 = 本科/大专，5 = 本科以上
		家庭供养比	家庭供养比 = $\dfrac{家庭非劳动力人口}{家庭总人口}$
		家庭总资产/万元	借款人的实际家庭总资产
		家庭年净收入/万元	借款人的实际年家庭净收入
	农业生产经营特征	经营主体类型	1 = 传统小农户，2 = 家庭农场，3 = 种养大户，4 = 专业合作社，5 = 龙头企业
		流入农地面积/亩	借款人的流入农地的实际面积
		作物估值/万元	借款人种植作物的评估价值
		作物价格波动	1 = 小，2 = 较小，3 = 一般，4 = 较大，5 = 大
	抵押贷款特征	贷款金额/万元	借款人的实际贷款金额
		贷款利率/(%)	借款人的实际贷款利率
		贷款期限/年	借款人的实际贷款期限
		贷款用途	1 = 农业生产，2 = 工商业经营，3 = 住房消费，4 = 生活消费，5 = 其他
		抵押物类型	1 = 纯农地经营权，2 = 纯农地经营权 + 地上附着物，3 = 纯农地经营权 + 住房，4 = 纯农地经营权 + 农机设施，5 = 纯农地经营权 + 其他
		有无担保	0 = 无，1 = 有

2. 筛选主要影响因素

由于原始指标体系中指标较多，直接以上述指标作为预警模型的输入将增加模型的复杂度且易造成模型过度拟合，导致模型精度降低。因此，选用灰色关联分析对众多影响因素进行降维处理，从而筛选出主要影响因素。

灰色关联分析（Grey Relation Analysis，GRA），是通过确定参考数据列和若干个比较数据列的几何形状相似程度，定量描述系统与各影响因素的关系密切程度，即根据灰色关联度的大小来判别主要影响因素，因素的灰色关联度越大则对系统的影响程度越大，反之则对系统的影响程度越小。具体筛选包括以下步骤。

（1）确定参考数列：

$$Y = \{y(1), y(2), \cdots, y(k)\} \tag{5-1}$$

比较数列：

$$X_i = \{X_i(1), X_i(2), \cdots, X_i(k)\} \tag{5-2}$$

（2）采用均值化法对变量序列进行无量纲化处理：

$$X_i(k) = X_i(k)\sqrt{X_i} \tag{5-3}$$

（3）计算参考数列与比较数列绝对差的最值，求解灰色关联度：

$$\delta_i(k) = \frac{\min\limits_{i}\min\limits_{k}|y(k)-X_i(k)| + \rho\max\limits_{i}\max\limits_{k}|y(k)-X_i(k)|}{|y(k)-X_i(k)| + \rho\max\limits_{i}\max\limits_{k}|y(k)-X_i(k)|} \tag{5-4}$$

其中，$\rho \in [0, 1]$ 为判别系数，ρ 取值越小，关联系间的差异越大，分辨能力越强，通常取 $\rho = 0.5$。

（4）求解关联度均值：

$$r_i = \frac{1}{N}\sum_{k=1}^{N}\delta_i(k) \tag{5-5}$$

其中，r_i 表示两数列的关联度，N 表示数据个数。

（5）关联度排序与比较。

3. 实证分析

（1）数据来源。调研过程的说明详见"2.2.2 八个阶段的实地调研情况"的第二阶段。变量的描述性统计见表5-4。

表5-4　　　　　　　　变量描述性统计

二级指标	三级指标	均值	标准差	最小值	最大值
借款人及其家庭特征	性别	0.8978	0.2766	0	1
	年龄	48.1507	8.0669	26	64
	学历	2.6301	0.9206	1	5
	家庭供养比	0.3500	0.1800	0	0.75
	家庭总资产	74.4521	19.8104	25	414
	家庭年净收入	16.3973	15.8975	3	45
农业生产经营特征	经营主体类型	2.4583	1.6525	1	5
	流入农地面积	262.2575	43.5924	10	1747
	作物估值	118.0137	2.7716	6	800
	作物价格波动	2.2877	0.8076	1	5

续表

二级指标	三级指标	均值	标准差	最小值	最大值
抵押贷款特征	贷款金额	67.0685	30.7712	6	400
	贷款利率	0.0598	0.0093	0.0440	0.0740
	贷款期限	2.1667	1.1259	1	6
	贷款用途	1.5753	0.8919	1	5
	抵押物类型	2.0986	1.0164	1	5
	有无担保	0.5947	0.4852	0	1

注：当调查对象为农民专业合作社时，借款人为办理过农地经营权抵押贷款的合作社董事长或社员；当调查对象为农业龙头企业时，借款人为企业法人。

资料来源：根据 2.2.2 节第二阶段调研整理所得。

（2）问卷的信度与效度检验。利用 Stata 统计软件，对问卷进行信度和效度分析。信度检验表明，Cronbach' α 值为 0.824，表明问卷可靠性较好；运用 KMO 和 Bartlett 球形度进行效度检验，结果发现，KMO 值为 0.879，Bartlett 球形度的显著性为 0.000 < 0.005，表明问卷的结构效度良好。

（3）主要影响因素的确定。通过计算，得到政府主导型农地经营权抵押贷款风险各影响因素的灰色关联度及排名，具体结果见表 5-5。

表 5-5　　　　　　　　灰色关联分析结果

三级指标	灰色关联度	排名
性别	0.3881	16
年龄	0.4051	15
学历	0.4521	13
家庭供养比	0.5955	10
家庭总资产	0.8881	2
家庭年净收入	0.8710	3
经营主体类型	0.8554	4
流入农地面积	0.9904	1
作物估值	0.7577	7
作物价格波动	0.8063	6
贷款金额	0.7549	8

续表

三级指标	灰色关联度	排名
贷款利率	0.4127	14
贷款期限	0.5774	11
抵押物类型	0.7263	9
贷款用途	0.5626	12
有无担保	0.8505	5

由表5-5可见：第一，流入农地面积与经营主体类型的关联度排序分别为1和4，可能的原因在于成都地区农地经营权抵押贷款借款人多为规模化生产经营的新型农业经营主体，一般未来经济收益相对稳定，还款资金相对充足，说明未来政府主导型农地经营权抵押贷款的服务对象应瞄准种养大户、专业合作社和龙头企业。第二，作物估值的关联度排序为7，说明当前评估标准的不统一、评估方法的不科学、评估机制的不完善以及专业评估人才的不足在一定程度上为政府主导型农地经营权抵押贷款风险埋下隐患。第三，作物价格波动的关联度排序为6，表明外部宏观经济发展的稳定性对风险具有重要影响，当其作为抵押物时应列为重点评估指标之一并定期监督以防控风险。第四，抵押物类型的关联度排序为9，当前成都地区农地经营权抵押贷款的抵押物多为"纯农地经营权＋地上附着物"，表明单一的农地经营权难以在实践中真正缓释农户信用风险，可适当引入地上附着物和农机设备等以提升抵押物的质量。第五，有无担保的关联度排序为5，与互助性担保的实力有限不同，成都地区农地经营权抵押贷款"政策兜底"特征明显，其担保实力雄厚、抗风险能力相对较强，但随着政府主导型农地经营权抵押贷款规模不断扩大，仅靠财政风险补偿基金的支持显然不具有可持续性，表明未来应积极引入商业性担保机构。

4. 主要结论

流入农地面积、家庭总资产、家庭年净收入、经营主体类型、有无担保以及作物价格波动等是影响政府主导型农地经营权抵押贷款风险的重要影响因素。其中，流入农地面积与经营主体类型反映农业生产的规模化程度，未流入或较少流入农地的普通农户相对存在更高的风险；与未同第三方担保机构签订担保协议的农业经营主体相比，办理过担保业务的农业经营主体的信用风险明显更低；作物价格波动反映抵押物的担保能力，作物自身价值的不稳定性易导致风险的增大。

5.3.2　从风险识别的实证分析中发现问题

风险主要是指某一特定情况发生的可能性以及各种不确定后果的组合，农业生产由于易受气候和地质等自然因素的影响，抵御自然灾害的能力较弱，存在众多风险。从资金需求方来看，抵押风险是影响原始承包户和经营户参与农地经营权抵押贷款的主要因素（黄惠春和陈强，2017），从而形成来自需求方的风险配给行为（Boucher et al.，2008）。因为发展中国家农户信贷配给的重要原因之一就是风险配给（Boucher et al.，2009；Chiu et al.，2014）。从资金供给方来看，运行风险对于已经基本市场化运作的金融机构而言是不可回避的难题（陈小君，2018），农地经营权抵押贷款风险大是阻碍商业银行开展该业务的主要原因。无疑，对农地经营权抵押贷款的风险研究是学者们关注的热点之一。

作为农地经营权抵押贷款风险管理的首要环节，风险识别贷款风险防范的第一要务（常露露和吕德宏，2018），能提高农户风险承担能力（孟楠等，2016）。农地经营权抵押贷款风险显示为多种复杂类型，不同风险类型对农地经营权抵押贷款风险影响程度具有树形结构及次序性特征（常露露和吕德宏，2018）。依据风险影响范围不同，农地经营权抵押贷款风险可划分为系统性风险和非系统性风险，农业生产季节因素容易造成对资金需求的集中爆发，从而导致农村金融市场可能存在系统性风险；依据风险所涉及的内容不同，可分为法律风险（惠献波，2013；周小全和白江涛，2017）、市场风险（唐德祥和岳俊，2015；佟伟和赖华子，2015）、经营风险、评估风险（陈菁泉和付宗平，2016）、处置风险（陈锡文，2010；吴比等，2014；陈菁泉和付宗平，2016；惠献波，2013；曹阳，2015）、民生风险（陈锡文，2010；赵一哲和王青，2015；黄善明，2011；陈丹和高锐，2017；聂婴智和韩学平，2016）和道德风险（童彬，2014；高圣平，2014；杨奇才等，2015）。在诸多风险中，农民不能向金融机构清偿到期债务（周凤婷，2010）和银行面临的第一还款来源（潘文轩，2015）是核心风险。

1. 明确风险来源

通过梳理文献将政府主导型农地经营权抵押贷款面临的风险汇总后，可分为三个层面。

（1）宏观层面，主要面临宏观经济风险、政策风险和法律制度风险。

宏观经济风险指国家宏观经济变化对农地经营权抵押贷款带来的影响。进行农地经营权抵押贷款活动的主体之一是农户，该类农业经营主体受农业弱质性影响，经济实力较弱。若宏观经济波动恶化了农业市场环境，会增加其还款压力，继而增加银行收回账款的压力。经济发展状况由第一产业GDP增长率、农村消费者价格指数、农业景气指数及农产品生产价格指数四个三级指标来反映。政策风险主要由于国内外政策变化引致的风险，政府关于涉农贷款的政策、银行内部的贷款管理政策及担保机构对于农业贷款担保的政策等变化均可萌生风险。法律风险主要由于法律的冲突与缺失而产生农地经营权抵押贷款风险，虽然全国人大授权试点地区暂停《物权法》《担保法》的执行，但最高人民法院没有就试点地区配套出台司法解释，银行担忧处置资产时得不到法院支持，"惜贷"心理依旧严重；另外，基于法律的约束，规模流转的新型农业生产主体必须获得承包农户同意后才可将承包权进行抵押贷款，然而新型主体很难就此与承包农户达成一致，致使融资效力大打折扣。此外，国家对农业经营主体、银行、地方政府及担保机构的支持程度也是影响政府主导型农地经营权抵押贷款风险的重要宏观影响因素。鉴于此，选用信用体系健全程度、政策稳定程度、土地产权完善程度及国家支持程度四个指标，科学全面地代表政策和法律制度风险。

（2）中观层面，主要涉及地方政府的财政风险和政策风险。地方政府的财力决定了该类贷款的风险补偿基金的充足度，随着贷款规模持续扩大，补偿基金能否全面覆盖贷款违约损失；地方政府的财力还体现在当地政府是否为该类贷款设立政策性担保公司为此类贷款进行全额担保，以及该类担保公司的完善程度。地方政府的政策风险表现在当前政府主导型农地经营权抵押贷款政策的可持续性，在试点结束后，当前政策是否能够继续有效运行，这直接影响到农业经营主体及银行的借贷行为；政府对此类贷款的宣传力度也影响着此类业务开展的活跃程度和经济效应。

（3）微观层面，涉及农业经营主体、银行和其他组织三个关联方。源于农业经营主体的风险，一是农业生产可能遭致市场因素与自然因素的双重影响，经营效益起伏较大，加剧农业经营主体的市场经营风险，制约其还贷能力；二是在农村地区信用环境普遍不好的情况下，行政色彩浓郁的风险补偿基金的存在，增加农业经营主体的违约概率，信用风险加剧。源于银行的风险，一是若农业经营主体不能还款，银行需处置抵押品时，由于再流转或转让经营权时定价困难，资产入库与处置的价格相差大，银行寻找处置企业成本高等原因导致抵押物处置风险较大；二是可能出现银行涉农贷款工作人员在放贷过程中未严格按流程执行导致银行出现亏损。此外，抵押物价值的评估是否专业和贷款担保方资质是否合规等因素都制约着政府主导型农地经营权抵押贷款的进一步实施。

总之，当前宏观层面的主要风险点为：农作物价格波动幅度大，农业景气度下降，土地产权制度不完善，政策制度较不稳定等；中观层面的主要风险点为：涉农贷款的风险补偿基金规模难以全面弥补贷款损失，试点结束后的政策是否可持续难以判断等；微观层面的主要风险点主要为：农业经营主体因农业经营风险高导致还款能力不稳定，担保机构的担保风险高，抵押资产的价值评估风险高以及地方政府的支持力度不高。

2. 构建风险评价指标体系

基于上述风险类别的分析，构建政府主导型农地经营权抵押贷款风险评价指标体系，提出利用16个三级指标，6个二级指标，3个一级指标来全面地对政府主导型农地经营权抵押贷款的风险因素进行衡量，见表 5-6。

表 5-6　　政府主导型农地经营权抵押贷款风险预警指标体系

一级指标	二级指标	三级指标	四级指标
宏观风险	经济发展水平	第一产业 GDP 增长率	
	政策、法律制度及国家支持情况	农村 CPI 指数	
		农业景气指数	
		农产品生产价格指数	
		信用体系健全程度	
		政策稳定程度	
		土地产权完善程度	
		国家支持程度	
中观风险	地方政府的风险	财政风险	风险补偿基金健全程度
			政策性担保公司完善程度
		政策风险	政策可持续性
			宣传力度

续表

一级指标	二级指标	三级指标	四级指标
微观风险	借款人的风险	经营风险	作物波动幅度
			农业生产经验
			自然灾害发生频率
		信用风险	收入来源
			还款能力
			正规金融借贷经历
	银行的风险	银行抵押物处置风险	与专业处置企业合作程度
			农村产权转让及交易市场成熟度
		银行操作风险	解决相关问题的及时情况
			相关培训有效程度
			风险管理完善程度
	其他组织的风险	贷款担保风险	
		抵押物评估风险	

3. 确定风险指标权重

结合政府主导型农地经营权抵押贷款的现状，采取熵值法确定定量指标及部分定性指标权重，采用层次分析（Analytic Hierarchy Process，AHP）法确定定性指标权重。

（1）数据来源。调研过程的说明详见"2.2.2　八个阶段的实地调研情况"的第三阶段。研究表明，如果咨询专家的人数接近百人，根据专家熟悉程度进行加权和等权所计算的结果差异不大。因此，本节的群决策—专家数据集结方法为各专家判断矩阵的几何平均数。

（2）熵值法确定定量指标权重。熵值法的核心思想是用信息的无序度来衡量信息的效用值，信息的无序度越低，该信息的效用值越大；反之，该信息的有序度越低，该信息的效用价值越小。对于定量指标，采用熵值法来客观赋权。

①构建标准化数据矩阵。对数据做标准化处理，以消除量纲的影响，从而得到准确的评价结果。

$$x'_{ij} = \frac{x_{ij} - x'_j}{s_j} \qquad (5-6)$$

其中，x_{ij} 表示第 i 年指标 j 的值；x'_j 表示第 j 个指标的平均值；s_j 表示第 j 个指标的标准差；x'_{ij} 表示第 i 年指标 j 的标准值；$j = \{1,2,3,4\}$，$i = \{1,2,3,4,5\}$。标准化数据矩阵见表 5-7。

表 5-7　　　　　　　　经济发展水平的标准化矩阵

年份	第一产业 GDP 增长率	农村 CPI 指数	农业景气 指数	农产品生产 价格指数
2015	2.4108	2.1367	1.7308	1.5158
2016	1.4979	0.9620	1.7308	3.0660
2017	1.0415	2.1794	1.8803	1.2340
2018	1.4979	1.2183	0.9829	1.0858

注：在标准化过程中由于出现负数，所有数统一加 2。

资料来源：经济发展水平数据来源于《中国统计年鉴》及国务院发展研究中心行业景气监测平台，对于部分缺失的原始数据，已参照前后年份情况进行补充和修复。

②构建比重矩阵式为

$$y_{ij} = \frac{x'_{ij}}{\sum_{i=1}^{m} x'_{ij}} \qquad (5-7)$$

其中，x'_{ij} 表示第 i 年指标 j 的标准值，m 为样本数，$0 \leqslant y_{ij} \leqslant 1$。计算第 i 年第 j 项指标的比重，结果见表 5-8。

表 5-8　　　　　　　　经济发展水平各指标比重矩阵

年份	第一产业 GDP 增长率	农村 CPI 指数	农业景气 指数	农产品生产 价格指数
2015	0.2411	0.2137	0.1731	0.1516
2016	0.1498	0.0962	0.1731	0.3066
2017	0.1041	0.2179	0.1880	0.1234
2018	0.1498	0.1218	0.0983	0.1086

③确定各指标熵值为

$$e_j = -K \sum_{i=1}^{m} (y_{ij} \times \ln y_{ij}) \qquad (5-8)$$

其中，K 为常数且 $K = \dfrac{1}{\ln m}$。求得各指标熵值，效用值 $h_j = 1 - e_j$，j 项指标的熵值 e_j 越小，其效用值 h_j 越大，结果见表 5-9。

表 5-9   经济发展水平各指标的信息熵和效用值

指标	第一产业 GDP 增长率	农村 CPI 指数	农业景气 指数	农产品生产 价格指数
信息熵	0.9413	0.9388	0.9427	0.9387
效用值	0.0587	0.0612	0.0573	0.0613

④确定各指标权重。熵值法中，指标的价值系数越高，其重要性越大，权重也就越大。

$$w_{ij} = \frac{h_j}{\sum_{j=1}^{n} h_j} \qquad (5-9)$$

可得各项指标的权重，结果见表 5-10。

表 5-10   经济发展水平各指标权重值

指标	第一产业 GDP 增长率	农村 CPI 指数	农业景气 指数	农产品生产 价格指数
权重	0.220	0.281	0.333	0.166

根据以上步骤，就得到各四级风险指标的权重。

（3）层次分析法确定定性指标权重。数学家萨蒂（Saaty）提出 AHP 法。AHP 法能让决策者把一个比较复杂的问题分解成若干个小因素，并将这些因素组成一个有序的递接层次结构，取 1，2，3，…，9 及它们的倒数作为标度将因素两两进行比较，来表示每一层次各因素的相对重要性，各级标度的界定见表 5-11。

表 5 - 11　　　　　　　　　　矩阵标准度的界定

重要性标度	界定
1	表示两个元素具有同等重要性
3	表示第一个元素相比第二个元素稍微重要
5	表示第一个元素相比第二个元素明显重要
7	表示第一个元素相比第二个元素强烈重要
9	表示第一个元素相比第二个元素极端重要
2，4，6，8	表示上述两相邻判断的折中
倒数	若元素 i 与元素 j 的重要性之比为 a_{ij}，则元素 j 与元素 i 的重要性之比为 $a_{ji} = 1/a_{ij}$

下面以第三方组织的风险指标为例，按以下步骤计算权重。

①构建判断矩阵。综合相关专家的判断决策，得到如表 5 - 12 所示的第三方组织风险指标的相对重要程度。

表 5 - 12　　　　　　　第三方组织的风险指标判断矩阵

风险指标	借款人的风险 a_1	银行的风险 a_2	其他组织的风险 a_3
a_1	1.0000	1.3668	0.7294
a_2	0.7317	1.0000	3.7338
a_3	1.3710	0.2678	1.0000

②采用乘积方根法求各影响因素权重，计算过程见表 5 - 13。

表 5 - 13　　　　　　　第三方组织的风险指标权重计算过程

风险指标	乘积 M_i	开方 $W_i = \sqrt[3]{M_i}$	归一化 $W_i / \sum W$	权重
借款人的风险 a_1	0.997	0.999	0.333	0.333
银行的风险 a_2	2.732	1.398	0.466	0.466
其他组织的风险 a_3	0.219	0.603	0.201	0.201

③矩阵一致性检验，见表 5 - 14。采用随机一致性比率 CR 来检验矩阵的一致性。首先，利用指标权重 $W = (0.333，0.466，0.201)$ 乘以判断

矩阵得到矩阵；其次，利用式 $\lambda_{max} = \dfrac{1}{n} \sum\limits_{i=1}^{n} \dfrac{\sum\limits_{i=1}^{n} a_{ij} W_i}{W_i}$（其中，$a_{ij}$ 为原始判断矩阵中第 i 行第 j 列的元素，n 为指标个数，W_i 为第 i 个指标权重，λ_{max} 为判断矩阵的最大特征值）求出该矩阵的最大特征值；最后，根据式 $CI = \dfrac{\lambda_{max} - n}{n-1}$ 计算一致性指标 CI，进而计算随机一致性比率 $CR = \dfrac{CI}{RI}$（其中，RI 为标值，可通过查表 5 - 15 得到）。

表 5 - 14 第三方组织的风险指标判断矩阵一致性检验

指标	a_1	a_2	a_3	$\sum a_{ij}w_i$	$\sum \dfrac{a_{ij}w_i}{w_i}$
权重	0.333	0.466	0.201		
$a_{ij}w_i$	0.333	0.469	0.287	1.122	3.063
	0.268	0.466	0.440	1.051	3.064
	0.372	0.227	0.201	0.890	3.058

求得 $\lambda_{max} = 3.061$，$CI = 0.031$。

表 5 - 15 随机一致性指标 RI 值

阶数	1	2	3	4	5	6	7	8	9	10
RI	0	0	0.58	0.90	1.12	1.24	1.32	1.41	1.45	1.49

把 $RI = 0.58$ 和 $CI = 0.031$ 代入 $CR = \dfrac{CI}{RI}$ 中，求得 $CR = 0.053 < 0.1$。

计算结果表明该矩阵通过一致性检验，故微观风险指标下的农业经营主体、银行以及其他组织的风险权重分别为（0.333，0.466，0.201）。

4. 实证分析

综合以上方法，政府主导型农地经营权抵押贷款各风险指标权重见表 5 - 16。

表 5 - 16　政府主导型农地经营权抵押贷款各风险指标权重及排名

一级指标	二级指标	三级指标	四级指标	综合权重	排名
宏观风险 (0.216)	经济发展水平 (0.303)	第一产业 GDP 增长率（0.22）		0.0144	15
		农村 CPI 指数（0.281）		0.0184	14
		农业景气指数（0.333）		0.0218	13
		农产品生产价格指数（0.166）		0.0109	16
	政策、法律制度及国家支持情况 (0.697)	信用体系健全程度（0.234）		0.0352	9
		政策稳定程度（0.317）		0.0477	6
		土地产权完善程度（0.291）		0.0438	7
		国家支持程度（0.158）		0.0239	12
中观风险 (0.458)	地方政府的风险 (1.000)	财政风险（0.659）	风险补偿基金健全程度（0.683）	0.3018	1
			政策性担保公司政策风险（0.341）		
		政策风险（0.341）	政策可持续性（0.732）	0.1562	2
			宣传力度（0.268）		
微观风险 (0.326)	借款人的风险 (0.333)	借款人经营风险（0.502）	作物波动幅度（0.287）	0.0545	4
			农业生产经验丰富度（0.277）		
			自然灾害发生频率（0.220）		
		借款人信用风险（0.498）	收入来源（0.216）	0.0541	5
			还款能力（0.725）		
			正规金融借贷经历（0.275）		
	银行的风险 (0.466)	银行抵押物处置风险（0.713）	与专业处置机构合作程度（0.633）	0.1083	3
			农村产权转让及交易市场成熟度（0.367）		

一级指标	二级指标	三级指标	四级指标	综合权重	排名
微观风险 (0.326)	银行的风险 (0.466)	银行操作风险 (0.287)	解决相关问题的及时程度 (0.367)	0.0436	8
			相关培训有效程度 (0.367)		
			风险管理程度 (0.266)		
	其他组织的风险 (0.201)	贷款担保风险 (0.516)		0.0338	10
		抵押物评估风险 (0.484)		0.0317	11

5.3.3 研究结论

由上述调研数据的实证分析结果可知，风险是农地经营权抵押贷款发展中需要突出解决的问题。从整体看，政府主导型农地经营权抵押贷款中观层面风险最突出，说明政府主导型农地经营权抵押贷款的风险主要集中在地方政府。从风险指标综合权重看，权重最大的指标是地方政府的财政风险和政策风险，说明各位专家认为目前阻碍政府主导型农地经营权抵押贷款业务有效进行的首要原因是地方政府的财力及试点地区政策的可持续性；其次是银行抵押物处置风险，银行的抵押物处置风险权重大说明专家认为农地经营权难以变现是银行惜贷的重要原因。农业经营主体的经营风险指标与信用风险指标权重也较大，说明农业经营主体的违约概率受其农业经营效益和信誉水平影响大；且专家认为银行的操作风险高会较大程度导致银行亏损。

此外，我国土地产权完善程度、风险补偿健全程度和信用体系健全程度等都是影响政府主导型农地经营权抵押贷款的重要宏观因素。

5.4 文献梳理风险管理中存在的关键问题

由5.1~5.3节分析可见，无论是数理推导还是基于调研数据的实证分析，制约政府主导型农地经营权抵押贷款发展的关键问题集中在以下四点：法律、法规和规章制度不完善、贷款本身风险较高、抵押物处置风险较大以及风险分担必要性高。鉴于法律层面的障碍基本已消除，本节就针对农地经营权抵押贷款的风险，特别是测度、预警、抵押物处置以及风险分担方面的文献进行梳理。

5.4.1　风险测度与预警缺乏

虽然部分国外学者认为土地在获得流转交易条件下，能成为有效的抵押物，具有一定的经营性价值能保障还款来源，出现信用风险的可能性很低（Lerman，2002；Deininger，2003；Dwyer & Findeis，2008）。但农场抵押贷款受经济周期、作物种类、农场规模、农场的信用等级变化、资产负债率、经营者年龄、非农收益率和生活支出等一系列因素的影响（Katchova，2008；Zech et al.，2003；Furstenberg et al.，1970），风险较大，可能会快速持续地使农场收入下滑。兰多（Lando，1998）认为农村金融需求主体所存在的普遍问题使得商业银行难以释放农村信贷风险。迈耶（Mayer，2001）也指出农业生产对气候的依赖性使得农村信贷的地区风险较大，这些风险直接或间接地造成农村金融市场所存在的一系列问题。

虽然当前学者们从多角度识别出农地经营权抵押贷款的风险，但对风险测度与预警的研究还不充分。农地经营权抵押贷款的风险测度是一项非常重要的工作，其目的在于：一是评估和判断农村土地经营权抵押融资的各种风险，大致判断风险会带来的损失；二是寻找农村土地经营权抵押融资风险之间的内在关联性；三是探讨不同的潜在风险会在何种条件下相互作用、影响和转化；四是判断已识别的潜在风险发生的概率，进而为规避风险及降低风险发生的概率提供有效的支持（陈菁泉和付宗平，2016）。

1. 风险测度方面

卡乔瓦（Katchova，2005）认为资产组合的风险状态和借款人的评级情况决定了贷款人的资本准备，不同信用等级借款人的违约概率和损失程度是不同的。泽赫和格伦（Zech & Glenn，2003）提出 CreditRisk + 模型所需的参数和假设条件相对于其他信用风险度量模型而言较少，是度量农业信贷的信用风险最为适合的方法，贷款人可以依据该模型设计最为科学和合理的农业贷款组合的资本准备金。此外，格伦等（Glenn et al.，2009）提出可以计算得到农业各细分行业的相关系数，从而能更深入地了解各细分行业的风险状况。

在农地经营权抵押贷款信用风险测度方面，姜岩等（2017）借鉴 Z 评分模型，采用 Bootstrap 方法构建抵押贷款信用风险评价指标体系，同时使用基于最大的组合赋权法确定指标的权重，为农地经营权抵押贷款信用风险评价提供借鉴。吕德宏和张无坷（2018）则采用 Logistic 模型对违约概率进行预测，同时使用 CreditRisk + 模型信用风险进行度量并进行压力测试，得出信用风险主要受抵押土地特征影响的结论。于丽红等（2014）对辽宁法库县和昌图县的金融机构相关工作人员的调研数据运用 AHP 决策分析法分析，得出环境因素的权重为 0.785，是最重要的影响因素，其次是借款人因素和金融机构因素，就此提出要加速健全农地经营权抵押贷款的法律法规，为农业经营主体营造良好的农地金融环境。潘文轩（2015）基于农民抵押直贷模式角度，以二维视角风险分类为基础、以风险影响因素矩阵为核心进行研究，探索农地经营权抵押贷款风险的一般成因。林乐芬和王步天（2015）运用层析分析法对江苏省东海县农户的调研数据分析指出，政策环境指标评分最高，指出要加快解除法律约束。无独有偶，陈菁泉和付宗平（2016）运用层次分析法和专家打分调查法测度农地经营权抵押贷款权重时也发现政策性风险是最重要的风险因子，并认为该指标是系统性风险，所以要更加注意防范。惠献波（2013）运用层次分析法评判河南省四地的农地经营权抵押贷款风险，得出金融风险是主要风险，因此要加强操作风险控制意识并完善防控管理以降低风险发生概率。祁静静等（2018）则采用因子分析法对陕西省杨凌区农户的调研数据中得出结论，即自身还贷风险权重最大，为 0.341，提出要提升农户风险意识水平，使其合理规避风险。占治民和罗剑朝（2016）通过构建有序两步 Logistic –DEA 模型，对农地承包经营权抵押贷款环境风险控制、农户风险控制和机构风险控制总的控制效果进行量化评估，发现农地估价突破点、农户分类关键点和风险控制关节点是风险控制效果评估重点。

2. 风险预警方面

地方政府当面临财务困境时一般会过度依赖土地出让收入。为达到提前预防和控制风险的目的，地方政府土地财政风险预警就是对可能引发的行政、社会、生态、经济等风险进行预测和警报。当前国内研究集中于土地财政风险的理论（郑威和徐鲲，2015）、形成机理（程瑶，2009）、指标体系（李洋宇，2013）和研究方法等方面，少有文献系统研究地方政府土地财政风险预警。

在财政风险预警领域所采用的方法方面，AHP 评价法（杨志安和宁宇之，2014）、GARCH 模型、灰色 GM（1，1）模型（舒成，2010）、BP 神经网络（张明喜和丛树海，2009）和 RBF 神经网络（赵海华，2016）等方法均有应用，但鲜有文献将之用于地方政府土地财政风险预警中来。

孙志娟（2013）结合我国商业银行信贷风险管控过程中存在的问题，以灰色自校正 SAGM（1，1）模型为切入点，将之运用于商业银行信贷风险评估预警中，构建出一套符合我国银行业发展需要的信贷风险评估预警机制，尽力把握并有效评估商业银行信贷风险的走势，力争将风险规避在最小化。邹秀清等（2017）为评估土地财政风险状，采用 AHP - 熵值法计算得到地方政府土地财政风险指标的综合权重，研究结果发现土地财政总体风险在中警状态波动，经济风险和社会风险在本研究时间段内基本处于中警状态；生态风险有所波动，最终升至中警状态。

5.4.2　抵押物处置困难

土地作为金融机构的抵押物，王兴稳和纪月清（2007）认为影响农地经营权抵押贷款发放的关键因素是土地所提供的经济收益。如果土地的潜在经营价值和抵押物能够成功变现，那么农地经营权就能够成功抵押出去。银行确定贷款额度和利率的基础主要是通过评估土地的潜在经营价值，抵押物的成功变现能够调动银行放贷的积极性，并达到保障其债权的目的，若处置不当，将增加借款方的负担（王伟和温涛，2019），让农户和金融机构望而生畏（张秀生和单娇，2014）。由于农地经营权抵押贷款中的抵押物、农户金融素养以及农业生产这三者的特殊性（苏岚岚和孔荣，2019），给该业务带来不同于金融机构其他贷款业务的特殊风险，如果不能在具体实践操作中有效识别，将会给农业生产经营、农民正常生活及农村金融安全带来较为严重的负面影响（潘文轩，2015）。因此，当前农地经营权抵押贷款业务存在总体规模小、有效需求不足、政策力度强而市场推动弱等问题（苏岚岚等，2017），我国银行对农地经营权抵押贷款较为排斥（林乐芬和王军，2011；黄惠春和李静，2013）。

抵押物处置是金融机构涉足农地抵押贷款业务的最大担忧之一。商业银行发放农地经营权抵押贷款中是希望能够如期处置和变现抵押物，而不是出于土地经营的目的。然而，一方面，我国金融机构尚缺乏健全的处置原则、程序和机制，履约监管存在一定困难，违约惩罚机制有所缺失，银行在不良资产的处置过程中困难重重（贾晋和高远卓，2019）；另一方面，农地属于薄市场（郭忠兴等，2014），流动性和变现性较差，抵押农地价值低（罗兴和马九杰，2017），且处置农地花费的交易费用较高。抵押资产处置难已成为阻碍金融机构开展农地抵押贷款业务的首要原因，严重制约该业务的发展（陈菁泉和付宗平，2016），能否成功处置抵押物是影响土地要素市场失灵问题弥补（甄江和黄季焜，2018），扩大农地经营权抵押贷款规模的制约因素。

有学者对我国各试点地区的抵押物处置方面进行探讨，发现虽然各试点地区农地处置模式存在较大差异（汪险生和郭忠兴，2016），但汇总起来抵押物处置主要有转让、变更和变现三种形式（王珏和范静，2019）。处置策略有贷前抵押物"预处置"、组建新型农业经营主体协会作为抵押土地经营机构、利用平台公司处置或委托专业中介机构流转（周敏等，2019）、通过专业性农村产权收储公司进行收购处置、利用第三方组织基于熟人社会治理机制实现抵押农地的有效处置（陈东平和高名姿，2018），以及多方合作共同处置等（赵翠萍等，2015）。林乐芬和孙德鑫（2015）通过枣庄市案例分析发现抵押贷款违约后抵押物处置均未成功。土地租金交付方式不统一、评估方式不统一、相关法律制度缺位及土地流转市场不发达等问题仍影响着抵押物的处置（刘屹轩等，2019）。现有的几种风险分担及补偿模式也都存在一定的不足，如抵押物处置成本偏高，且变现难度大，易产生法律风险、时间成本风险等。伴随着农地抵押贷款法律风险的解除，贷款规模将逐步增大，第三方处置机构的介入会导致更大的潜在风险。

5.4.3　银政担分担风险不利

当前开展的农地经营权抵押贷款缺乏有效的风险分散措施（罗剑朝等，2003；王爱国，2016），需要建立有效的风险分担机制来缓解不良资产带给商业银行的压力（刘屹轩等，2019）。因此，众多学者提出建立健全多主体多层次的风险分担机制（唐德祥和岳俊，2015；杨林和王璐，2018），包括推进农业保险制度、地方财政出资建立抵押贷款风险补偿基金，以及由第三方为其提供信用担保（潘文轩，2015）。

当前农地经营权流转较弱、抵押期限较短、抵押价值较低，独立发挥抵押作用较为困难，需要其他形式的抵押担保进行增信（张龙耀等，2015）。担保作为一种信号传递机制，有助于缓解借贷双方的信息不对称（Besanko & Thakor，1987；Bester，1994），抑制逆向选择（Chan & Kanatas，1985；王霄和张捷，2003）与道德风险（平新乔和杨慕云，2009）。虽然有学者认为从交易成本经济学的视角来看，试点地区农地经营权抵押贷款中种种担保分担模式增加交易成本，并不是最有效率和最经济的制度设计

（唐薇和吴越，2012）。但综合考虑到农民社会保障和农地抵押流转成本，保证与抵押双重担保是平衡农地经营权抵押各方参与者和社会管理者利益的最佳模式。

虽然各试点地区依照自身的金融生态环境、融资机制及市场化程度，探索出多种银担合作分担风险的模式，如探索"政府担保基金 + 农地经营权抵押贷款""农业保险 + 农地经营权抵押贷款"以及"担保公司 + 农地经营权抵押贷款"等多种模式（黄惠春和陈强，2017）；"抵押物处置 + 共偿机制 + 保险机制"的多元化风险分担模式（王艳西，2019）；银证担或银证保模式，通过银行、地方政府和担保公司（保险公司）谈判设定风险分担比例（林一民等，2020）；引入相对可靠的担保机构以降低农地经营权抵押贷款风险的"担保机构担保模式"（黄惠春和徐霁月，2016）；成立村内农地抵押协会、农地经营权股份合作社或者土地合作社等反担保组织，由组织内成员相互担保分担风险的"成员互保模式"（陈东平等，2018）；成立农村综合产权交易中心将农地经营权流转给生产技术先进、资金实力雄厚的第三方，社会化农业经营风险的"风险分摊模式"（陈丹和高锐，2017）；鼓励保险公司和担保公司共同参与农地经营权抵押贷款的开展，建立起农村信贷与农业担保、农业保险相结合的"银保互动机制"（丁昆，2018）等。分析以上模式发现其都属于银担的分立式合作模式，即商业银行和涉农担保机构只是简单地共享部分信贷信息，两者各自为政，孤立运行，缺乏有效的协作。

部分试点地区引入风险补偿基金先行垫付一定比例的贷款，以降低金融机构的抵押融资风险。由于各试点地区政策具体实施情况不同，故风险补偿基金分担的比例均不一样。虽然学者们从多角度提出构建农地经营权抵押贷款的风险分担机制，但对确定合适的风险分担比例的研究较为鲜见。

5.5　本章小结

首先，本章从银行信贷决策角度出发构建博弈框架来对银行与新型农业经营主体的借贷行为进行动态博弈分析，从理论上推导出制约政府主导型农地经营权抵押贷款的关键问题。其次，以成都市温江区、崇州市两个试点地区的调研数据为样本对风险影响因素以及风险识别进行实证分析来验证数理推导中发现的关键问题。结果发现，风险是制约政府主导型农地经营权抵押贷款发展的关键问题，特别是法律法规、抵押物处置和风险分担三个方面。但当前法律法规层面的障碍已基本解除。最后，通过梳理农地经营权抵押贷款风险管理方面的文献，发现当前学者在风险测度与预警、抵押物处置困难以及风险分担三个关键问题方面的研究不足。

第6章 政府主导型农地经营权抵押 贷款风险的测度与预警

当前学者对于农地经营权抵押贷款风险已有较为准确和系统的认识，但也表现出以下不足：一是现有文献研究大部分是针对某一试点地区农户对农地经营权抵押贷款的认知进行调查或实证分析，缺乏宏观、中观研究视角，系统性不足；二是未考虑到政府主导型模式的异质性；三是研究方法的选取方面，大多学者通过测算不同风险权重借以对农地经营权抵押贷款各类风险进行度量，权重大都采取层次分析法、专家打分法等主观色彩浓重的方法，抑或是采用单一的因子分析法、熵值法等客观赋权法，鲜有学者采用主观客观权重组合赋权法来测度农地经营权抵押贷款风险权重，对于各风险评判值的研究较少；四是对风险预警研究不足。本章着力完善上述问题。

6.1 信用风险的仿真测度

由于我国农地经营权抵押贷款自2016年才开始试点，政府主导型农地经营权抵押贷款的数据较少，各个试点地区存在差异，数据异质性较大，简单地进行数据合并建模会引起估计结果出现偏差。因此，有必要结合小样本特征，运用仿真手段对政府主导型农地经营权抵押贷款的信用风险进行测度。

6.1.1 信用风险测度方法

1. 传统的信用风险评估方法

国内传统的信用风险研究评估的方法，主要有5C评估法、信用评分模型、专家评分法等，评价方法中最常使用的模型有回归分析模型、Logit

模型、CreditRisk 模型和 KMV 模型等，模型中最常使用的度量方法有 VaR
测度、ES 测度、熵测度和剩余熵测度等，这些模型都被总称为分类模型。
尽管这些模型已经得到广泛的应用，但是必须建立在大量准确的结构性数
据库的基础上，不仅计算量冗杂庞大，且当样本具有不完整、数量少的非
结构性数据时，这类方法几乎是寸步难行。对于小样本数据有现代化的数
据模型进行研究，比如典型判别分析法、投影寻踪判别分析法、多元判别
分析模型、遗传规划法、决策树模型和神经网络模型等多种多样，结合其
他领域类似模型的分析方法。

2. 决策树模型

决策树（decision tree）算法是基于数据的特征属性对数据样本进行分
类，主要包括昆兰（Quinlan）提出的 ID3（Interactive Dicremiser Version 3）
与 C4.5 和布雷曼（Breiman）等提出的分类与回归树（Classification and
Regression Tree，CART），是通过针对样本的特征属性进行分类的树形结
构。分别包括三类节点：根节点（root node），它是第一个特征属性，对
输入的数据样本进行集中测试，将根据不同的特征属性，将数据样本划分
到不同的子集；到达内部节点（internal node），即非叶子节点，它也是特
征属性，有一条进入的渠道和两条出去的渠道，然后继续分类；直到达到
类别，即叶子节点（leaf node），每个叶子节点都属于同一类，才算遇到
树的"边缘"为止，增长到一棵完整的树（见图 6 - 1）。杨学兵和张俊
（2006）认为决策树是目前应用最为广泛的归纳推理算法之一。相比较神
经网络而言，决策树是一个可以同时处理常规数据和数据型数据的白盒模
型，如果给定一个观察模型，很容易得到相对应的逻辑模型。宋文
（2013）认为决策树在理解和实现方面更具有优势，在相对短的时间内能
够对数据源做出可行且效果良好的结果。

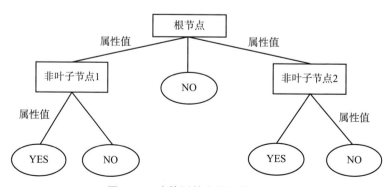

图 6 - 1　决策树基本简单模型结构

采用 ID3 型算法来定义特征属性的选择。该算法可以最大化地选择特征，通过信息熵的度量，在特征选择的推演过程中计算出每个特征的信息增益，选择最大的信息增益的特征进行分裂，就可以自主选择较优特征。对于设定的阈值，当最大信息增益小于阈值时，认为此类别不具有较优分类的能力特征，将不再继续往下。由于数据量较少、训练库较小，运算采用人工选择的方法和决策树自主选择相结合，在输入之时，先筛选一部分特征属性，所以决策树模型的预测准确性可能不尽如人意。

3. 神经网络仿真模型

神经网络（Artificial Neural Network，ANN）是指通过计算机模拟细胞生物在生理上作出反应时，神经元与神经元之间传递信息的方式，将接收器部分、处理信号部分——大脑、反应器部分三部分连接成网络的结构，将其功能及基本特征进行理论抽象和模拟，由计算机组织构成的信息处理网络系统，形成分散处理，对不同类别信息，先进行学习，建立信息网络，再运算检验通路符合条件的模式。主要是具备非线性映射、自主学习和较强容错性的特点，可以对应多变的运作环境。

而 BP 神经网络是基于反向传播算法（back-propagation），是一种基于误差反向传播算法的多层前馈网络，它的改良后的学习过程包括前向传播和后向传播。在传播的过程中，不是将第一个信息建立成信息通路后，后面所有信息都通过原路径，而是运用反向传播机制，在传播途中修正网络路径，使得该路径对于数据样本有更高的适应性。在结构中采用的 Sigmoid 可微传递函数，可微必可导，该函数具有平滑曲线非线性对应的特点，可以充分实现输入值与输出值间的任意的非线性映射。

BP 网络是由两个输入层、若干隐含层以及两个输出层构成。各层分析由若干神经元构成，输入值、作用函数和阈值决定着每一个节点的输出值。BP 神经网络有两种传播方式：信息正向传播和误差反向传播。在正向传播过程中，通过所选择的函数，输入模式从输入层经隐单元层逐层处理后转向输出层，下一层神经元的状态只受上一层神经元的状态的影响，是单向固定的，若期望的输出不能在输出层得到，则转入反向传播，误差信号将沿原来的连接通路返回；通过修改各神经元的权重和阈值，当通过错误的反向传播连续更新连接权重和阈值时，响应于输入信息的整个网络的准确度得到改善，最后函数计算的输出值与目标进行比较使得误差信号最小。如此循环直到输出的结果符合精度要求为止。

简单的理解人工神经网络中的神经元实际上是一个最简单的逻辑回归模

型，它将每个输入的值进行多元线性组合后，再用 Sigmoid 类型函数进行一次映射，取值 0～1，得到一个看起来像"概率"的数值。该数值实际上的物理意义是"该神经元经过输入层函数输入后，再到输出层的信号的强度"。该信号强度有一个取值范围是可以理解的，如果强度太大，大脑处理器可能会被"烧坏"。最基本的三层 BP 神经网络结构如图 6 – 2 所示。

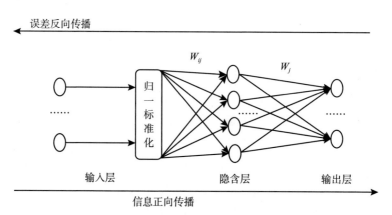

图 6 – 2　基本三层神经网络结构

对于隐含层与输出层的神经元 j，其输出 O_j 由式（6 – 1）决定：

$$f_j(Net_j) = f_j(\sum \omega_{ij} x_i + \theta_j) \qquad (6 – 1)$$

其中，f_j 为神经元 j 对应激发函数。使用修正线性单元（Rectified Linear Unit，ReLu）函数（见图 6 – 3）对输入层与隐藏层的联系进行激活；θ_j 为神经元 j 的阈值；x_i 为对应神经元 j 的输入；ω_{ij} 为对应输入 x_i 与神经元 j 的连接权值。

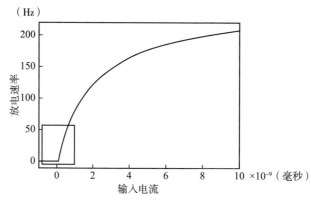

图 6 – 3　ReLu 函数激活模型

假设一个神经元接收的输入是 n 个，用一个长度为 n 的一维向量表示 $\boldsymbol{x} = (x_1, x_2, x_3, \cdots, x_n)$，第一层的节点的输入向量是 $\boldsymbol{x}_0 = (x_{01}, x_{02}, x_{03}, \cdots, x_{0i}, 1)$。"$\boldsymbol{x}_0$" 中的 0 表示网络的层数，$i$ 表示第 i 层网络节点的输出组成的一维向量，权重 $\omega_{1\_1} = (\omega_{1\_1\_1}, \omega_{1\_1\_2}, \omega_{1\_1\_3}, \cdots, \omega_{1\_1\_n}, \theta_{1\_1\_1})$，同理，第一个数字表示节点所在的网络的层序号，第二个数字表示结束层序号，第三个数字表示边的出发点在那一层的序号。$\theta_{1\_1\_1}$ 是第 1 层第 1 个神经元对背景噪声信号的加权。那么，该节点的输出值为

$$O_1 = \text{sigmoid}\left(\sum \omega_{11} x_0 + \theta_1\right) = \text{sigmoid}(\omega_{1\_1\_1} \times x_{01}, \omega_{1\_1\_2} \times x_{02},$$

$$\omega_{1\_1\_3} \times x_{03}, \cdots, \omega_{1\_1\_n} \times x_{0n} + \theta_{1\_1\_1}) \tag{6-2}$$

图 6 - 3 是输入层采用的 sigmoid 类型函数——ReLu 函数，其中横轴是时间，纵轴是神经元的放电速率，从方框中可以看到，ReLu 函数的特点是可以在短时间内达到稳健的放电速率，在少量的样本集中，能够快速构成可信的神经网络，非常适合数据样本的特征。

6.1.2 数据来源与变量说明

调研过程的说明见 "2.2.2 八个阶段的实地调研情况" 的第四阶段。其中违约笔数为 1，违约率为 0.4%。由于调研地区的农地经营权抵押贷款为政府主导型，每一笔贷款都是由政府第三方机构进行风险分担补助，大大降低违约率，相关贷款指数不完全受市场调控，因此不使用已经违约的业务数量与贷款发生数量比（0.4%）作为检验实际违约率来判断模型的准确性，而是使用农业经营主体的家庭资产负债比作为在模型中是否拒绝贷款的标准，即后面所述的违约率。在 249 个有效样本中，66 户家庭还款能力较弱，可假设违约率为 26.50%。

进入输入层的主要特征变量见表 6 - 1。

表 6 - 1 　　　　　　　　　　　　主要特征变量

特征类型	信息特征	资产负债特征	贷款特征
控制变量	性别 年龄 学历	家庭人口与劳动力人口比 社会关系 经营年限 经营主体类型 收入来源 家庭总收入	抵押物估值 贷款金额 贷款利率 贷款期限

使用上述变量来度量家庭资产负债比以确定农业经营主体是否拒绝贷款。由于神经网络需要用到机器二进制语言，所以首先对原始数据进行数据结构化。

把特征变量中的类别信息转化成数值信息，具体如下：年龄分为：1 = 35 岁（含 35 岁）以下，2 = 35 ~ 45 岁，3 = 45 岁（含 45 岁）以上；学历分为：1 = 小学，2 = 初中，3 = 高中/中专，4 = 大学本科/大专；收入来源分为：1 = 种植型，2 = 养殖型，3 = 外出务工型，4 = 个体经商，5 = 其他；经营主体类型分为：1 = 合作社，2 = 家庭农场，3 = 龙头企业，4 = 专业大户，5 = 散户；还债能力分为：1 = 较弱，2 = 正常；银行信贷融资则是说明模型估计是否拒绝：0 = 拒绝，1 = 接受。结构化的数据类型见表 6 - 2。

表 6 - 2　　　　　　　　　结构化的数据类型

num	gender	age	study	family	labor	source	asset	income	valuation	loan	type	receive
21	1	1	4	4	2	1	40	30	10	10	5	1

如第 21 个样本数据为：x_{21} = (1, 1, 4, 4, 2, 1, 40, 30, 10, 10, 5)，其中收入来源和经营主体类型的分类是不具有序列差异的，只是某个类型的代码，为避免将这种大小关系带入模型计算，采取矩阵进行标记，将经营主体类型做成矩阵数据类型，整个特征矩阵框架就变成数组，见表 6 - 3。

表 6 - 3　　　　　　　　　数据矩阵特征

经营主体类型	代表矩阵
1 = 合作社	(1, 0, 0, 0, 0)
2 = 家庭农场	(0, 1, 0, 0, 0)
3 = 龙头企业	(0, 0, 1, 0, 0)
4 = 专业大户	(0, 0, 0, 1, 0)
5 = 散户	(0, 0, 0, 0, 1)

整理后的数列类型见表 6 - 4。

表 6 - 4　　　　　　　　　　　　$X[0]$ 的数列矩阵

数列矩阵	数值
array(X)	$[$ - 6. 48885685e - 01, - 2. 82842712e - 01, 1. 69030851e + 00, 1. 18251325e + 00, 8. 03530433e - 01, 1. 42917635e + 00, - 8. 40401710e - 01, - 1. 15639733e - 01, - 3. 34884469e - 01, - 1. 10786926e - 01, - 4. 62254450e - 01, - 8. 74474632e - 01$]$

在有 h 个定性变量的情况下，在模型中引入 $h - 1$ 个虚拟变量，否则引入虚拟变量个数与定性因素个数相同会出现模型无法估计的问题。因此，删除第 0 列，以避免落入虚拟变量陷阱。

6.1.3　实证分析

1. 决策树模型仿真

上述数据列经过预处理甄别后，利用 Python 进行决策树运算。在现实运算中如果数据量足够大、机器学习模型足够复杂，可以跳过该步骤，让模型来反馈对不同自变量的权重，识别对结果的影响，最终决定是否进入决策树。但是由于数据样本较少，所以需要手动筛选特征。

运算结果见表 6 - 5。

表 6 - 5　　　　　　　　　　决策树运算结果

结果	准确率（precision）	召回率（recall）	f_1 分数（f_1 - score）	测试集（support）
0	0. 50	0. 33	0. 40	11
1	0. 78	0. 64	0. 70	41
总体	0. 65	0. 57	0. 60	52

经检测，决策树模型在训练集上表现一般：总体准确率为 0. 65，召回率为 0. 57，f_1 分数为 0. 6。在测试集中，该模型拒绝 11 个样本，推算出的违约率为 21. 15%，而实际违约率为 26. 50%，准确性相差 20. 19%。因此，该模型的判断力有限。

2. 神经网络模型仿真

首先，将输入层的神经元数量加上输出层神经元数量，除以 2 后取整，得出 6 个神经元数量。其次，搭建神经网络层，特征矩阵共 11 列，使用 ReLu 激活函数来搭建 3 个隐藏层，隐藏层里的每一层设置 6 个神经元。最后，用 SoftMax 激活函数来搭建 2 个输出层。

生成模型结构如图 6 - 4 所示，进行训练集拟合。

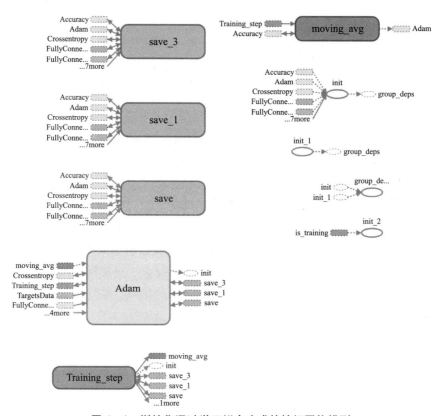

图 6 - 4　训练集通过学习拟合生成的神经网络模型

训练集拟合结果发现，神经网络训练集的损失率（Loss）为 0.68 左右，略微有点高，主要原因是数据样本过少。加入测试集进行仿真模拟测试，神经网络模型测试集的拟合准确率为 78.57%，共计拒绝 14 个样本数据，违约率为 26.92%，接近于实际违约率 26.50%，准确性相差 1.58%，该模型在实际数据中的判断力较好。

3. 两个模型结果对比分析

将决策树模型与神经网络模型的违约率可视化输出，以直观对比两个模型的效果，见表 6 - 6。

表 6 - 6		违约率对比	
指标	实际样本	决策树模型	神经网络模型
违约率/(%)	26.50	26.92	21.15

对比发现，两个模型预测结果较实际值的波动均在 20% 可接受范围内，具有实际意义。

下面将决策树模型与神经网络模型的损失率和准确率变化结果输出，如图 6-5 和图 6-6 所示。其中浅色折线代表决策树模型的变化，深色折线代表神经网络模型的变化。

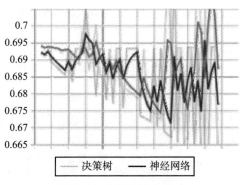

图 6-5　损失率变化曲线

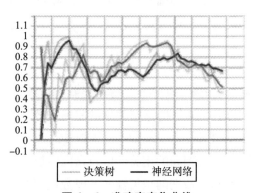

图 6-6　准确率变化曲线

对比发现，两个模型的损失率变化均随样本数量的增多而逐渐降低，其中神经网络模型的损失率在数值上更低于决策树模型；准确率均随样本数量的增加而逐渐平缓，其中神经网络模型的表现显著更优。

6.2　基于支持向量机的信用风险预警

6.2.1　确定信用风险预警区间

1. 设置信用风险预警警度

对政府主导型农地经营权抵押贷款信用风险预警设置安全、低风险、中等风险以及高风险4个警度类型，详见表6-7。

表6-7　政府主导型农地经营权抵押贷款信用风险预警警度及其解释

警度级别	警度类型		解释
1	正常	安全	借款人还款能力强，农地经营权抵押贷款信用风险极小，可忽略不计
2		低风险	存在一定的农地经营权抵押贷款信用风险，可能对银行和担保机构就该业务的绩效有所影响，但风险可控
3	警戒	中等风险	银行和担保机构可能遭受一定损失，若不及时采取措施，农地经营权抵押贷款信用风险将继续恶化
4	危机	高风险	农地经营权抵押贷款信用风险大，银行、担保机构以及政府遭受严重损失，若未及时处理，将影响其他业务的正常开展

2. 界定信用风险预警警限

常见的客观赋权法主要有熵权法、标准离差法和基于指标相关性的指标权重确定法3种。其中，基于指标相关性的指标权重确定法（Criteria Importance Through Inter Criteria Correlation，CRITIC）（D Diakoulaki，1995）的基本思想是依据指标数据间的相关性以及指标内部的变异程度确定各指标客观权数，既顾及指标数据的相关性又考虑数据间的对比强度，减少人为主观赋权所带来的误差，且相对于仅考虑指标变异程度的熵权法和标准离差法等更具优势。

因此，采用CRITIC法确定筛选后的各主要影响因素的权重，并在此基础上设计出政府主导型农地经营权抵押贷款信用风险预警的警限，以确保预警的灵敏性。使用CRITIC法具体包括以下步骤。

（1）计算判断矩阵 $\boldsymbol{P} = (p_{ij})_{mn}$ 中各个指标的标准差 σ_j 以及相关系数矩阵 $\boldsymbol{R} = (r_{st})_{mn}$。其中，$p_{ij}$ 表示第 i 笔贷款的第 j 项指标的数值，r_{st} 表示指标 s 和指标 t 之间的相关系数，m、n 分别为贷款数量和指标数量。

（2）计算相应的各指标所包含的信息量为

$$C_j = \sigma_j \sum_{i=1}^{m} (1 - r_{ij}) \tag{6-3}$$

其中，r_{ij} 表示第 i 笔贷款的第 j 项指标的相关系数。

（3）计算各个指标的权重为

$$W_j = \frac{C_j}{\sum\limits_{j=1}^{n} C_j} \tag{6-4}$$

（4）求解各笔贷款的信用风险分值为

$$F_i = \sum_{j=1}^{n} W_j p_{ij} \tag{6-5}$$

建立预警集 $A = \{$安全，低风险，中等风险，高风险$\}$，根据分值划分区间为

$$\left[F_{\min}, \ F_{\min} + \frac{F_{\max} - F_{\min}}{4} \right], \ \left[F_{\min} + \frac{F_{\max} - F_{\min}}{4}, \ F_{\min} + \frac{F_{\max} - F_{\min}}{2} \right]$$

$$\left[F_{\min} + \frac{F_{\max} - F_{\min}}{2}, \ F_{\min} + \frac{3(F_{\max} - F_{\min})}{4} \right], \ \left[F_{\min} + \frac{3(F_{\max} - F_{\min})}{4}, \ F_{\max} \right]$$

从而确定政府主导型农地经营权抵押贷款信用风险预警区间。

6.2.2　构建信用风险预警模型

由于政府主导型农地经营权抵押贷款信用风险的各影响因素之间呈高度非线性特征，故选取支持向量机作为信用风险预警模型。

支持向量机（Support Vector Machine，SVM）是一种由万普尼克等（Vapnik et al.）于1995年首先提出的机器学习方法，其基本思想是在构造非线性映射函数后，将原始数据从输入空间映射到特征空间进行衡量。SVM在解决非线性、小样本、高维数以及局部极小点等模式识别中优势突出，且不易发生陷入局部最优解和过度拟合等一系列问题。具体计算包括以下步骤。

（1）设贷款集为 (x_i, y_i)，其中，$\boldsymbol{x}_i \in R^n$ 表示 n 维贷款输入向量，$y_i \in R$ 表示贷款输出向量。构造SVM的估计函数为

$$f(x) = \omega \varphi(x) + b \tag{6-6}$$

其中，$\varphi(x)$ 为非线性映射函数；ω、b 分别为权重和偏置向量。

（2）使用优化函数优化目标值，即

$$\min \frac{1}{2}\omega^2 + \frac{1}{2}c\sum_{i=1}^{n}(\xi_i + \xi_i^*)$$

$$\text{s. t.} \begin{cases} w\varphi(x) + a - y_i \leqslant \varepsilon + \xi_i \\ y_i - w\varphi(x) - b \leqslant \varepsilon + \xi_i \\ \xi_i,\ \xi_i^* \geqslant 0(i=1,\ \cdots,\ n) \end{cases} \quad (6-7)$$

其中，$c > 0$ 为惩罚因子；ξ_i 和 ξ_i^* 为松弛因子；ε 为不敏感损失函数参数。

（3）引入拉格朗日乘子（Lagrange multiplier）$\alpha = (\alpha_i,\ \cdots,\ \alpha_n)$，得拉格朗日函数为

$$L(w,\ b,\ \alpha,\ \alpha^*) = \frac{1}{2}\omega^2 + \frac{1}{2}c\sum_{i=1}^{n}(\xi_i + \xi_i^*) - \sum_{i=1}^{n}\alpha_i[\varepsilon + \xi_i - y_i + w\varphi(x) + b]$$

$$- \sum_{i=1}^{n}\alpha_i^*[\varepsilon + \xi_i^* - y_i + w\varphi(x) + b] - \sum_{i=1}^{n}(\beta_i\xi_i + \beta_i^*\xi_i^*)$$

$$(6-8)$$

其中，$\alpha_i,\ \alpha_i^* \geqslant 0,\ \beta_i,\ \beta_i^* \geqslant 0$。

（4）将式（6-7）的最小化问题转化为对偶问题的最大化问题，得 SVM 的决策函数为

$$f(x) = \sum_{i}^{1}(\alpha_i - \alpha_i^*)K(x_i,\ x_j) + \bar{b} \quad (6-9)$$

选用具有较好泛化能力的径向基核函数（Radial Basis Function，RBF）作为核函数，即

$$K(x_i,\ x_j) = \exp\left(\frac{-x_i - x_j^2}{2\sigma^2}\right),\ \sigma > 0 \quad (6-10)$$

6.2.3　实证分析

1. 政府主导型农地经营权抵押贷款信用风险预警

使用 CRITIC 法，根据式（6-5）得到每笔贷款的信用风险分值，并据此形成对应安全、低风险、中等风险以及高风险警度类型的预警区间，并用数字 1、2、3 和 4 分别代表政府主导型农地经营权抵押贷款信用风险警度级别。

5.3.1 节筛选出影响政府主导型农地经营权抵押贷款信用风险的主要影响因素，基于表 5-5 的计算结果，从大到小依次选取灰色关联度排名前六的指标（分别为流入农地面积、家庭总资产、家庭年净收入、经营主体类型、有无担保和作物价格波动）作为预警模型的输入，以 1、2、3 和

4 共四级警度作为输出。同时，使用 libsvm - 3.23 工具箱，结合网格搜索和交叉验证方法，运用 GRA - SVM 模型进行政府主导型农地经营权抵押贷款信用风险预警，结果见表 6 - 8。

表 6 - 8　　　　政府主导型农地经营权抵押贷款信用风险预警区间

警度级别	警度类型	预警区间	贷款笔数比例/(%)
1	安全	[0.1907, 0.3179)	22.18
2	低风险	[0.3179, 0.4452)	41.25
3	中等风险	[0.4452, 0.5724)	33.83
4	高风险	[0.5724, 0.6996]	2.74

表 6 - 8 显示成都试点地区的农地经营权抵押贷款信用风险普遍不高。原因在于借款人多为规模化生产经营的种养大户、专业合作社和龙头企业，一般未来收益相对稳定，还款资金较为充足。下面分别对处于安全和低风险、中等风险和高风险两类区间的贷款进行描述性统计，结果见表 6 - 9。

表 6 - 9　　　　　　　　不同风险区间的变量描述性统计

指标	均值		标准差	
	安全与低风险	中等风险与高风险	安全与低风险	中等风险与高风险
流入农地面积	311.0556	35.7514	7.7159	5.7179
经营主体类型	3.5676	1.2778	0.6985	0.4917
家庭总资产	126.4054	38.3056	8.1830	6.1665
家庭年净收入	32.8919	9.7778	1.6127	1.1680

结果发现，处于安全与低风险区间的贷款在指标方面明显优于处于中等风险与高风险区间的贷款。前者多以流入 100 亩以上农地的种养大户、专业合作社和龙头企业为主，后者多以流入 100 亩以下农地的传统小农户和家庭农场为主，说明规模化生产经营有助于降低政府主导型农地经营权抵押贷款的信用风险。

2. GRA - SVM 预警模型性能评价

采用准确率、灵敏度和特异度（李杰等，2018）三个指标对 GRA - SVM 预警模型进行评价，分别定义为

$$准确率 = \frac{TN + TP}{TN + TP + FN + FP} \qquad (6 - 11)$$

$$灵敏度 = \frac{TP}{TP + FN} \qquad (6 - 12)$$

$$特异度 = \frac{TN}{TN + FP} \qquad (6 - 13)$$

其中，TN、TP、FN 和 FP 分别表示正确识别安全和低风险贷款的数量、正确识别中等风险与高风险贷款的数量、安全和低风险贷款被误报的数量和中等风险与高风险贷款被误报的数量。一个风险预警效果优良的模型应同时满足较高的准确率、灵敏度和特异度。

为了更好地验证基于 GRA - SVM 模型的政府主导型农地经营权抵押贷款信用风险预警效果，将未经过信用风险影响因素筛选的 SVM 与之进行对比。根据前述评价准则，使用交叉验证的方法计算准确率、灵敏度和特异度的均值，结果见表 6 - 10。

表 6 - 10	模型结果对比		单位：%
模型	准确率	灵敏度	特异度
SVM	65.41	78.62	68.14
GRA - SVM	72.26	84.73	73.10

结果表明，GRA - SVM 在准确率、灵敏度和特异度三方面均高于单独使用的 SVM，更适用于政府主导型农地经营权抵押贷款信用风险的预警。

6.2.4 结论分析

（1）成都试点地区农地经营权抵押贷款的信用风险普遍不高：约有 63.43% 的农业经营主体处于安全和低风险即正常状态，仅有 2.74% 的农业经营主体处于高风险的危机状态，但 33.83% 的农业经营主体处于中等风险的警戒状态的结果表明其信用风险亦不容忽视。

（2）异质性农户的信用风险存在差异。与流入 100 亩以下农地的传统小农户和家庭农场相比，流入 100 亩以上农地的种养大户、专业合作社和龙头企业等新型农业经营主体的信用风险较低，更适合办理政府主导型农地经营权抵押贷款。

（3）相较于单一的 SVM 模型，基于 GRA - SVM 模型的政府主导型农地经营权抵押贷款信用风险预警的总体性能较好，能适用于信用风险的预警。

6.3　基于类高斯型隶属度函数的风险预警

6.3.1　确定风险指标预警区间

各风险指标的警戒值就是临界值，当风险指标值超过或低于临界值时，风险预警系统就会报警进行提示。按照"严格评价"原则，根据误差理论，采用 3σ 原则，按照指标超过所取样本均值标准差的幅度不同，确定各指标的安全区间。定义各风险指标的警戒值 X_i 为各指标均值 E_i 加上 K 倍的标准差 σ_i，即 $X_i = E_i + K\sigma_i$（杨君慧，2010）。

1. 定量指标预警区间的确定

当 $E_i - \sigma_i \leqslant x_i \leqslant E_i + \sigma_i$ 时，指标运行安全，无警状态；当 $E_i - 2\sigma_i \leqslant x_i \leqslant E_i - \sigma_i$ 或 $E_i + \sigma_i \leqslant x_i \leqslant E_i + 2\sigma_i$ 时，指标运行风险轻微，轻度预警状态；当 $E_i - 3\sigma_i \leqslant x_i \leqslant E_i - 2\sigma_i$ 或 $E_i + 2\sigma_i \leqslant x_i \leqslant E_i + 3\sigma_i$ 时，指标运行风险较大，重度预警状态；当 $x_i < E_i - 3\sigma_i$ 或 $x_i > E_i + 3\sigma_i$ 时，指标运行风险严重，危机状态。

2. 定性指标预警区间的确定

由于定性指标的相对主观性与不精确性，选取 1 倍标准差来确定预警区间。正向指标预警区间的确定如下所述，逆向指标预警区间与正向指标相反。

（1）当 $x_i > E_i + \sigma_i$ 时，指标运行安全，无警状态。经济繁荣，相关行业制度完善、清晰且执行有效，法律法规健全，政策稳定，农业经营主体信用高，农业生产效益优异，政府、银行和担保组织无风险。

（2）当 $E_i < x_i \leqslant E_i + \sigma_i$ 时，指标运行风险轻微，轻度预警状态。经济稳定增长，制度基本完善，并积极主动实施，法律法规基本健全，政策较为稳定，农业经营主体信用较高，农业生产效益良好，政府、担保组织有轻微风险。

（3）当 $E_i - \sigma_i < x_i \leqslant E_i$ 时，指标运行风险较大，重度预警状态。经济衰退，制度已建立，但执行较差，或制度不完善，法规不健全，政策不稳定，农业经营主体信用较差，农业生产效益不佳，政府、银行和担保组织有较大风险。

（4）当 $x_i \leqslant E_i - \sigma_i$ 时，指标运行风险严重，危机状态。经济萧条，制

度尚未建立，法律法规缺失，政策极不稳定，农业经营主体信用差，农业生产效益差，政府、银行和担保组织有严重风险。

3. 政府主导型农地经营权抵押贷款各风险指标预警区间结果

根据"2.2.2　八个阶段的实地调研情况"的第三阶段调研以及收集的2018年末的宏观经济数据，基于3σ原则，按照指标超过所取样本均值标准差的幅度不同，确定各风险指标的预警区间①，见表6-11。

表6-11　　　成都市农地经营权抵押贷款各风险指标的预警区间

风险指标	预警级别			
	无警	轻警	重警	危机
第一产业GDP增长率/（%）	[3.1, 3.8]	[2.7, 3.1)，(3.8, 4.1]	[2.4, 2.7)，(4.1, 4.6]	⟨2.4,⟩4.6
农村CPI指数	[101.1, 101.9]	[100.7, 101.1)，(101.9, 102.3]	[100.3, 100.7)，(102.3, 102.7]	⟨100.3,⟩102.7
农业景气指数	[100.3, 101.8]	[99.5, 100.3)，(101.8, 102.5]	[98.7, 99.5)，(102.5, 103.3]	⟨98.7,⟩103.3
农产品生产价格指数	[96.9, 99]	[95.9, 96.9)，(99, 100]	[94.9, 95.9)，(100, 101.1]	⟨94.9,⟩101.1
信用体系健全程度	(3.9, 5]	(2.5, 3.9]	(1.1, 2.5]	[1, 1.1]
政策稳定程度	(4.2, 5]	(3.2, 4.2]	(2.2, 3.2]	[1, 2.2]
土地产权完善程度	(3.7, 5]	(2.9, 3.7]	(2.1, 2.9]	[1, 2.1]
国家支持程度	(4.2, 5]	(3.6, 4.2]	(3, 3.6]	[1, 3]
风险补偿基金健全程度	(4.4, 5]	(3.8, 4.4]	(3.2, 3.8]	[1, 3.2]
政策性担保公司完善程度	(3.9, 5]	(3.1, 3.9]	(2.3, 3.1]	[1, 2.3]
政策可持续性	(3.8, 5]	(2.9, 3.8]	(2, 2.9]	[2, 3]
宣传力度	(3.7, 5]	(3.2, 3.7]	(2.7, 3.2]	[1, 2.7]
作物波动幅度	(3.2, 5]	(2.3, 3.2]	(1.4, 2.3]	[1, 1.4]
农业生产经验	(4.9, 5]	(3.7, 4.9]	(2.5, 3.7]	[1, 2.5]

---

① 各样本的同一定性指标评分平均后为各定性指标Likert值，规定各定性指标风险值浮动区间为[1, 5]，小于1的按1处理，大于5的按5处理。

风险指标	预警级别			
	无警	轻警	重警	危机
自然灾害发生频率	(4.7, 5]	(3.7, 4.7]	(2.7, 3.7]	[1, 2.7]
收入来源	(4.5, 5]	(3.1, 4.5]	(1.6, 3.1]	[1, 1.6]
还款能力	(4.9, 5]	(3.8, 4.9]	(2.7, 3.8]	[1, 2.7]
正规金融借贷经历	(3.6, 5]	(2.4, 3.6]	(1.2, 2.4]	[1, 1.2]
与专业处置企业合作程度	(4.5, 5]	(3.9, 4.5]	(3.3, 3.9]	[1, 3.3]
农村产权转让及交易市场成熟度	(3.5, 5]	(2.4, 3.5]	(1.3, 2.4]	[1, 1.3]
解决相关问题的及时情况	(4, 5]	(3.2, 4]	(2.4, 3.2]	[1, 2.4]
相关培训有效程度	(3.3, 5]	(2.5, 3.3]	(1.7, 2.5]	[1, 1.7]
风险制度完善程度	(4, 5]	(3.1, 4]	(2.2, 3.1]	[1, 2.2]
贷款担保风险	(3.6, 5]	(2.4, 3.6]	(1.2, 2.4]	[1, 1.2]
抵押物评估风险	(3.9, 5]	(2.9, 3.9]	(1.9, 2.9]	[1, 1.9]

6.3.2　构建风险预警模型

政府主导型农地经营权抵押贷款风险状况错综复杂，各风险因素之间还存在联系，难以使用精确的数学方法进行实证分析。因此，采用非线性模糊综合评价法对其进行研究。

1. 确定评判集 V

评判集 V 划分为四个评判等级，评分区间按百分制均分为四个区间，分值越大表示安全程度越高，如表 6-12 所示。

表 6-12　政府主导型农地经营权抵押贷款风险预警级别评分说明

综合评判值（B 值）	预警级别	说明
0 ~ 25	危机	农地经营权抵押贷款风险极大，宏观经济萧条，银行和担保组织及政府损失严重，这种损失对三者的生存发展构成严重威胁
25 ~ 50	重警	农地经营权抵押贷款风险控制和管理方面出现较大问题，经济衰退，但对地方政府、银行和担保组织持续经营不构成致命威胁，必须及时采取防范措施止损，严防风险的进一步扩大

综合评判值 （B 值）	预警级别	说明
50 ~ 75	轻警	农地经营权抵押贷款风险状况一般，经济增长平稳，损失不明显，对地方政府、银行和担保组织的持续经营不构成重大影响，二者有能力控制该风险
75 ~ 100	无警	农地经营权抵押贷款风险控制较好，经济发展繁荣，借款人还款能力强，银行和担保公司盈利水平较高

2. 确定单因素的隶属度

隶属度可用于衡量风险指标体系中各指标与风险之间的关系，隶属度函数构造的质量直接决定着评价体系的好坏。隶属度函数分为线性隶属度函数和非线性隶属度函数。其中，线性隶属度函数假定指标的评价值与实际值之间呈现线性关系，虽然有计算简便的优点，但通常与实际情况有较大差距从而导致得到的结果有较大的误差；非线性隶属度函数适合评价含有多属性且具有非线性模糊特征评价对象，通常包括指数型函数、高斯型函数等，虽然评价结果更为准确和科学，但计算难度较大。若采用高斯型隶属度函数确定单个风险因素的隶属度，需要把指标划分为正向型和逆向型。其中，正向型指标的指标值越大越好，逆向型指标的指标值则越小越好（赵爱玲等，2014）。

$$R_P(x) = a \times e^x + b \qquad (6-14)$$

其中，x 是指标值；a、b 是待定系数。

逆向型指标的隶属度函数为

$$R_N(x) = c \times x^{-1} + d \qquad (6-15)$$

其中，x 是指标值；c、d 是待定系数。

假设每项指标的最大值为 m，最小值为 n。对于正向型指标，当 $x = m$ 时，令 $R_p(x) = 1$；当 $x = n$ 时，令 $R_p(x) = 0$。由式（6-14）得联立方程为

$$\begin{cases} a \times e^m + b = 1 \\ a \times e^n + b = 0 \end{cases} \qquad (6-16)$$

求解可得：$a = \dfrac{1}{e^m - e^n}$，$b = \dfrac{e^n}{e^m - e^n}$。

则正向型指标的隶属度函数为

$$R_P(x) = \frac{1}{e^m - e^n} \times e^n - \frac{e^n}{e^m - e^n} \tag{6-17}$$

同理,利用式(6-15)得联立方程为

$$\begin{cases} c \times m^{-1} + d = 1 \\ c \times n^{-1} + d = 0 \end{cases} \tag{6-18}$$

求解可得:$c = \dfrac{m \times n}{m - n}$, $d = -\dfrac{n}{m - n}$。

故逆向型指标的隶属度函数为

$$R_N(x) = \frac{m \times n}{m - n} \times x^{-1} - \frac{n}{m - n} \tag{6-19}$$

根据式(6-17)和式(6-19),计算得到宏观风险及其他组织的风险指标中三级指标隶属度和地方政府、农业经营主体的风险及银行的风险指标中四级指标隶属度,分别用 R_{Ai}、R_{Bi}、R_{Ci}、R_{Bij} 和 R_{Cij} 表示。其中,A 代表宏观风险下的指标,B 代表中观风险下的指标,C 代表微观风险下的指标,i 是三级指标的个数,j 是各三级指标中所含有的四级指标的个数。

6.3.3　实证分析

采用"2.2.2　八个阶段的实地调研情况"的第三阶段的调研数据及收集的 2018 年末宏观经济数据,利用式(6-18)和式(6-19)确定相应风险指标的隶属度。结合表 6-12,确定出各风险指标的预警级别见表 6-13。

表 6-13　　成都市农地经营权抵押贷款风险指标值、隶属度及其预警级别

风险指标	指标值	隶属度	预警级别
第一产业 GDP 增长率/(%)	3.9	1	轻警
农村 CPI 指数	101.6	0.4102	无警
农业景气指数	100.5	0.039	无警
农产品生产价格指数	98.6	0.3461	无警
信用体系健全程度	3.7	0.7272	轻警
政策稳定程度	4	0.6374	轻警
土地产权完善程度	3.4	1	轻警
国家支持程度	4.2	1	轻警
风险补偿基金健全程度	3.6	0.5369	重警

风险指标	指标值	隶属度	预警级别
政策性担保公司完善程度	4.3	0.7643	无警
政策可持续性	3.5	0.4784	轻警
宣传力度	3.4	0.5826	轻警
作物波动幅度	2.1	0.4074	重警
农业生产经验丰富度	4.1	1	轻警
自然灾害发生频率	4.3	0.1256	轻警
收入来源	3.8	0.3838	轻警
还款能力	4.5	0.7828	轻警
正规金融借贷经历	3.7	0.898	无警
与专业处置机构合作程度	4.4	0.7594	轻警
农村产权转让及交易市场成熟度	2.7	1	轻警
解决相关问题的及时度	3.7	0.6753	轻警
相关培训有效程度	2.3	0.1918	重警
风险管理制度完善程度	3.7	1	轻警
贷款担保风险	2.4	0.7873	重警
抵押物评估风险	3	0.5281	轻警

四级指标模糊评判值：

$$B_{Bij} = W_{Bij} \times R_{Bij}, \quad B_{Cij} = W_{Cij} \times R_{Cij}$$

三级指标模糊评判值：

$$B_{Ai} = W_{Ai} \times R_{Ai}, \quad B_{Bi} = W_{Bi} \times R_{Bi}, \quad B_{Ci} = W_{Ci} \times R_{Ci}$$

二级指标模糊评判值：

$$B_A = W_A \times [B_{A1} B_{A2}]^T, \quad B_B = W_B \times [B_{B1} B_{B2}]^T, \quad B_C = W_C \times [B_{C1} B_{C2} B_{C3}]^T$$

一级指标（即政府主导型农地经营权抵押贷款整体风险）模糊评判值：

$$B = [W \times B_A B_B B_C]^T$$

最后根据式 $B_i = INT(100 \times B_i + 0.5)$ 将评判值转换成百分制。

根据算出的评判值，得出政府主导型农地经营权抵押贷款风险预警级别，据此提出有效的对策建议化解风险。然后依据前面求得的各风险指标的权重和隶属度，逐一算出各级指标的评判值。

$$B_i = INT(100 \times B_i + 0.5) \tag{6-20}$$

将各级风险指标的评判值转换为百分制，结果见表6-14。

表 6－14　　　　　成都市农地经营权抵押贷款各级风险指标值及其预警级别

风险指标	评判值	预警级别
B_{A1}（经济发展水平）	41	重警
B_{A2}（政策、法律制度及国家支持情况）	82	无警
B_B（地方政府的风险）	60	轻警
B_{C1}（借款人的风险）	66	轻警
B_{C2}（银行的风险）	77	无警
B_{C3}（其他组织的风险）	66	轻警
B_A（宏观风险）	70	轻警
B_B（中观风险）	60	轻警
B_C（微观风险）	71	轻警
B（农地经营权抵押贷款风险）	66	轻警

6.3.4　结论分析

整体来看，成都市农地经营权抵押贷款风险处于轻警级别，说明成都市农地经营权抵押贷款风险水平较低，整体状态较好。宏观、中观和微观风险均处于轻警级别，其中中观风险较大。

从分项风险指标评判值来看得出以下结论。

（1）宏观风险中的经济发展水平处于重警级别，主要是由于农业景气指数、农村消费者价格指数和农产品生产价格指数低所致。

（2）宏观风险中的政策、法律制度及国家支持情况处于无警级别，说明随着农地经营权抵押贷款试点工作的进一步推进，我国的土地产权完善程度以及农村产权抵押融资风险补偿机制健全程度逐步提高，但仍要注意，目前我国农村土地产权制度依旧不完善，仍处于较低水平。

（3）中观风险，即地方政府的风险处于轻警级别，主要由于风险补偿基金健全程度处于重警级别。由于政府主导的涉农贷款损失由风险补偿基金至少兜底 80%，随着政府主导型农地经营权抵押贷款规模的持续扩大，现有风险补偿基金水平难以全面弥补破产损失，潜在风险较大。另外，政策可持续性的不确定性严重影响银行开展此类业务的积极性，政策宣传的普及性也需加强。

（4）微观风险中的农业经营主体风险处于轻警等级，主要由于受市场影响导致农作物价格波动浮动大以及受气象影响发生自然灾害频率高，导致借款人农业经营风险大。

（5）微观风险中的银行风险处于无警等级，说明银行开展农地经营权抵押贷款业务的风险管理水平较高。虽然银行的抵押资产处置风险最重要，但政策性担保公司对贷款全额担保、风险补偿基金的存在以及成都模式的抵押资产市场化处置方式，使得大部分银行的风险转嫁到地方政府及担保组织上。

（6）微观风险中的其他风险处于轻警级别，一方面，担保机构因信息不对称以及低效率的外部监督，导致抵押资产担保风险高；另一方面，我国农村土地价格评估机制的不完善、评估手段的不科学以及评估标准的不统一导致抵押物评估风险高。

6.4　本章小结

本章基于四川成都温江区和崇州市的调研数据，首先，充分利用小样本数据，使用计算机自主学习构建适应数据集的模型来对政府主导型农地经营权抵押贷款信用风险进行仿真测度。其次，用 CRITIC 法界定其信用风险预警区间，并使用支持向量机对政府主导型农地经营权抵押贷款的信用风险进行预警。最后，根据 3σ 原则确立各风险指标预警区间，依据类高斯型隶属度函数的模糊综合评价法判断政府主导型农地经营权抵押贷款风险预警级别。研究发现，相较于决策树模型，神经网络模型在政府主导型农地经营权抵押贷款信用风险仿真测度的损失率和准确率方面更优；仅有 2.74% 的农业经营主体处于高风险状态，政府主导型农地经营权抵押贷款风险总体上处于轻警级别，但宏观经济发展水平及地方政府风险的警情较严重。同时新型农业经营主体的信用风险小于传统小农户，因此，政府主导型农地经营权抵押贷款的服务对象应瞄准种养大户、专业合作社和龙头企业等新型农业经营主体。

第7章 政府主导型农地经营权抵押贷款抵押物处置的影响因素

抵押物处置困难、处置机制缺失或可行性低是掣肘当前农地经营权抵押贷款发展的关键问题之一（姜美善等，2020；蒋嘉坤和宋坤，2022）。现有研究关于农地融资抵押物处置的研究多集中于处置难现象的描述以及具体处置模式的探讨，针对农地抵押贷款抵押物处置难影响因素的研究鲜见。由于市场主导型和政府主导型在抵押物处置方面的差异较大，面临的处置难度不同，所需解决的处置问题各异，如果不区分模式差异而去研究抵押物处置问题缺乏针对性。那么影响政府主导型农地经营权抵押贷款抵押物处置的关键影响因素是什么？各因素之间的作用路径是什么？本章着力解答上述问题。

7.1 四川典型地区抵押物处置概况

市场主导模式和政府主导模式在抵押物处置方面存在诸多不同。一是处置主体不同，前者的处置主体主要为土地合作社等组织，金融机构不负责处置抵押物；后者的处置主体包括金融机构、收储公司、土地流转服务平台等。二是风险分担不同，前者主要由担保户及合作社代偿违约款，政府仅对抵押物评估及处置起到引导和规范作用，不承担损失兜底责任（曹瓅和罗剑朝，2015）；后者主要由政府和银行承担违约风险，利用风险补偿基金分担处置损失。三是处置方式不同，前者的抵押土地主要以村为单位，在土地流转合作社内部进行流转处置，流转范围较为局限，对农地流转市场的要求相对不高；后者处置方式更多元，金融机构一方面可以利用流转、变现、上诉等手段直接处置抵押物，另一方面利用土地流转服务平台、土地收储公司等处置机构实现抵押物的迅速变现，流转范围更广，对农地流转市场要求更高。鉴于两种模式在处置主体、风险分担、处置方式等抵押物处置方面的显著差异，有必要区分模式有针对性地对影响农地抵押物处置的因素进行研究。

作为四川省开展政府主导型农地抵押贷款的典型地区，成都温江、崇州、广元、眉山彭山和乐山井研等地做法鲜明，除乐山井研暂未引入担保公司等第三方机构外，其他地区均引入了第三方机构，在抵押物评估、监管、处置模式等方面有各自的特色和成效。其中温江和崇州两地在抵押物处置方面较有代表性，现比较其异同见表7-1。

表7-1   **处置异同情况比较**

比较项目	温江	崇州
风险基金	政府出资设立风险补偿基金，政府与银行按照8:2的比例分担抵押物处置后的净损失	政府出资设立风险补偿基金，政府与银行按照8:2的比例分担抵押物处置后的净损失
处置机构	花乡农盟花卉苗木专业合作社；政府投资成立的三联融资担保有限公司	政府注资成立的蜀兴农村产权抵押融资担保公司；市政府成立的土地管理流转服务中心
价值评估	处置企业会同政府评估专家组进行评估鉴定	由评估机构出具评估报告或银行与借款人协商进行价值认定
处置模式	"借款人+土地经营权及地上附着物+处置企业+金融机构"的特色市场化处置模式	打造"抵押担保收储三大平台、一套农村信用体系、多项农村金融产品"的"3+1+N"农村金融创新模式，采用"借款人+土地流转服务中心+金融机构"处置模式
政府主导土地流转	均为政府主导模式；抵押形式均为："土地经营权+地面附着物"均有政府设立的土地储备中心、农村产权交易所及各级农地流转平台	
农业保险	均设置政策性农业保险，利用保险分担金融机构的违约风险	
处置问题	两地的抵押物均不易变现，处置难度大，且由于担忧抵押物处置不佳，两地的农地抵押贷款业务规模均出现停滞	

资料来源：根据2.2.2节第七阶段调研整理所得。

7.2   抵押物处置的三方动态博弈分析

农地抵押贷款抵押物的处置是一项较为复杂的工程，处置过程中涉及

的主体，如政府、第三方处置组织、金融机构等，都直接或间接地影响着
抵押物的处置效果。本节通过三方动态博弈模型推演政府、处置组织和金
融机构等博弈主体在处置过程中的行为（见图 7 - 1），以得到影响抵押物
处置的因素。

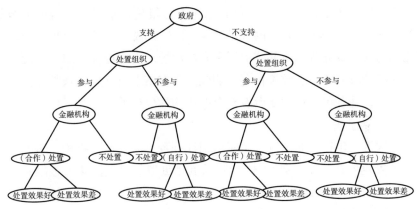

图 7 - 1　政府、第三方处置组织和金融机构三方动态博弈过程

7.2.1　三方博弈策略

1. 政府

政府的行动可以分为"支持"及"不支持"策略。在选择"支持"
策略时，政府一方面将出资建立风险补偿基金，用以分担抵押物处置失败
后金融机构的净损失，政府承担贷款损失的比例为 a，金融机构承担损失
比例为 $1 - a$；另一方面，为吸引社会资本，引导专业合作社、土地收储
机构等三方组织参与抵押农地的处置，政府将出资完善土地流转平台，打
造土地流转监督机制、信息共享机制，提升农地流转市场成熟度，并对参
与组织进行资金补贴或采用减免税收、出台相关利好政策等引导处置组织
的参与，相关出资总和为 P。通过扶持农地抵押贷款政策，履行其职责，
政府将获得社会认同以及政策收益 V。而在选择"不支持"策略时，政府
无须付出成本支出，但会损失金融机构、处置组织乃至贷款农户对政府政
策的信任，且农地抵押物处置难题未得改善，农地抵押贷款政策未得到扶
持，政府遭受政策信任度损失为 T。需要强调的是，这里的"不支持"策
略仅仅表示政府在抵押物处置过程，不予支付额外的资金及政策成本，并
不阻碍抵押物处置。

2. 处置组织

处置组织包括担保组织、专业合作社、土地收储机构等具备农地抵押物处置功能的第三方利益相关组织，处置方式主要有内部流转、公开招标、拍卖出让等。处置组织的行动可以分为"参与处置"和"不参与处置"策略。在选择"参与处置"策略时，处置组织将承担管理费用、拍卖费用等抵押物处置成本 C_a。政府选择支持策略的情况下，若处置组织参与处置，会得到来自政府的补助收益 p，处置成功后还将得到占贷款金额比例为 b 的服务费，该部分费用由农户承担。由于处置组织多由政府出资成立或受政府资金、政策福利影响较多，在不参与处置且抵押物处置效果较差时，处置组织将遭受政府及金融机构的信任损失 q。

3. 金融机构

金融机构包括商业银行、农村信用社等各类涉农金融机构，策略空间为"处置效果好"及"处置效果差"。其中处置效果差意味着金融机构或处置组织无法对抵押物形成有效处置，仅通过流转部分抵押农地或农地附着物收回少部分资金，此时若政府选择支持策略，金融机构将启动风险补偿，由政府分担一定比例的贷款净损失。处置效果好或处置成功意味着抵押农地完全流转或流转程度较高，并获得全部或大部分贷款本息。当处置组织选择参与处置时，金融机构与其进行合作处置，此时"处置效果好"需要分为两种情况：一种是处置组织成功流转抵押物，帮助金融机构收回全部或大部分的贷款本息；另一种是处置组织选择收购债权及抵押物，并代偿全部贷款本息。假设抵押资产的清算评估价值高于债权额时，处置组织选择直接收购债权及抵押物。当处置组织选择不参与时，金融机构多采用上诉法院或挂牌交易的方式自行处置。由于上诉程序较为复杂，受理及执行效率较低，且自行处置通常涉及抵押物的折价及变卖，即便处置成功，金融机构也难以得到全部贷款本息。假定经过自行处置后，金融机构的期望收益为 k 比例的贷款本息，同时承担处置成本 C_b。若处置失败，金融机构可申请启动风险补偿机制，利用风险补偿基金弥补贷款净损失，同时支付处置成本 C_b。

7.2.2　三方动态博弈模型

综合各博弈策略组合下，政府、处置组织及金融机构三者的收益及损失情况，设定参数见表 7-2。

表 7 - 2 三方博弈的主要参数

名称	符号	含义
贷款金额	L	农地抵押贷款额度，要求 $L>0$
贷款利率	r	农地抵押贷款利率，要求 $0<r<1$
贷款年限	t	农地抵押贷款时间，要求 $t>0$
风险补偿比例	a	处置失败后，政府分担贷款净损失的比例，$0<a<1$
政府支持及补助支出	P	政府对参与组织的补助及推动抵押农地流转的一系列支出
政府的政策收益	V	抵押物成功处置，农地抵押贷款政策得到扶持的政策收入
政府的政策损失	T	抵押物处置失败，农地抵押贷款政策发展受阻的政策损失
处置组织的补助收益	p	处置组织享受政策红利或得到政府的资金补助，$p<P$
处置组织承担的抵押物处置成本	C_a	包括处置组织时间成本，花费的信息成本和管理费用或拍卖费用等，$p<C_a$
抵押物估值偏高的概率	d	抵押物清算评估价值高于债权额和实际交易价格的概率，$0<d<1$
处置成功收回资金对贷款本息的清偿程度	k	抵押农地全部流转后，所得资金对贷款本息的清偿程度，$u<k\leqslant1$
处置失败所得资金对贷款本息的清偿程度	u	抵押物处置失败，仅流转部分农地或农地附着物，收回部分资金对贷款本息的覆盖程度，$0<u<k$
处置组织不参与的隐性损失	q	处置失败后，金融机构、政府对处置组织的信任损失
处置费用收取比例	b	处置组织收取服务费占贷款金额的比例，$0<bL<q$
自行处置中金融机构承担的抵押物处置成本	C_b	金融机构承担的诉讼费、律师费、管理成本、时间成本及其他成本

假设政府选择支持策略的概率为 x，$x\in[0，1]$；处置组织选择参与处置的概率为 y，$y\in[0，1]$；金融机构有效处置抵押物的概率为 z，$z\in[0，1]$。

由政府、处置组织及金融机构构成的三方博弈模型，存在八种策略组合，根据以上假设及参数设置，分析得出政府、处置组织及金融机构的收益与支付见表 7 - 3。

政府选择"支持"行为策略的期望收益为 R_{11}，选择"不支持"行为策略的期望收益为 R_{12}，政府平均期望收益为 R_1；处置组织选择"参与"行为策略的期望收益为 R_{21}，选择"不参与"行为策略的期望收益为 R_{22}，处置组织平均期望收益为 R_2；金融机构选择"处置效果好"策略的期望收益为 R_{31}，"处置效果差"策略的期望收益为 R_{32}，金融机构的平均期望收益为 R_3。

表7-3　　"政府—处置组织—金融机构"博弈模型的收益矩阵

三方博弈策略	政府收益	处置组织收益	金融机构收益
支持，参与，处置效果好	$V-P$	$bL+p-C_a$	$(1-d)[kL(1+r)^t-L]+d[L(1+r)^t-L]$
支持，参与，处置效果差	$a[u(1+r)^t-1]L-P$	$p-C_a$	$[u(1+r)^t-1]L(1-a)$
支持，不参与，处置效果好	V	0	$kL(1+r)^t-L-C_b$
支持，不参与，处置效果差	$a[u(1+r)^t-1]L$	$-q$	$[u(1+r)^t-1]L(1-a)-C_b$
不支持，参与，处置效果好	$V-T$	$bL-C_a$	$(1-d)[kL(1+r)^t-L]+d[L(1+r)^t-L]$
不支持，参与，处置效果差	$-T$	$-C_a$	$uL(1+r)^t-L$
不支持，不参与，处置效果好	$V-T$	0	$kL(1+r)^t-L-C_b$
不支持，不参与，处置效果差	$-T$	$-q$	$uL(1+r)^t-L-C_b$

1. 政府的期望收益

$$
\begin{aligned}
R_{11} &= yz(V-P)+y(1-z)(a[u(1+r)^t-1]L-P)+(1-y)zV \\
&\quad +(1-y)(1-z)(a[u(1+r)^t-1]L) \\
&= zV+aL(1-z)[u(1+r)^t-1]-yP
\end{aligned}
\tag{7-1}
$$

$$
\begin{aligned}
R_{12} &= yz(V-T)+y(1-z)(-T)+(1-y)z(V-T)+(1-y)(1-z)(-T) \\
&= zV-T
\end{aligned}
\tag{7-2}
$$

$$
R_1 = xR_{11}+(1-x)R_{12}
\tag{7-3}
$$

2. 处置组织的期望收益

$$
\begin{aligned}
R_{21} &= xz(p+bL-C_a)+x(1-z)(p-C_a)+(1-x)z(bL-C_a) \\
&\quad +(1-x)(1-z)(-C_a) \\
&= px+zbL-C_a
\end{aligned}
\tag{7-4}
$$

$$
R_{22} = zq-q
\tag{7-5}
$$

$$
R_2 = yR_{21}+(1-y)R_{22}
\tag{7-6}
$$

3. 金融机构的期望收益

$$
\begin{aligned}
R_{31} = & xy\big[\,(1-d)\,[\,kL(1+r)^{t}-L\,]+d[\,L(1+r)^{t}-L\,]\,\big]+x(1-y) \\
& [\,kL(1+r)^{t}-L-C_{b}\,]+(1-x)y\big[\,(1-d)\,[\,kL(1+r)^{t}-L\,] \\
& +d[\,L(1+r)^{t}-L\,]\,\big]+(1-x)(1-y)\,[\,kL(1+r)^{t}-L-C_{b}\,] \\
= & -ydkL(1+r)^{t}+ydL(1+r)^{t}-L+kL(1+r)^{t}+yC_{b}-C_{b} \quad (7-7)
\end{aligned}
$$

$$
\begin{aligned}
R_{32} = & xy[\,u(1+r)^{t}-1\,]L(1-a)+x(1-y)\,[\,(u(1+r)^{t}-1)L(1-a)-C_{b}\,] \\
& +(1-x)y[\,uL(1+r)^{t}-L\,]+(1-x)(1-y)(uL(1+r)^{t}-L-C_{b}) \\
= & xaL+uL(1+r)^{t}-L-axuL(1+r)^{t}-C_{b}+yC_{b} \quad (7-8)
\end{aligned}
$$

$$
R_{3}=zR_{31}+(1-z)R_{32} \quad (7-9)
$$

4. 三方均衡解

$$
\frac{\partial R_{1}}{\partial x}=T+aL(1-z)\,(u(1+r)^{t}-1)-yP=0 \quad (7-10)
$$

$$
\frac{\partial R_{2}}{\partial y}=px+zbL-C_{a}-zq+q=0 \quad (7-11)
$$

$$
\frac{\partial R_{3}}{\partial z}=ydL(1+r)^{t}(1-k)+(k-u)L(1+r)^{t}+aLx[\,u(1+r)^{t}-1\,]=0
$$
$$
(7-12)
$$

联立三个方程组求解：

$$
\begin{cases}
T+aL(1-z)\,(u(1+r)^{t}-1)-yP=0 \\
px+zbL-C_{a}-zq+q=0 \\
yd(1+r)^{t}(1-k)+(k-u)(1+r)^{t}+ax[\,u(1+r)^{t}-1\,]=0
\end{cases}
$$
$$
(7-13)
$$

令 $(1+r)^{t}=R$，$dR(1-k)=M_{1}$，$q-bL=M_{2}$，解得

$$
\begin{cases}
x^{*}=\dfrac{(q-M_{2}-C_{a})a(1-uR)LM_{1}+[\,(k-u)RP+TM_{1}\,]M_{2}}{a(1-uR)(M_{2}P-LpM_{1})} \\[3mm]
y^{*}=\dfrac{aL(1-uR)(q-M_{2}-C_{a})+TM_{2}+pL(k-u)R}{M_{2}P-LpM_{1}} \\[3mm]
z^{*}=1+\dfrac{aP(1-uR)(q-M_{2}-C_{a})+p[\,TM_{1}+(k-u)RP\,]}{a(1-uR)(M_{2}P-LpM_{1})} \\[3mm]
\quad =1+\dfrac{a(1-uR)(bL-C_{a})P+p[\,TdR(1-k)+(k-u)RP\,]}{a(1-uR)\,[\,(q-bL)P-LpdR(1-k)\,]}
\end{cases}
$$
$$
(7-14)
$$

　　以上求得的均衡解代表政府支持、处置组织参与和金融机构有效处置的概率，因此 x^{*}、y^{*}、z^{*} 的取值在 $[0,1]$ 内，且满足 $M_{2}P<LpM_{1}$。均

衡解的存在代表着"政府—处置组织—金融机构"三方博弈目标在一定的条件下可以实现。

7.2.3 结论分析

（1）固定政府支持概率 x，探讨处置组织参与处置概率 y 与金融机构有效处置抵押物概率 z 的关系。由式（7-14），求得 $z^* = 1 - \dfrac{yP - T}{aL(u(1+r)^t - 1)}$。

上式对 y 求偏导可得 $\dfrac{\partial z^*}{\partial y} > 0$，即处置组织参与概率 y 越大，有效处置的概率 z^* 越大。农地流转市场的成熟化与规范化，关键在第三方服务组织，随着越来越多第三方处置组织的参与，土地流转面临的信息成本及交易费用将逐步下降，市场化土地流转机制趋于成熟，抵押农地的处置效果得到显著改善。

（2）固定处置组织参与率 y，探讨政府支持概率 x 与金融机构处置成功概率 z 的关系。由式（7-14）得，$z^* = \dfrac{xp + q - C_a}{q - bL + dH}$。再对 x 求偏导可得 $\dfrac{\partial z^*}{\partial x} > 0$，即政府选择支持策略的概率越大，抵押物有效处置的可能性越大。因此，政府的资金支持与政策支持力度越大，抵押物的流转程度越高，处置成功率越高。

（3）固定金融机构有效处置抵押物的概率 z，探讨处置组织参与处置概率和政府支持概率的关系，由式（7-14）得，$y^* = \dfrac{ax[1 - u(1+r)^t] - (k - u)(1+r)^t}{d(1+r)^t(1-k)}$。再对 x 求偏导可得 $\dfrac{\partial y^*}{\partial x} > 0$，即政府选择支持策略的概率越大，处置组织参与处置的可能性越大。

（4）在一定条件下金融机构有效处置抵押物的概率 z^* 还与风险补偿比例 a、高估抵押物价值的概率 d、政府支持及补助支出 P 等相关。

① 将式（7-14）对 a 求偏导可得 $\dfrac{\partial z^*}{\partial a} = \left(-\dfrac{1}{a^2}\right)\left(\dfrac{p[TdR(1-k) + (k-u)Rp]}{(1-uR)[(q-bL)P - LpdR(1-k)]}\right) > 0$，即政府风险补偿力度越大，抵押物处置效果越好。因此，利用风险补偿基金分担贷款净损失越多，金融机构成功流转抵押物并收回借款的概率越大。

② 将式（7-14）对 d 求偏导可得 $\dfrac{\partial y^*}{\partial d} < 0$，再由式 $\dfrac{\partial z^*}{\partial y} > 0$ 可得 $\dfrac{\partial z^*}{\partial d} < 0$。即抵押物价值被高估的可能性越大，抵押物流转程度越低或处置效果越差。因此，在抵押资产的清算评估过程中，由于评估方法不统一、评估

标准不同、制度执行不到位等，可能出现评估结果与实际交易价值差异，估值虚高、评估可信度或认可度低等问题，降低处置组织的参与意愿，导致抵押物处置效果不佳。

③由式（7 - 13），求得 $z^* = 1 - \dfrac{yP - T}{aL(u(1+r)^t - 1)}$，对 yP 求偏导可得 $\dfrac{\partial z^*}{\partial yP} > 0$，将式（7 - 14）对 P 求偏导可得 $\dfrac{\partial y^*}{\partial P} > 0$，因此 $\dfrac{\partial z^*}{\partial P} > 0$。即政府支持及补助支出越大，抵押物流转及处置程度越高，处置效果越好。因此，通过出资完善土地流转平台，提升农地流转市场成熟度，通过给予参与组织补贴、减免税收、出台相关利好政策等方式，极大地调动了处置组织的参与积极性，增加了抵押物完全流转的可能性。

上述博弈结果分析表明，风险补偿力度、政策支持和补助支出等政府行为、抵押物清算评估的准确度或价值认可度、第三方处置组织的参与程度及农地市场成熟度等，对抵押物处置效果具有正向影响。下面通过实证分析来验证该动态博弈推演的结果。

7.3 实 证 分 析

考虑到所涉及的农地抵押贷款抵押物处置的影响因素难以直接观测，而结构方程模型能较好地反映和处理各影响因素及之间的关系，因此选取结构方程模型展开研究。

7.3.1 模型介绍

结构方程模型（Structural Equation Modeling，SEM）是通过对变量协方差进行关系建模的多元统计方法，能同时处理潜变量及观察变量。SEM可以分解为两个部分：测量方程和结构方程。

测量方程为

$$X = \Lambda_x \xi + \sigma$$
$$\gamma = \Lambda_\gamma \eta + \varepsilon \qquad (7 - 15)$$

其中，X 是 ξ 的观察变量；ξ 代表外生潜变量；Λ_x 表示外生潜变量与其可观察变量之间关系的因子负荷矩阵；σ 是 X 的测量误差；γ 是 η 的观察变量；η 代表内生潜变量；Λ_γ 表示内生潜变量与其可观察变量之间关系的因子负荷矩阵；ε 是 γ 的测量误差。

结构方程为

$$\eta = B\eta + \Gamma\xi + \zeta \qquad (7-16)$$

其中，η 代表内生潜变量；ξ 代表外生潜变量；B 为内生潜变量间的关系；Γ 为外生潜变量对内生潜变量的影响的回归系数；ζ 是 η 的测量误差。

7.3.2　数据来源与变量选取

1. 数据来源

作为四川省开展农地抵押贷款的典型地区，成都温江、崇州、广元、眉山彭山和乐山井研等地做法鲜明，除井研县暂未引入担保公司等第三方机构外，其他地区均引入了第三方机构，在抵押物评估、监管、处置模式等方面有着各自的特色①。调研过程的说明详见"2.2.2　八个阶段的实地调研情况"的第七阶段。

2. 变量选取

以农地抵押贷款抵押物的处置效果（DE）为因变量，并将影响抵押物处置效果的因素划分为政府实际支持力度（GS）、农地流转市场成熟度（LM）、抵押物清算评估情况（VC）、银行的处置流程及规章制度（DM）、农业经营主体及其他因素（BO）五个潜变量。每个潜变量由 3 ~ 5 个观测指标测量，并使用五级 likert 量表法为指标进行赋值，得分越高，表明处置越好。观察指标共计 21 个，具体潜变量及指标体系构建见表 7 - 4。

表 7 - 4　　　　　　　　　　具体潜变量及指标体系构建

潜变量	指标	赋值	均值	标准差
政府实际支持力度（GS）	GS1：政策性担保公司的参与程度	1 = 非常不好；2 = 不好；3 = 一般；4 = 好；5 = 非常好	2.67	0.73
	GS2：法院的处置效果	1 = 非常不好；2 = 不好；3 = 一般；4 = 好；5 = 非常好	2.64	0.70
	GS3：农业保险的购买率	1 = 极低；2 = 较低；3 = 一般；4 = 较高；5 = 极高	2.41	0.77
	GS4：风险补偿基金的实际作用	1 = 作用极小；2 = 作用不大；3 = 一般；4 = 作用较大；5 = 作用巨大	2.82	0.93

---

① 整合调研数据及相关文件，截至 2018 年 2 月底，广元市苍溪县累计发放农地抵押贷款 2013 笔、5.1 亿元；截至 2018 年 7 月底，崇州市累计发放 326 笔、5.94 亿元。截至 2019 年 12 月底，成都市温江区累计实现农地抵押贷款 488 笔、17.64 亿元；截至 2019 年 12 月底，眉山市彭山区累计发放 1830 笔、9.1 亿元；截至 2018 年 12 月底，乐山市井研县累计发放 179 笔、1.77 亿元。

续表

潜变量	指标	赋值	均值	标准差
农地流转 市场成熟度 （*LM*）	*LM*1：抵押农地的处置方式	1＝政府兜底；2＝收储公司处置；3＝银行上诉法院后处置；4＝交予第三方组织处置；5＝再流转给当地其他农户	2.86	1.11
	*LM*2：监管力度	1＝无任何措施；2＝极少或没有实地巡查；3＝银行全权委托监管机构监管，但监管力度不强；4＝银行或监管机构，不定期巡查，严格把控状况；5＝银行或委托的第三方组织派遣专人专盯、定期巡查，严格把控抵押资产价值	3.19	1.18
	*LM*3：跟踪服务	1＝非常不严格；2＝不严格；3＝一般；4＝严格；5＝非常严格	3.13	0.96
	*LM*4：专业合作社（如温江的花乡农盟）、农业组织等的参与程度	1＝极低；2＝较低；3＝一般；4＝较高；5＝极高	3.22	1.07
	*LM*5：农地流转效率	1＝极低；2＝较低；3＝一般；4＝较高；5＝极高	2.38	0.88
抵押物清算 评估情况 （*VC*）	*VC*1：估值认可度	1＝极低；2＝较低；3＝一般；4＝较高；5＝极高	2.75	0.93
	*VC*2：价值评估的难易程度	1＝非常困难；2＝较困难；3＝一般；4＝较容易；5＝非常容易	2.37	0.80
	*VC*3：作物价格波动幅度	1＝非常大；2＝较大；3＝一般；4＝较小；5＝非常小	2.38	0.82
银行的处置 流程及规章 制度（*DM*）	*DM*1：处置机制的完备程度	1＝极低；2＝较低；3＝一般；4＝较高；5＝极高	2.78	1.04
	*DM*2：处置流程的复杂程度	1＝非常烦琐；2＝复杂；3＝一般；4＝简便；5＝非常简便	2.09	0.78
	*DM*3：信贷员对流程的熟练程度	1＝极低；2＝较低；3＝一般；4＝较高；5＝极高	2.45	0.87
农业经营主体 及其他因素 （*BO*）	*BO*1：借款人对抵押农地的依赖程度	1＝非常高；2＝较依赖；3＝一般；4＝较不依赖；5＝非常低	2.36	0.74
	*BO*2：房地产对农地附着物销售的影响	1＝影响巨大；2＝影响较大；3＝有一定影响；4＝影响较小；5＝毫无影响	2.41	0.69

续表

潜变量	指标	赋值	均值	标准差
农业经营主体及其他因素（BO）	BO3：借款人配合度	1 = 非常不配合，刁难；2 = 大部分不配合；3 = 配合，少量不配合；4 = 正常配合，不拖沓；5 = 积极接待，非常配合处理	2.31	0.71
处置效果（DE）	DE1：抵押物处置所得对贷款本息的清偿程度	1 = 无清偿，处置失败；2 = 小部分清偿；3 = 有所清偿，但仍有缺口；4 = 较好清偿，几乎无缺口；5 = 完全清偿且有结余	2.68	0.71
	DE2：抵押物处置的难易程度	1 = 非常困难；2 = 较困难；3 = 一般；4 = 较容易；5 = 非常容易	2.22	0.70
	DE3：对抵押物处置的满意度	1 = 不满意；2 = 较不满意；3 = 一般；4 = 较满意；5 = 满意	2.64	0.86

7.3.3 验证性因素分析

验证性因素分析（Confirmatory Factor Analysis，CFA），亦被称作测量模型（Measurement Model），是 SEM 的重要组成部分。本节采用 Mplus 8 软件，对数据进行 CFA 分析。

1. 收敛效度

逐个对六个潜变量进行检验，计算并编制信度效度收敛表见表 7 - 5。由表 7 - 5 可见，所有标准化估计值均在 0.5 以上，且因素载荷量均显著，说明各观察指标对各维度的解释能力较好，所有指标都可接受，无须删改。对于组成信度 CR，除潜变量 BO 的 CR 为 0.642 之外，其他潜变量的 CR 均为 0.7 以上，说明上述组合信度较好。对于平均变异抽取量 AVE，两个潜变量的值在 0.5 以上，说明解释能力较好；另外四个潜变量的 AVE 为 0.36 以上，属于尚可接受。由表 7 - 5 可知，所有潜变量均符合标准，具有一定程度的组成信度与聚合效度。

2. 区别效度

区别效度是主要用来判断各个维度之间有无明显的区分。本节利用 AVE 与皮尔森相关，对各维度的区别效度进行分析。AVE 的开根号值基本大于其他相关构面的相关值，表明各潜变量之间具有一定程度的区别效度（见表 7 - 6）。

表 7 - 5　　　　　　　　　　　　　　信度与收敛效度

潜变量	指标	参数显著性检验					CR	AVE
		估计值	标准误	估计值/标准误	P 值	R^2		
LM	LM1	0.789	0.038	21.031	***	0.623	0.826	0.492
	LM2	0.761	0.040	19.144	***	0.579		
	LM3	0.710	0.044	16.162	***	0.504		
	LM4	0.708	0.044	16.144	***	0.501		
	LM5	0.505	0.060	8.461	***	0.255		
DM	DM1	0.778	0.051	15.283	***	0.605	0.773	0.533
	DM2	0.753	0.051	14.670	***	0.567		
	DM3	0.654	0.054	12.101	***	0.428		
BO	BO1	0.621	0.078	7.986	***	0.386	0.642	0.376
	BO2	0.663	0.079	8.351	***	0.440		
	BO3	0.550	0.075	7.294	***	0.303		
VC	VC1	0.820	0.074	11.130	***	0.672	0.704	0.450
	VC2	0.616	0.068	9.003	***	0.379		
	VC3	0.545	0.068	8.002	***	0.297		
GS	GS1	0.615	0.060	10.163	***	0.378	0.742	0.419
	GS2	0.606	0.060	10.078	***	0.367		
	GS3	0.625	0.059	10.689	***	0.391		
	GS4	0.736	0.054	13.505	***	0.542		
DE	DE1	0.588	0.061	9.697	***	0.346	0.753	0.512
	DE2	0.652	0.059	10.962	***	0.425		
	DE3	0.875	0.061	14.432	***	0.766		

注："***"表示系数在1‰水平下显著。

表 7 - 6　　　　　　　　　　　　　　区别效度分析

潜变量	AVE	LM	DM	BO	VC	GS	DE
LM	0.492	0.701					
DM	0.533	0.190	0.730				
BO	0.376	0.161	0.337	0.613			
VC	0.450	0.405	0.624	0.534	0.671		
GS	0.419	0.234	0.478	0.488	0.635	0.647	
DE	0.512	0.423	0.490	0.568	0.715	0.804	0.716

7.3.4 模型的拟合效果

经过 CFA 分析之后，需要对构建的理论模型进行拟合、检验和修正，利用 Mplus 8 软件构建结构方程模型进行拟合。经过反复拟合和检验，最终得到结构方程模型路径，如图 7 - 2 所示。

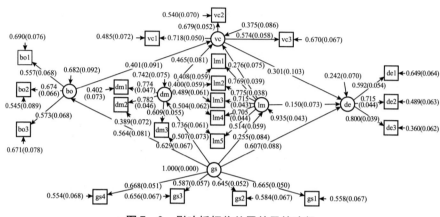

图 7 - 2　影响抵押物处置效果的路径

7.3.5 适配度的检验

在经过模型拟合并得到标准化的路径后，还需对模型的适配度进行检验，因此选取五个拟合度指标来评价模型适配度的理想与否。各项指标的数值均在标准范围内，表明模型整体适配度较为理想，拟合度较好（见表 7 - 7）。

表 7 - 7　　　　　　　　　　模型拟合及估计

拟合度指标	关键值（建议值）	模型指标	模型适配度
χ^2	越小越好	296.852	
Df	越大越好	180	
χ^2/DF	$1 < \chi^2/DF < 3$	1.649	符合
CFI	>0.9	0.914	符合
TLI	>0.9	0.900	符合
RMSEA	<0.08	0.057	符合
SRMR	<0.08	0.059	符合

7.3.6　路径关系的分析

图 7 - 2 的作用关系见表 7 - 8。所有路径关系的 P 值均小于 0.05，说明路径系数在 5% 的水平下达到显著，所有路径均成立。由表 7 - 8 可见，政府实际支持力度（GS）、抵押物清算评估情况（VC）、农地流转市场成熟度（LM）对处置效果（DE）具有正向效应，作用系数分别为 0.607、0.301、0.150。银行的处置流程及规章制度（DM）、农业经营主体及其他因素（BO）、农地流转市场成熟度（LM）对抵押物清算评估情况（VC）具有正向效应，作用系数分别为 0.465、0.401、0.276。另外，政府实际支持力度（GS）正向影响着农业经营主体及其他因素（BO）、银行的处置流程及规章制度（DM）及农地流转市场成熟度（LM），作用系数分别为 0.564、0.507、0.255。

表 7 - 8　　　　　　　　　　模型标准化路径系数

路径关系	估计值	标准误	估计值/标准误	p	假设
$BO \leftarrow GS$	0.564	0.081	6.923	***	Support
$DM \leftarrow GS$	0.507	0.073	6.914	***	Support
$LM \leftarrow GS$	0.255	0.084	3.026	**	Support
$VC \leftarrow LM$	0.276	0.075	3.660	***	Support
$VC \leftarrow DM$	0.465	0.081	5.768	***	Support
$VC \leftarrow BO$	0.401	0.091	4.390	***	Support
$DE \leftarrow LM$	0.150	0.073	2.042	*	Support
$DE \leftarrow GS$	0.607	0.088	6.922	***	Support
$DE \leftarrow VC$	0.301	0.103	2.918	**	Support

注："＊"表示路径系数在 5% 水平下显著，"＊＊"表示路径系数在 1% 水平下显著，"＊＊＊"表示路径系数在 1‰ 水平下显著。

由上述作用关系可知，政府实际支持力度（GS）、银行的处置流程及规章制度（DM）、农业经营主体及其他因素（BO）、农地流转市场成熟度（LM）分别对处置效果（DE）存在不同的间接影响。为进一步检验间接效应，利用 Bootstrap 估计法进行 1000 次抽样，得到 GS 对 DE 总间接效应的标准化路径系数为 0.199、DM 对 DE 间接效应的标准化路径系数为 0.140、BO 对 DE 间接效应的标准化路径系数为 0.121、LM 对 DE 间接效应的标准化路径系数为 0.083。以上结果说明存在一定的间接效应。

7.3.7 结论分析

政府实际支持力度（GS）对抵押农地的处置效果具有直接和间接的正向作用（总效应为 0.805），是最重要的影响因素。其中风险补偿基金的实际作用（GS4）为关键指标，而后依次是农业保险的购买率（GS3）、政策性担保公司的参与程度（GS1）、法院的处置效果（GS2）。以眉山为例，眉山农商行处理过一笔价值 30 万元的违约农地贷款，处置损失高达24 万元，利用风险补偿基金进行处置后，损失缩小到 7.2 万元①。由此，风险基金的补偿作用能有效减少银行的处置损失。调研中发现，风险补偿的申请和审批程序较为复杂，资金又较为短缺，风险基金实际发挥的作用非常有限，影响实际的处置效果。政策性农业保险的购买率反映政策的落实情况，购买率越高，经营失败的农业经营主体越可能获得赔付，抵押物的处置和贷款的清偿效果可能越好。政策性担保公司受当地政府影响较大，担保公司的参与度越深，对抵押农地的监管就越好，银行自身承受的违约风险、处置风险就越小，抵押物的处置和债务的清偿效果可能越好。法院常常通过拍卖的方式来处理抵押物，然而抵押农地一般会涉及多家农户，极可能发生纠纷，增加土地流转的难度，且目前尚缺乏抵押农地的具体处理规章和规范的处置流程，处置手段有限，这都可能影响贷款的清偿效果。

抵押物清算评估情况（VC）对抵押物处置效果具有直接的正向效应（直接效应为 0.301），其中估值认可度（VC1）是影响抵押物评估和处置的关键指标。由于缺乏统一的农地价格评估标准，在进行抵押资产的清算评估时，各方对变现价值的接受度、认可度不同。估值认可度越低，越容易出现抵押物评估价值在流转拍卖时大幅下降，乃至无法覆盖贷款本息的情况。此外，清算评估难度的提高、作物价格波动幅度的增加等都会降低处置效果。

农地流转市场成熟度（LM）对抵押农地的处置效果具有直接和间接的正向作用效应（总效应为 0.233）。其中抵押农地的处置方式（LM1）对农地流转市场成熟度（LM）的解释程度最高，选择的处置途径、方式不同，处置效果也会不同。受限于土地流转、信息流通效率，银行较难直接通过再流转的方式变现抵押资产。而由实证分析可知，政策性担保公

---

① 彭山区农业农村局。

司、专业合作社（如温江的花乡农盟）、农业组织等第三方组织的参与程度越高，处置手段、流转渠道则越多，银行的处置风险也越小，处置效果可能越好。因此，选择第三方组织参与抵押物处置可能是更好的方式。

银行的处置流程及规章制度（DM）通过直接影响抵押物清算评估情况间接影响抵押物处置效果。随着银行内部处置机制、价值评估机制等制度的完善，信贷员的评估能力、处置积极性将得到一定提升，抵押物价值评估情况也随之改善，从而减轻处置难度。农业经营主体及其他因素（BO）通过直接影响抵押物清算评估情况间接影响抵押物处置效果。一方面，农业经营主体的不配合及对抵押农地的依赖将引起纠纷，直接影响变现价值评估；另一方面，房地产的波动会导致土地附着物如用于园林、市政建设的花木需求量减少，影响作物价格及评估清算，平添处置难度。

7.4　本 章 小 结

本章首先通过三方动态博弈模型推演政府、处置组织和金融机构等博弈主体在处置过程中的行为，发现政府行为、抵押物清算评估的准确度、第三方处置组织的参与程度及农地市场成熟度等是关键影响因素。然后基于四川省的调研数据，运用结构方程模型验证博弈推演的结果。实证结果表明，政府实际支持力度对抵押资产的处置效果有直接和间接的正向影响，其中风险补偿基金的实际作用、农业保险的购买率、政策性担保公司的参与程度对处置效果的影响最大；抵押物清算评估情况对处置效果有直接的正向影响，其中估值认可度为关键指标；农地流转市场成熟度对处置效果有直接和间接的正向影响，其中抵押农地的处置方式为关键指标；银行的处置流程及规章制度、农业经营主体及其他因素通过影响抵押物清算评估情况间接影响处置效果。

第8章 政府主导型农地经营权抵押贷款风险的分担

风险分担是掣肘当前农地经营权抵押贷款发展的关键问题之一。要使农地经营权抵押贷款成为实现乡村振兴战略的一条重要途径，必须采用有效的风险分担措施来提高各方参与其中的积极性。保险虽然是常见的风险分散方式，但在农地经营权抵押贷款整体规模扩大之前，大数定律难以奏效，担保方式更加合适。那么在开展农地经营权抵押贷款业务时，银担分立式合作和协同式合作的效应有何差异？若存在显著差异，银担协同式合作模式是什么？该模式实现路径有哪些？既然风险分担能减轻银行对抵押贷款损失的顾虑，也能降低农业经营主体的道德风险，那么最优的风险分担比例是什么？设计出来的最优风险分担比例效果又如何？本章着力解答上述问题。

8.1 研究风险分担的意义

1971 年德国物理学家哈肯最早提出协同概念，指在复杂社会系统中，通过对两个或两个以上的独立系统进行组织、协调和联合，最大化个体在集体行为中的作用，实现"1 + 1 > 2"的效果（Haken et al.，1996）。协同效应指因共享与共用获得的节省或增值（邱国栋和白景坤，2007），合作双方由于异质性资源融合而产生新的能力，但相互不可模仿和替代（邱国栋和甘立双，2017）。商业银行与担保机构在广义金融市场上的协同式合作，可以发挥两者信贷系统化运营和风险内部化管控的双重功能（顾海峰，2014），缓解银担之间的信息不对称，减少信贷资金的交易成本，提升金融市场的资金配置效率（顾海峰，2013）。在农村金融市场上，银担协同式合作可以提高银行涉农资金的安全性，利于银行调整农村信贷结构及盘活农村信贷资产（蔡四平和顾海峰，2011）。鉴于开展农地经营权抵押贷款业务的商业银行与担保机构在风控技术、利益分配、成本分摊、资源配置和信贷知识等方面有对方难以模仿的稀缺资源，存在隔离机制，那么商业银行与担保机构可以通过特定的沟通机制共享信息、资金、技术、经验和市场等隔离资源，开展协同式合作，降低农地金融系统风险和增加银担各自收益，从而使农地经营权抵押贷款成为缓解"三农"融资难融资贵的有效手段。梳理文献发现，虽然有研究探究保证担保贷款、抵押担保贷款分散风险的机理，在理论上融合经济学和管理学的研究成果，有着重要的理论价值。但这些研究主要集中在上市公司和中小企业层面，对农村地区融资担保领域的探讨涉及偏少，研究还多为现象描述或总结性描述，定性研究不多，定量研究几乎空白。特别是瞄准农地经营权抵押贷款担保方面的研究还十分薄弱，缺乏对参与农地经营权抵押贷款主体内在动因和利益分配等机理分析的完整理论架构，没有关于风险如何在银担之间分担以及如何设计有效担保模式的深入研究。总之，从理论及实践上更透彻地指导银担分担风险以推广农地经营权抵押贷款研究还比较欠缺。

受农地经营权抵押贷款模式性质和功能的限制，农地流转对象具有限定性，因此农地抵押贷款的开展过程存在诸多不确定因素，商业银行存在无法实现抵押权的潜在风险而使得开展此业务的积极性不高（高小刚和谷昔伟，2019）。为此，部分试点地区为降低商业银行的抵押融资风险而建立风险补偿基金来分担部分风险。但各试点地区所设定的风险补偿基金额度及分担的比例存在差异，如重庆市设立的风险专项基金补偿比例不超过30%（张坤，2017）；在江苏省的试点地区，苏北沛县和泗洪两地补偿基金分别为 2000 万元和 1000 万元，如皋的补偿基金仅为 200 万元（吴婷婷和黄惠春，2018），泗洪县运用风险补偿基金对金融机构抵押贷款净损失补偿 30%；成都模式下，政府出台各项政策法规推动土地确权工作，建设"农贷通"平台支持农地经营权抵押贷款，并建立农地经营权抵押贷款风险补偿基金分担收购处置净损失的 80%，金融机构分担剩下的 20%（刘钰和宋坤，2019）；山东省枣庄市运用风险补偿基金对金融机构抵押贷款净损失补偿 80%，山东寿光市仅为 3%。风险比例关系到金融机构的发展，银行等金融机构分担的风险比例直接影响其资产的质量、经营目标的实现等。合理的风险分担比例不仅能降低借款人的道德风险，也能在一定程度打消商业银行对抵押贷款的顾虑（杨林和王璐，2018）。而当前各地补偿的比例都没有经过科学合理的测算，无法判断试点地区风险分担比例的合理性。因此，在厘清各主体责任边界的前提下，必须探究政府主导型农地抵押贷款风险在参与主体间最优风险分担比例。

8.2 银担协作分担风险的效应及模式选择

8.2.1 银担期望收益模型的构建及诠释

1. 期望收益模型的构建

（1）假设与变量描述。

H8 - 1 参与农地经营权抵押贷款的商业银行和担保机构分别为 1 和 2，两者均独立运作，风险中性，追求利润最大化。

H8 - 2 银行和担保机构在农地经营权抵押贷款中投入的不仅有资金，还有人力、智力、信息和技术等不易被观察到的资源要素。

H8 - 3 担保机构为新型农业经营主体的农地经营权抵押贷款提供全额担保。

令农地经营权抵押贷款抵押物（包括农村土地经营权、地面附着物、农业设施和农机具等）的评估价值为 v，抵押率为 m，则抵押物的实际价值为 vm。

令担保机构的净资产规模为 w，担保杠杆率为 l，担保费率为 f，则最大代偿规模为 wl。

令商业银行发放农地经营权抵押贷款利率为 r，农地经营权抵押贷款抵押物处置率为 d。用 e_1 表示商业银行在农地经营权抵押贷款上的资金投放量，$\max(e_1) = wl + vm$；e_2 表示担保机构代偿债务的规模，$\max(e_2) = wl$。

令发放农地经营权抵押贷款的成本函数为 $c_i(e_i) = \alpha_i e_i^2$（$\alpha_i > 0$，是成本系数）。由于农地经营权抵押贷款尚处于试点阶段，规模过小，随着贷款规模的增加，人力、智力、信息和技术等难以观察的要素投入也势必会增加，同时商业银行和担保机构为激励对方更大程度地参与其中也将付出更大代价。因此，贷款规模的扩大会带来边际成本的递增，成本函数满足 $c_i'(e_i) > 0$，$c_i''(e_i) > 0$ 的条件。α_i 直接反映银行和担保在资金使用效率上的差异，其越小说明放贷过程中所花费的成本越少，使用效率越高，反之亦然。

用 Y_1 和 Y_2 分别表示商业银行和担保机构的收益，Y 是两者合作的总

收益。L_1 和 L_2 分别表示商业银行和担保机构的损失。则两者的收益和损失分别为

$$\begin{cases} Y_1 = re_1 - \alpha_1 e_1^2 \\ Y_2 = fe_2 - \alpha_2 e_2^2 \end{cases}, \begin{cases} L_1 = e_1 - (w + vd) + \alpha_1 e_1^2 \\ L_2 = w + \alpha_2 e_2^2 \end{cases} \qquad (8-1)$$

（2）期望收益模型。知识共享、资源互补或技术溢出等会导致协同效应的出现（Bamford et al.，2004；Reuer，2004）。令 $s(s \geqslant 0)$ 是协同效应系数，$s = 0$ 时表示两者在农地经营权抵押贷款方面的合作不存在协同性，$s > 0$ 表示存在协同式合作，会使得两者的合作收益具有规模报酬递增的特点。考虑到成本函数存在边际成本递增效应，所以只有当成本函数比收益函数更凸时，模型解才会存在，否则贷款资金投入量将趋向无穷大，因此有 $\alpha_1 \alpha_2 > s^2$。

假设商业银行和担保机构遵循线性利益分配原则来分配农地经营权抵押贷款的收益，两者的分配占比分别为 β_1 和 β_2，满足 $\beta_1 + \beta_2 = 1$，$0 \leqslant \beta_1$，$\beta_2 \leqslant 1$ 的条件。则两者各自的期望收益为

$$E\pi_i = \beta_i(re_1 + fe_2 + se_1 e_2) - \alpha_i e_i^2 \qquad (8-2)$$

两者的期望总收益为

$$E\pi(e_1, e_2) = E\pi_1 + E\pi_2 = re_1 + fe_2 + se_1 e_2 - \alpha_1 e_1^2 - \alpha_2 e_2^2 \qquad (8-3)$$

2. 银担面对风险各自利益诉求的诠释

在农地经营权抵押贷款中，商业银行和担保机构均面临风险。下面分析商业银行和担保机构面对收益和损失的不确定性时各自的利益诉求。

（1）诠释商业银行面对农地经营权抵押贷款风险的利益诉求。由于存在风险，虽然 Y_1 和 L_1 的大小不确定，但根据式（8-1）化简可得 $r ? 1 + 2\alpha_1 e_1 - \dfrac{w + vd}{e_1} = 1 + 2\alpha_1(wl + vm) - \dfrac{w + vd}{wl + vm}$①。由此得到以下逻辑关系。

①r 和 e_1 呈正向相关关系。说明商业银行对该业务的放贷规模越大，要求的利率反而越高。原因在于当前农地经营权抵押贷款尚处于试点阶段，商业银行开展此业务的顾虑重重，若要稍稍放大规模必然要求更高的风险补偿，从而提高贷款利率。进一步细化，发现 r 和 m 呈正向相关关系，说明商业银行在该业务中的抵押率越高，放贷规模相对越大，银行出于风险补偿的考虑会提高贷款利率。r 和 l 也呈正向相关关系，因为高担保杠杆会稀释担保机构债务代偿能力，银行会要求较高风险溢价而提高利

_____

　① 本式中 ? 代表前后两个算式的不确定性关系。

率水平，由此可见银担合作是分担风险的内生需求。为更有效地分担风险，银担应协商确定合适的担保杠杆率。

②r 和 d 呈负向相关关系。说明商业银行在该业务中对农地经营权、地面附着物及农机设备等抵押物的处置程度越高，该业务的整体风险相对越低，商业银行所要求的风险补偿就越少，贷款利率就越低。

（2）诠释担保机构面对农地经营权抵押贷款风险的利益诉求。同理，虽然 Y_2 和 L_2 的大小不确定，由式（8-1）仍然可得 $f? \frac{w}{e_2} + 2\alpha_2 e_2 = \frac{1}{l} + 2\alpha_2 wl$[①]。由此可发现，$w$ 和 f 呈正向相关关系，即担保机构净资产规模越大，越有能力承担农地经营权抵押贷款业务的开展，当然也会出于风险考虑而收取更高的担保费。

8.2.2　银担协同式合作的影响以及分担风险的效应

农地经营权抵押贷款中的银担存在双边道德风险，因此没有任何分配契约能达到帕累托最优。但两者在合作过程中均追求自身利益最大化，结果使得在激励相容约束下总收益实现最大化，这就是次优分配契约。因此，两者存在以下有约束最大化问题。

$$\max_{e_1,e_2,(\beta_1,\beta_2)\in S(Y)} E\pi(e_1, e_2) = E\pi_1 + E\pi_2 = re_1 + fe_2 + se_1e_2 - \alpha_1 e_1^2 - \alpha_2 e_2^2$$

$$(8-4)$$

$$\text{s. t. } e_i \in \operatorname{argmax}\beta_i(re_1 + fe_2 + se_1e_2) - \alpha_i e_i^2 \qquad (8-5)$$

其中，s 是外生变量；e_i 是最大化问题的决策变量。$E\pi_1 = \beta_1(re_1 + fe_2 + se_1e_2) - \alpha_1 e_1^2$，$E\pi_2 = \beta_2(re_1 + fe_2 + se_1e_2) - \alpha_2 e_2^2$。

双边道德风险下，两者均为风险中性时，线性分配规划最优（Bhatta-charyya et al.，1995）。因此，若 $(e_1^*, e_2^*, \beta_1^*, \beta_2^*)$ 是模型（8-4）和模型（8-5）的解，则 (β_1^*, β_2^*) 就是最优线性契约。分别对 $E\pi_1$ 和 $E\pi_2$ 求 e_1 和 e_2 的偏导，化简可得

$$\begin{cases} \beta_1 = \dfrac{2\alpha_1 e_1}{r + se_2} \\[3mm] \beta_2 = \dfrac{2\alpha_2 e_2}{f + se_1} \end{cases} \qquad (8-6)$$

由 $\beta_1 + \beta_2 = 1$，可得 $\dfrac{2\alpha_1 e_1}{r + se_2} + \dfrac{2\alpha_2 e_2}{f + se_1} = 1$。在该约束下最大化目标

---

① 本式中? 代表前后两个算式的不确定性关系。

函数（8 -4），得到拉格朗日函数

$$L(\lambda) = E\pi(e_1, e_2) - \lambda\left(\frac{2\alpha_1 e_1}{r + se_2} + \frac{2\alpha_2 e_2}{f + se_1} - 1\right) \tag{8-7}$$

分别对 e_1 和 e_2 求偏导，可得

$$\frac{r + se_2 - 2\alpha_1 e_1}{f + se_1 - 2\alpha_2 e_2} = \frac{\alpha_1(r + se_2)(f + se_1)^2 - \alpha_2 se_2(r + se_2)^2}{\alpha_2(r + se_2)^2(f + se_1) - \alpha_1 se_1(f + se_1)^2} \tag{8-8}$$

结合 $\beta_1 + \beta_2 = 1$ 的条件，式（8 -8）可化为

$$\frac{r + se_2 - 2\alpha_1 e_1}{f + se_1 - 2\alpha_2 e_2} = \frac{2\alpha_1(f + se_1) - s(r + se_2 - 2\alpha_1 e_1)}{2\alpha_2(r + se_2) - s(f + se_1 - 2\alpha_2 e_2)} \tag{8-9}$$

进一步可得

$$\frac{r + se_2 - 2\alpha_1 e_1}{f + se_1 - 2\alpha_2 e_2} = \frac{\alpha_1(f + se_1)}{\alpha_2(r + se_2)} \tag{8-10}$$

式（8 -6）可化为

$$\begin{cases} e_1 = \dfrac{fs\beta_1\beta_2 + 2r\alpha_2\beta_1}{4\alpha_1\alpha_2 - s^2\beta_1\beta_2} \\[3mm] e_2 = \dfrac{rs\beta_1\beta_2 + 2f\alpha_1\beta_2}{4\alpha_1\alpha_2 - s^2\beta_1\beta_2} \end{cases} \tag{8-11}$$

把式（8 -11）代入式（8 -10），在满足 $\beta_1 + \beta_2 = 1$ 的条件下，式（8 -11）化为以下一元三次方程：

$$(f^2\alpha_1 + r^2\alpha_2)s^2\beta_1^3 - 3s^2 f^2\alpha_1\beta_1^2 + (8rfs\alpha_1\alpha_2 + 4r^2\alpha_1\alpha_2^2$$
$$+ 4f^2\alpha_1^2\alpha_2 + 3f^2 s^2\alpha_1)\beta_1 - \alpha_1(2r\alpha_2 + sf)^2 = 0 \tag{8-12}$$

下面分别讨论银担合作发放农地经营权抵押贷款时，在分立式合作和协同式合作情况下对收益、损失和资金投入的影响以及分担风险的效应。

1. 分立式合作

不存在协同合作时，$s = 0$，式（8 -12）化为

$$(f^2\alpha_1 + r^2\alpha_2)\beta_1 - r^2\alpha_2 = 0 \tag{8-13}$$

可得

$$\begin{cases} \beta_1^* = \dfrac{r^2\alpha_2}{f^2\alpha_1 + r^2\alpha_2} \\[3mm] \beta_2^* = \dfrac{f^2\alpha_1}{f^2\alpha_1 + r^2\alpha_2} \end{cases} \tag{8-14}$$

由式（8 -14）可得 $\dfrac{\partial\beta_1^*}{\partial\alpha_1} < 0$，$\dfrac{\partial\beta_1^*}{\partial\alpha_2} > 0$，$\dfrac{\partial\beta_2^*}{\partial\alpha_1} > 0$，$\dfrac{\partial\beta_2^*}{\partial\alpha_2} < 0$，意味着银担合作发放农地经营权抵押贷款时，若不存在协作效应，自身的最优线性分

配比例随自身放贷效率的提升而增加，随对方放贷效率的提升而减小。说明当合作一方在农地经营权抵押贷款的客户资信调查、抵押物价值评估以及抵押物处置等环节中付出更多人力、物力和财力时，由于成本提高会使自身收益下降，但因为能够有效降低违约风险而会使合作另一方受益。

下面从两者在农地经营权抵押贷款业务中取得收益的角度来分析：由于 $e_1 \geqslant e_2$、$r > f$[①]，商业银行付出的成本高于担保机构（$\alpha_1 e_1^2 > \alpha_2 e_2^2$），根据式（8-1）以及上述分析的结论，商业银行在该贷款中的收益（Y_1）一定低于担保机构的收益（Y_2）。从两者损失的角度来分析：担保机构的杠杆率均超过 2 倍[②]，若抵押率大于处置率（$m > d$）且 $\alpha_1 e_1^2 > \alpha_2 e_2^2$，根据式（8-1），商业银行在该贷款中的损失（$L_1$）必定高于担保机构的损失（$L_2$）。总结可见，在农地经营权抵押贷款业务中，商业银行和担保机构仅有分立式合作时，付出的成本更高，收益却更低，同时抵押率大于处置率时银行面临的损失显著高于担保机构。该结果解释了试点中为何有担保机构做担保，商业银行仍然没有开展业务的动力，除非大幅提高抵押物的处置率，否则该合作不能持续。

2. 协同式合作

存在协同式合作时，$s > 0$，令 $\beta_1 = x - \dfrac{-3f^2\alpha_1 s^2}{3(f^2\alpha_1 + r^2\alpha_2)s^2} = x + \dfrac{f^2\alpha_1}{(f^2\alpha_1 + r^2\alpha_2)s^2}$，式（8-12）简化为

$$x^3 + ux + v = 0 \qquad\qquad (8-15)$$

其中，$u = \dfrac{f^2 r^2 \alpha_1 \alpha_2 (f^2\alpha_1 + r^2\alpha_2 + s)(f^2\alpha_1 + r^2\alpha_2 + 3s)}{(f^2\alpha_1 + r^2\alpha_2)^2 s^2}$，$v = \dfrac{f^2 r^2 \alpha_1 \alpha_2 (f^2\alpha_1 - r^2\alpha_2)(f^2\alpha_1 + r^2\alpha_2 + s)^2}{(f^2\alpha_1 + r^2\alpha_2)^3 s^2}$。

$u > 0$，$\left| \dfrac{v}{2} \right| < \sqrt{\left(\dfrac{v}{2} \right)^2 + \left(\dfrac{u}{3} \right)^3}$，因此判别式 $\Delta = \left(\dfrac{v}{2} \right)^2 + \left(\dfrac{u}{3} \right)^3 > 0$，所以式（8-15）仅存在唯一实根，由卡尔丹公式，实根为

---

① 《国务院办公厅转发发展改革委等部门关于加强中小企业信用担保体系建设意见的通知》，（七）为促进担保机构的可持续发展，对主要从事中小企业贷款担保的担保机构，担保费率实行与其运营风险成本挂钩的办法。基准担保费率可按银行同期贷款利率的 50% 执行，具体担保费率可依项目风险程度在基准费率基础上上下浮动 30%～50%，也可经担保机构监管部门同意后由担保双方自主商定。

② 《关于印发〈融资担保公司监督管理条例〉四项配套制度的通知》第十五条：融资担保公司的融资担保责任余额不得超过其净资产的 10 倍。对主要为小微企业和农业、农村和农民服务的融资担保公司，前款规定的倍数上限可以提高至 15 倍。相关统计显示，截至 2015 年 12 月，全国担保放大倍数为 2.3 倍。

$$x(f^2\alpha_1,\ r^2\alpha_2,\ s) = \sqrt[3]{-\frac{v}{2}+\sqrt{\left(\frac{v}{2}\right)^2+\left(\frac{u}{3}\right)^3}}+\sqrt[3]{-\frac{v}{2}-\sqrt{\left(\frac{v}{2}\right)^2+\left(\frac{u}{3}\right)^3}}$$

$$(8-16)$$

则一元三次方程（8-12）的实根为

$$\begin{cases} \beta_1^* = x(f^2\alpha_1,\ r^2\alpha_2,\ s)+\dfrac{f^2\alpha_1}{f^2\alpha_1+r^2\alpha_2} \\[3mm] \beta_2^* = -x(f^2\alpha_1,\ r^2\alpha_2,\ s)+\dfrac{r^2\alpha_2}{f^2\alpha_1+r^2\alpha_2} \end{cases}$$

$$(8-17)$$

比较可发现式（8-14）是式（8-17）的极限形式。且 $f^2\alpha_1 \to \infty$ 时，$\beta_1^* \to 0$；$r^2\alpha_2 \to \infty$ 时，$\beta_1^* \to 1$。说明在农地经营权抵押贷款的银担协同式合作中，若一方完全缺乏效率，其收益的最优线性分配比例将趋于零。

接下来分析协同式合作对于银担在农地经营权抵押贷款业务上资金投入和收益的影响。由式（8-4）可得 $\dfrac{\partial^2 E\pi}{\partial e_1 \partial e_2}=s\geq 0$，$\dfrac{\partial^2 E\pi}{\partial s \partial e_1}=e_2\geq 0$，$\dfrac{\partial^2 E\pi}{\partial s \partial e_2}=e_1\geq 0$。由托比克斯（Topkis，1978）的定理和阿米尔（Amir，2005）的引理，e_i 是超模的，e_1^* 和 e_2^* 是 s 的增函数。说明农地经营权抵押贷款的规模将随协同式合作程度的加深而增大。

由 $e_i^* \in \arg\max E\pi_i(e_1,\ e_2)$，可得

$$\begin{cases} \left.\dfrac{\partial E\pi(e_1,\ e_2;\ s)}{\partial e_1}\right|_{e_1^*} = \left.\dfrac{\partial E\pi_1(e_1,\ e_2;\ s)}{\partial e_1}\right|_{e_1^*} + \left.\dfrac{\partial E\pi_2(e_1,\ e_2;\ s)}{\partial e_1}\right|_{e_1^*} \\[4mm] \qquad\qquad\qquad = \left.\dfrac{\partial E\pi_2(e_1,\ e_2;\ s)}{\partial e_1}\right|_{e_1^*} = \beta_2(1+se_2)>0 \\[4mm] \left.\dfrac{\partial E\pi(e_1,\ e_2;\ s)}{\partial e_2}\right|_{e_2^*} = \left.\dfrac{\partial E\pi_1(e_1,\ e_2;\ s)}{\partial e_2}\right|_{e_2^*} + \left.\dfrac{\partial E\pi_2(e_1,\ e_2;\ s)}{\partial e_2}\right|_{e_2^*} \\[4mm] \qquad\qquad\qquad = \left.\dfrac{\partial E\pi_1(e_1,\ e_2;\ s)}{\partial e_2}\right|_{e_2^*} = \beta_1(1+se_1)>0 \end{cases}$$

$$(8-18)$$

由 $\dfrac{\partial E\pi(e_1,\ e_2;\ s)}{\partial s}=e_1 e_2>0$，可得

$$\dfrac{\mathrm{d}E\pi(e_1^*,\ e_2^*;\ s)}{\partial s} = \left.\dfrac{\partial E\pi_1(e_1^*,\ e_2^*;\ s)}{\partial e_1}\right|_{e_1^*,e_1^*} \times \dfrac{\mathrm{d}e_1^*}{\mathrm{d}s} + \left.\dfrac{\mathrm{d}E\pi(e_1^*,\ e_2^*;\ s)}{\partial e_2}\right|_{e_1^*,e_1^*}$$

$$\times\dfrac{\mathrm{d}e_2^*}{\mathrm{d}s} + \dfrac{\partial E\pi(e_1^*,\ e_2^*;\ s)}{\partial s}>0 \qquad (8-19)$$

式（8-19）说明银担在农地经营权抵押贷款中的收益将随协同式合

作程度的加深而增大。

下面探究农地经营权抵押贷款中银担合作有无协同效应对风险偿还效率的影响。把风险资产规模 $C(C = e_1 + e_2)$ 视为投入变量,风险资产收益率 $Y(Y = Y_1 + Y_2)$ 视为产出变量,风险偿还效率由银担在风险资产和资产收益层面的配置水平决定:风险资产收益水平越高,银担偿还风险的能力越强,风险偿还效率越高。令 $f(C, Y)$ 为风险资产收益密度函数,它是二元非负函数,假设其服从均匀分布。令

$$F(A) = \iint\limits_{A:S(C,Y)=0} f(C, Y)\,\mathrm{d}C\mathrm{d}Y \qquad (8-20)$$

其中,$S(C, Y) = 0$ 是农地经营权抵押贷款边界曲线,反映风险资产规模和风险资产收益之间的分布关系;A 是 $S(C, Y) = 0$ 和坐标轴围成的区域;$F(A)$ 是风险偿还效率,由于 $f(C, Y)$ 非负,$F(A)$ 就是区域 A 的单调递增函数。

假设银担无协同式合作和有协同式合作的边界曲线分别是 $S_1(C, Y)$ 和 $S_2(C, Y)$,其与边界线 $C = C^*$ 分别相交于 A 和 B 点(见图 8 - 1)。根据以上分析结论,由于当前农地经营权抵押贷款规模过小,当放贷规模适当扩大时,出于补偿风险的考虑,贷款利率反而会提高,所以风险资产收益率会提高,此时曲线 $S(C, Y) = 0$ 是上凸的;当贷款规模扩大到一定程度后,风险资产收益率将会随着贷款规模的增加而下降,此时曲线 $S(C, Y) = 0$ 是下凸的。因此 $S(C, Y) = 0$ 在某一临界点之前是单调递增函数,之后则是单调递减函数。同时,上述分析发现协同式合作能够提高银担在农地经营权抵押贷款中的收益,所以 $S_1(C, Y)$ 的转折点 S_1' 要先于 $S_2(C, Y)$ 的 S_2'。

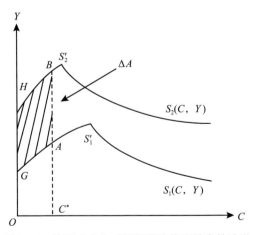

图 8 - 1 协同式合作对银担风险偿还效率的改进

风险偿还效率分别表示为 $F_1(A) = \iint\limits_{A:S_1(C,Y)=0} f(C,Y)\mathrm{d}C\mathrm{d}Y$ 和 $F_2(A) =$

$\iint\limits_{A:S_2(C,Y)=0} f(C,Y)\mathrm{d}C\mathrm{d}Y$。由上述分析的结论，银担在农地经营权抵押贷款

中的收益会随协同式合作程度的加深而增大，可得

$$F_2(A) - F_1(A) = \iint\limits_{\Delta A} f(C,Y)\mathrm{d}C\mathrm{d}Y > 0 \qquad (8-21)$$

ΔA 为图 8 - 1 的阴影区域。式（8 - 21）说明银担在农地经营权抵押贷款中存在协同式合作能够提高风险偿还效率，从而提升风险防范能力。

8.2.3　银担协同式合作的模式选择及实现路径

既然商业银行和担保机构合作具有协同效应时能提升农地经营权抵押贷款规模、收益和风险偿还效率，那么两者的协作以何模式展开？效应是否有提升？模式是否有持续性？下面通过博弈模型来推演银担合作的动态过程得到合适的协同式合作模式，并通过银担各自优势资源禀赋分析设计实现该协同式合作模式的实现路径。

1. 银担协同式合作模式的选择

（1）合作博弈模型的动态推演。农地经营权抵押贷款业务中，银担合作后形成共生系统。类似于自然界生物种群进化过程，系统会经历产生、发展和稳定各阶段，因此借鉴生物种群的竞争和合作，采用 Logistic 模型来模拟合作的动态演化过程。Logistic 模型由维尔胡尔斯特（Verhulst）于 1838 年提出，已被广泛应用于生物学和社会学等领域（Block et al.，1987）来模拟生态系统中个体的增长规律，改进后扩展的 Logistic 模型可用于描述变量之间的关联关系对变量自身增长的影响程度（宋坤，2016），模型为

$$\frac{\mathrm{d}X}{\mathrm{d}t} = vX\left(1 - \frac{X}{X^*}\right) \qquad (8-22)$$

其中，v 是自然增长率；X^* 是最大环境容量。该式可以描述参与农地经营权抵押贷款的商业银行和担保机构在相互没有干预情况下，独立开展业务时业务数量的增长规律。Logistic 系数 v 使业务趋向于极限数据，对业务数量起到抑制或促进作用。当 $X = X^*$ 时，商业银行和担保机构各自的业务量最大，达到均衡点。

当参与农地经营权抵押贷款的商业银行和担保机构合作时，需要进行优势互补，以实现共赢。因此对独立开展业务的式（8 - 22）进行调整，

以体现出商业银行和担保机构的相互作用，即

$$\frac{\mathrm{d}L_i}{\mathrm{d}t} = v_i L_i \left[1 - \frac{L_i}{M_i} \pm (\beta_{ij} - \alpha_{ij}) \frac{L_j}{M_j} \right] \qquad (8-23)$$

用 1 和 2 分别表示参与农地经营权抵押贷款的商业银行和担保机构，其贷款规模和债务代偿规模为 $L_i(t)(i = 1, 2)$，影响因素有时间、专业分工、信息和交易成本等，这里假定它是时间的函数。在资源禀赋既定的条件下，银担的最大贷款量和最大债务代偿能力为 $M_i(i = 1, 2)$，其各自的增长率为 $v_i(i = 1, 2)$。商业银行对担保机构的影响效果为 α_{12}，担保机构对商业银行的影响效果为 α_{21}，$\alpha < 0$ 说明有抵制作用，反之则有促进作用。$\frac{L_i}{M_i}$ 是商业银行和担保机构开展业务量占其实现最大值的比重，即业务量自然增长饱和度；那么 $\left(1 - \frac{L_i}{M_i}\right)$ 反映尚未开展的业务量。由于商业银行和担保机构在农地经营权抵押贷款的开展中会相互影响，因此设商业银行和担保机构的竞争力系数分别 $\alpha(\alpha \geq 0)$ 和 $\beta(\beta \geq 0)$，分别表示抑制和促进程度。$\alpha_{ij} > \beta_{ij}$ 表示合作后 j 机构对 i 机构农地经营权抵押贷款业务的抑制作用大于促进作用，反之结论相反。当 $\alpha_{ij} = \beta_{ij}$ 时，商业银行和担保机构不存在合作模式，互不干涉各自的业务发展。式（8-23）能够描绘出变量之间的关联关系对变量自身增长的影响程度，所以可以通过该模型直接刻画本节的研究。但合作模式的稳定性分析有助于辅助商业银行和担保机构进行经营决策，除得到合作形成的均衡点，还要分析稳定性所需条件。

机构之间的合作可能存在以下六种模式：寄生（一方受益，另一方受损）、偏利（一方受益，另一方不受影响）、偏害（一方受损，另一方不受影响）、对称互利（双方均受益且对称）、非对称互利（对方均受益，但不对称）以及竞争合作（双方受损）。其中，偏害和竞争合作两种模式不符合农地经营权抵押贷款银担合作后至少一方受益的预期，因此下面研究其他四种模式下双方的博弈模型、稳定所要求条件以及合作效应。

①寄生。假设合作后中，机构 2 是寄生者，机构 1 是寄主，因此受益方为机构 2，受损方为机构 1，则机构 1 对机构 2 促进作用大于抑制作用（$\beta_{21} > \alpha_{21}$），而机构 2 对机构 1 抑制作用大于促进作用（$\beta_{12} < \alpha_{12}$）。商业银行和担保机构合作博弈模型为

$$\begin{cases} \dfrac{\mathrm{d}L_1}{\mathrm{d}t} = v_1 L_1 \left[1 - \dfrac{L_1}{M_1} - (\beta_{12} - \alpha_{12}) \dfrac{L_2}{M_2} \right] \\ \dfrac{\mathrm{d}L_2}{\mathrm{d}t} = v_2 L_2 \left[-1 - \dfrac{L_2}{M_2} + (\beta_{21} - \alpha_{21}) \dfrac{L_1}{M_1} \right] \end{cases} \qquad (8-24)$$

当 $\dfrac{dL_1}{dt}=0$，$\dfrac{dL_2}{dt}=0$ 时，得解（M_1，0）和 $\Big[\dfrac{(\beta_{12}-\alpha_{12})+1}{(\beta_{12}-\alpha_{12})(\beta_{21}-\alpha_{21})+1}M_1$，

$\dfrac{(\beta_{21}-\alpha_{21})-1}{(\beta_{12}-\alpha_{12})(\beta_{21}-\alpha_{21})+1}M_2\Big]$。由于（$M_1$，0）表示银担合作后机构 2 没

有开展任何担保业务，不合乎寄生关系的博弈状态，因此剔除。下面通过等斜线的移动轨迹对该解的稳定性情况进行分析。稳定条件只能是满

足 $\beta_{21}-\alpha_{21}>1$（如图 8-2 实线所示），否则 $\dfrac{dL_2}{dt}=0$ 就为图中的虚线，不

能和 $\dfrac{dL_1}{dt}=0$ 相交而得不到有效解，即寄主商业银行会力争自己的发展而导

致寄生者担保公司的业务以失败告终。此时，$\dfrac{(\beta_{12}-\alpha_{12})+1}{(\beta_{12}-\alpha_{12})(\beta_{21}-\alpha_{21})+1}<1$，

$\dfrac{(\beta_{21}-\alpha_{21})-1}{(\beta_{12}-\alpha_{12})(\beta_{21}-\alpha_{21})+1}<1$，因此 $\dfrac{(\beta_{12}-\alpha_{12})+1}{(\beta_{12}-\alpha_{12})(\beta_{21}-\alpha_{21})+1}M_1<M_1$，

$\dfrac{(\beta_{21}-\alpha_{21})-1}{(\beta_{12}-\alpha_{12})(\beta_{21}-\alpha_{21})+1}M_2<M_2$。说明寄生关系下商业银行和担保机构

合作后的总体效应并没有实现增加。

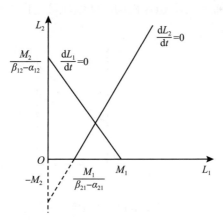

图 8-2 寄生关系中商业银行和担保机构相轨线轨迹

②偏利。假设合作后中，机构 2 是受益方，则机构 1 对机构 2 的促进作用大于抑制作用（$\beta_{21}>\alpha_{21}$），而机构 2 对机构 1 没有丝毫影响。商业银行和担保机构合作博弈模型为

$$\begin{cases} \dfrac{\mathrm{d}L_1}{\mathrm{d}t} = v_1 L_1 \left(1 - \dfrac{L_1}{M_1}\right) \\ \dfrac{\mathrm{d}L_2}{\mathrm{d}t} = v_2 L_2 \left[1 - \dfrac{L_2}{M_2} + (\beta_{21} - \alpha_{21})\dfrac{L_1}{M_1}\right] \end{cases} \qquad (8-25)$$

当 $\dfrac{\mathrm{d}L_1}{\mathrm{d}t}=0$，$\dfrac{\mathrm{d}L_2}{\mathrm{d}t}=0$ 时，得解 $(M_1,(1+\beta_{21}-\alpha_{21})M_2)$。下面对等斜线轨迹进行分析，以得到该有效解的稳定性情况。当 $\beta_{21}>\alpha_{21}$ 时，能够得到均衡点（$\beta_{21}<\alpha_{21}$ 时得不到均衡解，因为 $\dfrac{\mathrm{d}L_2}{\mathrm{d}t}=0$ 和 $\dfrac{\mathrm{d}L_1}{\mathrm{d}t}=0$ 两条线不能相交）。因为 $\beta_{21}>\alpha_{21}$，可得 $[1+(\beta_{21}-\alpha_{21})]M_2>M_2$，说明此关系下机构 1 能够保证自己独自开展农地经营权抵押贷款业务时的最大规模，而机构 2 则可以增加更多担保业务量。但这种关系带来的结果要想保持稳定，必须要求商业银行和担保机构在业务开展上不存在任何的竞争关系，否则机构 1 会减少对机构 2 的促进作用，而随着 $\beta_{21}-\alpha_{21}\rightarrow0$，$\dfrac{\mathrm{d}L_2}{\mathrm{d}t}=0$ 线就会以 M_2 为据点向右旋转，虽然仍然能够形成均衡解，但 L_1 保持不变的情况下，L_2 明显会逐步下降，此时担保公司的代偿规模反而会呈现出逐步下降的态势。

偏利关系中商业银行和担保机构相轨线轨迹走向如图 8-3 所示。

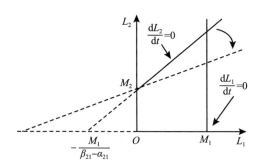

图 8-3　偏利关系中商业银行和担保机构相轨线轨迹走向

③对称互利。假设合作后中，机构 1 对机构 2 的促进作用大于抑制作用（$\beta_{21}>\alpha_{21}$），机构 2 对机构 1 的促进作用也大于抑制作用（$\beta_{12}>\alpha_{12}$）。

a. 两类机构均独立成长时，商业银行和担保机构合作博弈模型为

$$\begin{cases} \dfrac{\mathrm{d}L_1}{\mathrm{d}t} = v_1 L_1 \left[1 - \dfrac{L_1}{M_1} + (\beta_{12} - \alpha_{12})\dfrac{L_2}{M_2}\right] \\ \dfrac{\mathrm{d}L_2}{\mathrm{d}t} = v_2 L_2 \left[1 - \dfrac{L_2}{M_2} + (\beta_{21} - \alpha_{21})\dfrac{L_1}{M_1}\right] \end{cases} \qquad (8-26)$$

当 $\dfrac{\mathrm{d}L_1}{\mathrm{d}t} = 0$，$\dfrac{\mathrm{d}L_2}{\mathrm{d}t} = 0$ 时，得解 $\left(\dfrac{(\beta_{12} - \alpha_{12}) + 1}{1 - (\beta_{12} - \alpha_{12})(\beta_{21} - \alpha_{21})} M_1,\right.$

$\left.\dfrac{(\beta_{21} - \alpha_{21}) + 1}{1 - (\beta_{12} - \alpha_{12})(\beta_{21} - \alpha_{21})} M_2 \right)$。下面对等斜线轨迹进行分析，以得到该有

效解的稳定性情况。分析可知，只有在满足 $\beta_{12} - \alpha_{12} > 1$ 且 $\beta_{21} - \alpha_{21} < 1$
时，或者 $\beta_{12} - \alpha_{12} < 1$ 且 $\beta_{21} - \alpha_{21} < 1$ 时，才能分别得到如图 8 - 4 所示的两
个稳定均衡点 E_1 和 E_2。比较 E_1 和 E_2 可看到，E_1 点的 L_1 和 L_2 均要大
于 E_2 点的，因此 E_1 更为有效，说明商业银行和担保机构对对方业务规
模的促进作用都相对较大。此外，$\beta_{12} - \alpha_{12} > 1$ 且 $\beta_{21} - \alpha_{21} < 1$ 时，

$\dfrac{(\beta_{12} - \alpha_{12}) + 1}{1 - (\beta_{12} - \alpha_{12})(\beta_{21} - \alpha_{21})} > 1$，$\dfrac{(\beta_{21} - \alpha_{21}) + 1}{1 - (\beta_{12} - \alpha_{12})(\beta_{21} - \alpha_{21})} > 1$，因此

$\dfrac{(\beta_{12} - \alpha_{12}) + 1}{1 - (\beta_{12} - \alpha_{12})(\beta_{21} - \alpha_{21})} M_1 > M_1$，$\dfrac{(\beta_{21} - \alpha_{21}) + 1}{1 - (\beta_{12} - \alpha_{12})(\beta_{21} - \alpha_{21})} M_2 > M_2$，表示

两类机构合作后均会受益。但由于 $(\beta_{12} - \alpha_{12})(\beta_{21} - \alpha_{21})$ 是否大于 1 未
知，因此总体效应增加与否待定。

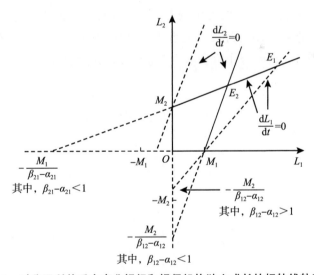

图 8 - 4　对称互利关系中商业银行和担保机构独立成长的相轨线轨迹走向

b. 两类机构均依赖成长时，商业银行和担保机构合作博弈模型为

$$\begin{cases} \dfrac{\mathrm{d}L_1}{\mathrm{d}t} = v_1 L_1 \left[-1 - \dfrac{L_1}{M_1} + (\beta_{12} - \alpha_{12}) \dfrac{L_2}{M_2} \right] \\[3mm] \dfrac{\mathrm{d}L_2}{\mathrm{d}t} = v_2 L_2 \left[-1 - \dfrac{L_2}{M_2} + (\beta_{21} - \alpha_{21}) \dfrac{L_1}{M_1} \right] \end{cases} \qquad (8 - 27)$$

当 $\dfrac{\mathrm{d}L_1}{\mathrm{d}t}=0$，$\dfrac{\mathrm{d}L_2}{\mathrm{d}t}=0$ 时，得解（0，0）和 $\left(\dfrac{(\beta_{12}-\alpha_{12})+1}{(\beta_{12}-\alpha_{12})(\beta_{21}-\alpha_{21})-1}M_1,\right.$ $\left.\dfrac{(\beta_{21}-\alpha_{21})+1}{(\beta_{12}-\alpha_{12})(\beta_{21}-\alpha_{21})-1}M_2\right)$。解（0，0）没有任何意义，所以剔除。下面分析有效解的稳定性情况。由上述可见，仅满足以下三个条件时才能得到稳定的均衡点。$\beta_{12}-\alpha_{12}<\dfrac{M_2}{M_1}$ 且 $\beta_{21}-\alpha_{21}>\dfrac{M_1}{M_2}$，或 $\beta_{12}-\alpha_{12}>\dfrac{M_2}{M_1}$ 且 $\beta_{21}-\alpha_{21}<\dfrac{M_1}{M_2}$，或 $\beta_{12}-\alpha_{12}>\dfrac{M_2}{M_1}$ 且 $\beta_{21}-\alpha_{21}>\dfrac{M_1}{M_2}$，分别可得到如图 8-5 所示的三个稳定均衡点 E_1、E_2 和 E_3。由于 $\beta_{12}-\alpha_{12}<\dfrac{M_2}{M_1}$ 表示担保机构对商业银行的正向促进效应小于商业银行和担保机构的最大业务规模之比，因此合作后商业银行会限制担保机构的业务开展。同理，$\beta_{21}-\alpha_{21}<\dfrac{M_1}{M_2}$ 表示商业银行对担保机构的正向促进效应小于两类机构的最大业务规模之比，因此合作后担保公司会阻碍商业银行开展农地经营权抵押贷款业务。通过上述分析，只有在 E_3 点时，两类机构对对方的贡献都会相对较大，均会鼓励和支持对方业务活动的开展，两者需要彼此依赖成长。并且 $(\beta_{12}-\alpha_{12})$ $(\beta_{21}-\alpha_{21})>1$，说明合作后表示两者总体效应是显著增加的。

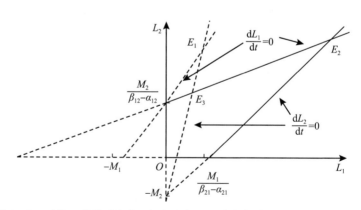

图 8-5　对称互利关系中商业银行和担保机构依赖成长的相轨线轨迹走向

④非对称互利。假设合作后中，机构 1 独立开展业务，机构 2 依赖于机构 1 开展业务。机构 1 对机构 2 的促进作用大于抑制作用（$\beta_{21}>\alpha_{21}$），机构 2 对机构 1 的促进作用也大于抑制作用（$\beta_{12}>\alpha_{12}$）。商业银行和担保机构合作博弈模型为

$$\begin{cases} \dfrac{dL_1}{dt} = v_1 L_1 \Big[1 - \dfrac{L_1}{M_1} + (\beta_{12} - \alpha_{12}) \dfrac{L_2}{M_2} \Big] \\ \dfrac{dL_2}{dt} = v_2 L_2 \Big[-1 - \dfrac{L_2}{M_2} + (\beta_{21} - \alpha_{21}) \dfrac{L_1}{M_1} \Big] \end{cases} \tag{8-28}$$

当 $\dfrac{dL_1}{dt} = 0$, $\dfrac{dL_2}{dt} = 0$ 时,得解 $(M_1, 0)$ 和 $\Big(\dfrac{1 - (\beta_{12} - \alpha_{12})}{1 - (\beta_{12} - \alpha_{12})(\beta_{21} - \alpha_{21})} M_1,$

$\dfrac{(\beta_{21} - \alpha_{21}) - 1}{1 - (\beta_{12} - \alpha_{12})(\beta_{21} - \alpha_{21})} M_2 \Big)$。剔除解 $(M_1, 0)$,理由同上。下面仅对有

效解的稳定性进行分析。分析可知,只有在 $\beta_{21} - \alpha_{21} > 1$ 且 $\beta_{12} - \alpha_{12} > 0$ 时才能得到稳定的均衡点 E_1。$\beta_{21} - \alpha_{21} > 1$ 说明商业银行对担保机构业务开展的正向贡献要大些,$\beta_{12} - \alpha_{12} > 0$ 说明担保机构对商业银行开展农地经营权抵押贷款业务的贡献度要小得多。此时,$\dfrac{1 - (\beta_{12} - \alpha_{12})}{1 - (\beta_{12} - \alpha_{12})(\beta_{21} - \alpha_{21})} > 1$,

可得到 $\dfrac{1 - (\beta_{12} - \alpha_{12})}{1 - (\beta_{12} - \alpha_{12})(\beta_{21} - \alpha_{21})} M_1 > M_1$,说明合作后商业银行的农地经营权抵押贷款规模量会增加,而担保机构的业务量则不一定会出现何种变化。进一步分析,由于 $\beta_{21} - \alpha_{21} > 1$ 且 $\beta_{12} - \alpha_{12} > 0$,合作后商业银行出于利益考虑会逐渐减小对担保机构业务规模的促进作用($\dfrac{dL_2}{dt} = 0$ 线以 $-M_2$ 为据点向右旋转),担保公司考虑到可持续发展也应增加对商业银行开展农地经营权抵押贷款业务的贡献($\dfrac{dL_1}{dt} = 0$ 线以 M_1 为据点向左旋转),从而形成新的均衡点 E_2。比较可知,E_2 点对应的 L_1 虽然增加,但 L_2 却减少。因此,要保持此关系合作的稳定,担保机构必须与商业银行进行协商,给予商业银行一定的补偿。

非对称互利关系中商业银行和担保机构相轨迹走向如图 8-6 所示。

为方便实证分析,上述" $\alpha(\alpha \geq 0)$ 和 $\beta(\beta \geq 0)$ 分别表示抑制和促进程度"统一替换为 α,$\alpha > 0$ 说明有促进作用,$\alpha < 0$ 则有抑制作用。其中,α_{12} 表示担保机构对商业银行的影响效果,α_{21} 表示商业银行对担保机构的影响效果。四种模式下商业银行和担保机构的合作博弈模型的均衡解以及合作的稳定性要求见表 8-1(宋坤,2016)。

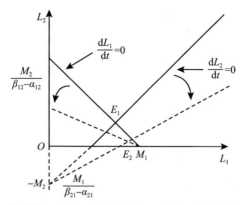

图 8 - 6　非对称互利关系中商业银行和担保机构相轨线轨迹走向

表 8 - 1　　　　　　　　　　成都市农地经营权抵押贷款风险指标值

合作模式	博弈模型	稳定所要求条件	合作后的效应
寄生	$\begin{cases} \dfrac{dL_1}{dt}=v_1L_1\left[1-\dfrac{L_1}{M_1}-\alpha_{12}\dfrac{L_2}{M_2}\right] \\ \dfrac{dL_2}{dt}=v_2L_2\left[-1-\dfrac{L_2}{M_2}+\alpha_{21}\dfrac{L_1}{M_1}\right] \end{cases}$	$\alpha_{21}>1$	$\dfrac{\alpha_{12}+1}{\alpha_{12}\cdot\alpha_{21}+1}M_1<M_1,$ $\dfrac{\alpha_{21}-1}{\alpha_{12}\cdot\alpha_{21}+1}M_2<M_2$
偏利	$\begin{cases} \dfrac{dL_1}{dt}=v_1L_1\left[1-\dfrac{L_1}{M_1}\right] \\ \dfrac{dL_2}{dt}=v_2L_2\left[1-\dfrac{L_2}{M_2}+\alpha_{21}\dfrac{L_1}{M_1}\right] \end{cases}$	$\alpha_{21}>0$	$(1+\alpha_{21})M_2>M_2$，但要求两者业务上不能存在竞争关系
分立成长的对称互利	$\begin{cases} \dfrac{dL_1}{dt}=v_1L_1\left[1-\dfrac{L_1}{M_1}+\alpha_{12}\dfrac{L_2}{M_2}\right] \\ \dfrac{dL_2}{dt}=v_2L_2\left[1-\dfrac{L_2}{M_2}+\alpha_{21}\dfrac{L_1}{M_1}\right] \end{cases}$	$\alpha_{12}>1$ 且 $0<\alpha_{21}<1$	$\alpha_{12}>1$ 且 $\alpha_{21}<1$ 时，$\dfrac{\alpha_{12}+1}{1-\alpha_{12}\cdot\alpha_{21}}$ $M_1>M_1$，$\dfrac{\alpha_{21}+1}{1-\alpha_{12}\cdot\alpha_{21}}M_2>M_2$，但由于 $\alpha_{12}\cdot\alpha_{21}$ 是否大于 1 未知，因此总体效应增加与否待定
依赖成长的对称互利	$\begin{cases} \dfrac{dL_1}{dt}=v_1L_1\left[-1-\dfrac{L_1}{M_1}+\alpha_{12}\dfrac{L_2}{M_2}\right] \\ \dfrac{dL_2}{dt}=v_2L_2\left[-1-\dfrac{L_2}{M_2}+\alpha_{21}\dfrac{L_1}{M_1}\right] \end{cases}$	$\alpha_{12}>\dfrac{M_2}{M_1}>0$ 且 $\alpha_{21}>\dfrac{M_1}{M_2}>0$	$\alpha_{12}>\dfrac{M_2}{M_1}$ 且 $\alpha_{21}>\dfrac{M_1}{M_2}$ 时，$\alpha_{12}\cdot\alpha_{21}>1$，说明总体效应是显著增加的
非对称互利	$\begin{cases} \dfrac{dL_1}{dt}=v_1L_1\left[1-\dfrac{L_1}{M_1}+\alpha_{12}\dfrac{L_2}{M_2}\right] \\ \dfrac{dL_2}{dt}=v_2L_2\left[-1-\dfrac{L_2}{M_2}+\alpha_{21}\dfrac{L_1}{M_1}\right] \end{cases}$	$\alpha_{21}>1$ 且 $\alpha_{12}>0$	$\dfrac{1-\alpha_{12}}{1-\alpha_{12}\cdot\alpha_{21}}M_1>M_1$，但担保机构必须对商业银行进行补偿

注：对称互利模式又细分为分立成长的对称互利和依赖成长的对称互利两种模式。

分析表 8 - 1 发现，对于农地经营权抵押贷款：寄生合作模式中，寄主商业银行会在该业务中努力撷取自身最大利益而使寄生者担保机构面临的风险更大，结果贷款规模和债务代偿规模相比合作前均更小；偏利合作模式中，两者的总体效应增加与否不确定，但在商业银行开展该业务最大规模不变的情况下，担保机构的债务代偿规模有所提升，该结论要求的前提是两者在业务上没有任何竞争关系，否则商业银行会减少对担保机构的促进作用，担保机构的代偿规模将逐步下降；分立成长的对称互利合作模式中，银担的贷款规模和债务代偿规模均扩大，但总体效应增加与否不确定；依赖成长的对称互利合作模式中，银担的贷款规模和债务代偿规模都在有效扩大的同时，两者的总体效应显著增加；非对称互利合作模式中，商业银行的贷款规模会增加，担保机构的债务代偿规模不一定增加，而且为维系合作的稳定，担保机构需要对商业银行进行补偿。

上述模式中，寄生和非对称互利两种合作模式并没有存在的意义和现实基础，所以剔除。结合前面的分析结果，银担在农地经营权抵押贷款中开展分立式合作可以采用偏利或分立成长的对称互利合作模式，因为这两种模式中担保机构的债务代偿能力均增加，说明其分担风险更具有效性，但由于总体效应是否提高并不确定，因此不合适于协同式合作。同时，在大幅提高农地经营权抵押贷款中抵押物处置率的情况下，可以采用分立成长的对称互利合作模式，否则即便存在担保，商业银行也不愿意扩大该业务的贷款规模，此时则应采用偏利合作模式。最后，因为依赖成长的对称互利合作模式在担保机构风险分担有效提高的同时，能够推动银行积极开展农地经营权抵押贷款业务，并且总体效应实现 $1+1>2$，是最佳的激励和最佳的资源配置状态，因此合适于存在协同效应的银担合作，两者将在利益共享、优势互补的基础上开展协作。

（2）基于优势资源禀赋的分析。上述分析中，仅有依赖成长的对称互利合作模式适用于银担协作式合作，下面基于银担各自的优势资源和能力对该模式存在的现实基础作进一步分析。

虽然商业银行在市场份额、信贷资金和风控技术方面具有绝对优势，但农地经营权抵押贷款尚处于试点阶段，具有期限短、规模小、频次高的特点，商业银行贷款审批流程较烦琐、成本较高、风险不易控制。而涉农担保机构专注农业、深入农村、贴近农民，在农地经营权抵押贷款业务的农地经营权确权、流程手续、客户甄别、资产评估、贷后监督和收储处置等方面具备灵活高效的独特优势。当前银担各自的资源性和结构性差别优势难以被另一方模仿、替代甚至超越，异质性资源融合能够产生新动能。

同时，在农地经营权抵押贷款业务中，商业银行依赖于担保机构分担风险，担保机构依赖于商业银行的信贷产品产生利润。因此，基于比较优势的基质，双向依赖驱动银担在农地经营权抵押贷款中形成依赖成长的对称互利合作模式，两者协同效应越大，双方在该贷款业务中就会越来越相互依赖和步调一致，合作绩效就会较高。在该模式下，银担相互依赖形成协作共生系统，商业银行在农地经营权抵押贷款业务中所面临的风险演化为系统内部风险，同时银担的利益紧密相关，系统资金来源更加多元化、产品创新能力提升、业务拓展能力增强。

2. 依赖成长的对称互利的银担协同式合作模式设计及其实现路径

（1）具体模式的设计。银担协同式合作的目的是实现风险内部化于商业银行和担保机构协作共生系统之间，上述分析认为依赖成长的对称互利协同式合作模式（以下简称协同式合作模式）能够巧妙地实现这一目标。鉴于第三方服务机制能有效地减少农地经营权抵押贷款中的交易费用，促进抵押行为的发生（吴一恒等，2018），本节认为银担协同式合作模式应当是丰富担保机构的各项功能，使之成为集"农业信息咨询、农业技术推广、农业设施建设、农村土地整理、贷前调查甄别、抵押资产评估、农地抵押担保、贷款业务监督、收储处置变现"为一体的"一站式全链条"闭环式担保服务机构，这能够使得农地经营权抵押贷款的各个环节均处于有效监督视域内。同时，担保服务机构拟以广大的农业种植户为基础，以专业化和规模化的农、林业公司为核心，知名农业龙头企业为依托，形成商业银行、处置联盟与农业经营主体多边互动的、不断反馈的弹性动态的公司化运作模式。依赖成长的对称互利的银担协同式合作模式设计具体如图8-7所示。

其中，该银担协同式合作的深入有效开展有赖于收储联盟的介入，收储联盟应当强调以市场化处置方式替代政府的兜底责任，由担保服务机构引入专业化的市场主体，包括农业产业化龙头企业、农民合作社、收储公司或地方国有平台公司作为收储联盟对农地经营权抵押贷款形成的不良资产，包括但不限于土地已付租金、土地预期收益、经营权剩余年限以及地上（含地下）附着物等进行处置。收储联盟的加入将有效降低银担协作共生系统的抵押物处置风险，势必推进贷款规模的进一步扩大，同时银担不能及时处置的抵押资产也为收储联盟提供优质的生产资料，促进收储联盟的规模化经营及利润的持续性增长，从而实现双赢。

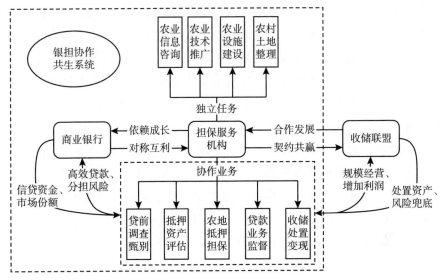

图 8 - 7　依赖成长的对称互利的银担协同式合作模式设计

以上设计的模式中，担保服务机构依赖于商业银行在开展农地经营权抵押贷款业务中的资金资源，而商业银行依赖于担保服务机构的专业性和技术性，把农户个体信用提升为专业收储联盟集体信用，实现交易内部化来降低交易成本。

（2）模式的实现路径。为保证该协同式合作模式的有效性和可持续性，下面按"风险收益匹配、优势互补、共同发展"的原则设计实现路径，以达到银担收益和风险在协作共生系统内部的均衡配置，从而改进收益和风险的匹配效率，提升协作共生系统整体收益水平和抗风险能力。具体实现包括以下路径。

①利益联结。农地经营权抵押贷款银担协同式合作模式中，担保机构为农业经营主体提供贷款担保，同时为商业银行锁定贷款违约损失，并将抵押资产处置风险转嫁给收储联盟，因此农业经营主体和商业银行需在贷款期限内向担保机构缴纳一定费用，同时担保机构也需向收储联盟缴纳费用作为补偿。可以引入期权策略来构造担保机构与农业经营主体、银行和收储联盟的利益联结模型，具体操作为：担保机构向银行出售关于农地经营权抵押资产价值的看跌期权，银行每期给担保机构缴纳期权费 f_1，在农业经营主体违约且抵押资产无法及时变现时，银行可按执行价格要求担保机构变现以控制坏账损失；同时担保机构向农业经营主体出售相同标的物的看涨期权并每期收取权利金 f_2，若违约，则视为农业经营主体放弃执行

期权（盛世杰等，2016）；担保机构从收储联盟处购买标的资产相同的看跌期权并按期支付费用 f_3，在农业经营主体违约且担保机构未按时变现抵押资产时，担保机构可按执行价格要求收储联盟变现以减小自身亏损。基于期权策略下，担保机构在农业经营主体违约且银担均无法及时变现抵押资产时至少能得到 $f_1 + f_2 - f_3$ 的收益，农地经营权抵押贷款各参与主体从利益冲突、失衡走向利益共容、共享。

②利益分配和成本分摊。利益是农地经营权抵押贷款业务银担协同式合作形成和存在的最基本驱动力。合理利益分配的核心是在公平、公正原则上的利益共赢和共享，是对银担协作共生系统中有形和无形利益分配、成本分摊，以及调试关系的制度安排。可以采用科学方法计算双方的利益分配和成本分摊，并结合各地农地经营权抵押贷款开展的实际来进行修正，以使协作主体均能共享成果，有效改善各自的收益，并使协作共生系统整体收益达到帕累托最优。

③沟通和共享。农地经营权抵押贷款的银担协同式合作中，由于权责不等会存在分歧，完善的沟通协调机制有助于双方协商解决问题，以实现后续良好的协作。银担在协作中除要参与到农地经营权抵押贷款的贷前确权调查、贷中审查和贷后检查过程中，保证信息流通与共享之外，还要召开沟通交流会，通报重点项目的进展，定期组织银担双方涉及农地经营权抵押贷款的相关人员学习、讨论和培训，讲解最新信贷技术、流程以及相关政策，弥补双方对异质性知识的不足，通过知识和信贷技术的溢出效应，提升创新思维能力，推动协作顺利展开。

④动力保障。银担协同式合作的持续高效运转有赖于集政府主导、社会协作、市场调节、社区服务与公众参与为一体的协作网络的强力支持。当地政府应联合各界出资构建一个农村互联网融资平台，开展政策支撑体系、聚合融资体系、风控技术体系、信用信息共享体系建设，突出整合信息流和业务流，建立以互联网融资服务为载体的农村金融综合服务体系。探索联盟式、联合式的契合管理方式，通过建立共同的管理规章、利益分配规则等制度体系，采取场所共同使用、人员统一管理、互相配合支持等多种措施形成"资源共享、信息共集、市场共拓、运营共管"的联合共赢格局。

8.2.4　结论分析

（1）基于银担面对农地经营权抵押贷款风险时各自的利益诉求分析发

现，商业银行的抵押率越高，银行出于风险补偿的考虑会提高贷款利率；商业银行对抵押资产的处置程度越高，贷款利率就越低；担保机构净资产规模越大，也会出于风险考虑而收取更高的担保费。因此，银担合作是分散风险的内生需求，为更有效地分担风险，银担应协商确定合适的担保杠杆率。

（2）基于银担协同式合作的影响以及分担风险的效应的研究发现，农地经营权抵押贷款业务中，商业银行和担保机构仅有分立式合作时，付出的成本更高，收益却更低，同时抵押率大于处置率时银行面临的损失显著高于担保机构。在银担协同式合作中，贷款规模和收益将随协同式合作程度的加深而增大，协同式合作能够提高风险偿还效率。

（3）依赖成长的对称互利合作模式在担保机构风险分担有效提高的同时，能够推动银行积极开展农地经营权抵押贷款业务，并且总体效应实现 $1+1>2$。该模式中，担保机构可成为综合性担保服务机构，采取与商业银行、处置联盟、农业经营主体多边互动的、不断反馈的弹性动态的公司化运作机制。最后从利益联结、利益分配和成本分摊、沟通和共享以及动力保障四大层面诠释实现路径，力求为纵深推进农地经营权抵押贷款提供理论依据、决策思路和技术支持。

8.3　最优风险分担比例的设计

8.3.1　成都市温江区风险分担现状

1. 风险分担参与主体

成都市温江区是政府主导性质的农地经营权抵押贷款。由 2.2.2 节调研可知，温江区政府出资 500 万元设立了风险补偿基金，当农业经营主体违约而不能如期还款时，贷款未偿部分由当地政府分担 80%，银行分担 20%，即风险发生造成的损失由政府和银行以 8∶2 的比例进行分担。温江区政府正在探索适当程度降低政府所分担比例，同时采取一定措施刺激社会资本的参与。

在温江区，参与该业务的银行主要有中国农业银行、成都农商银行、成都银行、中国邮储银行、哈尔滨银行、民生银行 6 家银行。为实现农地抵押贷款风险的分担，银行办理此类业务中的大部分都需要担保机构介入，银行可以借此将部分风险转移至担保机构。结合成都温江区的实践，目前存在以下具有担保作用的组织和机构：花乡农盟花卉苗木专业合作社（以下简称花乡农盟）、红花紫薇花木专业合作社（以下简称红花紫薇）、成都市温江区三联融资担保有限公司（以下简称三联担保公司）。其中花乡农盟和红花紫薇是由社会资本出资成立，属于隐性担保；而三联担保公司资金源于政府，是显性担保。以花乡农盟和三联担保公司为例，通过图8-8和图8-9反映其各自的担保责任。

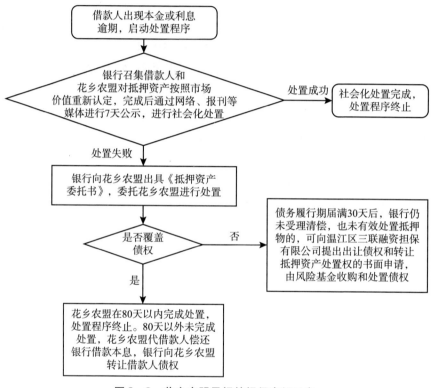

图8-8 花乡农盟承担的担保责任示意

资料来源：根据2.2.2节第五阶段调研整理所得。

图8-9 三联担保公司承担额的担保责任示意

资料来源：根据中国农业信息网资料整理所得。

资金来源为社会资本的花乡农盟和政府出资的三联担保公司，两者在担保功能发挥上各具优势。花乡农盟多年与金融机构、龙头企业、农户等进行交流，积累了充足的社交资源，可凭借自身优势去评估借款农户的信用情况与还款能力，较为方便地筛选掉信用较差的农户，进而从根本上降低违约率。而三联融资担保公司资金来源于政府，在参与农地抵押贷款的运行中体现较强的政策性，因此具有资金、政策等优势。

2. 农地经营权抵押贷款的风险分担原则与流程

农地抵押贷款的风险分担的主要原则为：风险应由风险管控能力最佳的参与主体承担；参与主体的风险管理成本与收益应对等；参与主体分担风险应有上限。

成都市温江区的农地经营权抵押贷款具体风险分担流程如图 8－10 所示。

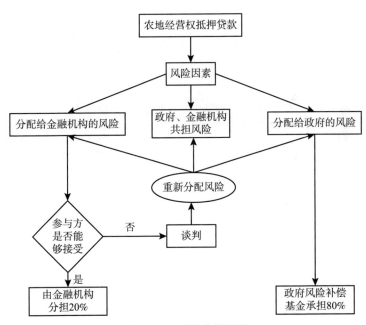

图 8－10　风险分担流程

资料来源：根据 2.2.2 节第五阶段调研整理所得。

3. 可分担的风险类型的确定

从宏观层面来看，常露露和吕德宏（2018）从农产品价格波动、农产品销售市场满意度、贷款利率等方面分析认为此类贷款存在经济风险；汪险生和郭忠兴（2014）、惠献波（2013）、赵翠萍等（2015）、黄惠春和徐雾月（2016）、赵春江和付兆刚（2018）则指出政策风险、法律风险是此类贷款的重要风险。其中，兰庆高等（2013）阐明了地方政策导向变更这一风险；刘奇（2014）表明此类贷款还存在不可控风险，即农地抵押不仅有自然灾害风险，还存在产生相关社会问题的潜在风险。

从微观层面来看，于丽红等（2014）提出此类贷款存在信用风险、运营风险、操作风险、民生风险；潘文轩（2015）则进一步说明了因农业经营主体经营情况不佳，导致无力偿还到期债务而产生信用风险；林建伟（2018）也通过分析信贷员对农地经营权抵押贷款的风险认知指出了其中存在的操作风险；林乐芬和孙德鑫（2015）、陈菁泉和付宗平（2016）、吴婷婷（2017）表明此类贷款存在抵押物价值评估风险和处置风险；王珏等（2019）则指出要注重农地流转平台的信息发布；杨奇才等（2015）阐明了该贷款存在的担保风险，即由第三方担保公司进行担保或由其他联保方提供联合担保时，信用违约风险转移给担保公司从而形成担保风险。

结合上述文献，本节对农地经营权抵押贷款参与主体的风险分担类型进行划分，见表8-2。

表8-2　　　农地经营权抵押贷款三方主体风险分担类型

风险层级	风险类型	风险因素	政府方承担	银行方承担	第三方担保机构方承担	三方共担风险
宏观风险	政策风险	地方政策导向变更可能性	√			
		地方财政资金压力	√			
		地方政府信用	√			
	经济风险	疫情期间农业产业发展状况				√
		农产品销售市场需求变化				√
		农地抵押贷款利率变动				√
		农产品价格波动				√
	法律风险	法律法规变更可能性	√			
		合同规范性		√	√	
	不可抗力风险	自然不可抗力				√
		社会不可抗力				√

续表

风险层级	风险类型	风险因素	政府方承担	银行方承担	第三方担保机构方承担	三方共担风险
微观风险	信用风险	受自然灾害影响的被动违约风险				√
		受市场因素影响的被动违约风险				√
	处置风险	农地流转市场完善程度				√
		农地流转平台规范程度				√
		农地流转信息流畅程度				√
	运营风险	运营收入不足			√	
		运营成本增加		√	√	
		业务人员操作不当		√	√	
		业务人员道德问题		√	√	
	担保风险	贷款担保风险			√	
		抵押物评估风险			√	
		风险规避机制完善程度			√	
	评估风险	评估机制完善程度				√
		第三方专业评估机构缺乏				√
	民生风险	农民失地概率				√
		对农民家庭经济影响				√
		对社会稳定发展影响				√

8.3.2　最优风险分担比例的计算

政府主导型农地抵押贷款风险分担主体为政府、银行和担保机构。本节通过博弈模型探讨政银担三主体风险分担比例。

1. 讨价还价博弈过程描述

（1）博弈机制分析。第一阶段，基于理性约束，为了利益最大化，三方博弈过程会出现"同盟"现象。形成同盟后，双方优势互补，通过与另一方的博弈，更大概率获得较好的收益。由于政府与同盟初次谈判，双方不了解彼此，因此，此时属于不完全信息博弈。进入博弈第二阶段，"同盟"内部进行风险的分配，由于之前银行和担保机构同盟，所以二者之间信息已经公开，因此该博弈属于完全信息条件下的博弈。温江模式的农地抵押贷款是典型的政府主导型农地抵押贷款，政府的政策、决策在农地权抵押贷款推广、发展等起到关键作用。所以政府的地位最高,威慑能力最强。担保机构的存在主要是为借款农户提供担保,承担一定违约代偿责任,进而减轻银行的后顾之忧,因此担保的地位相对较弱。那么,在理性的条件下,银行将与地位稍弱的担保形成"同盟"与政府博弈。

政府、担保、银行三方两阶段讨价还价博弈过程可由图 8 - 11 和图 8 - 12 来表示。

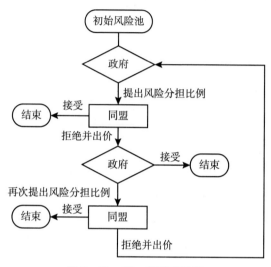

图 8 - 11　第一段博弈示意

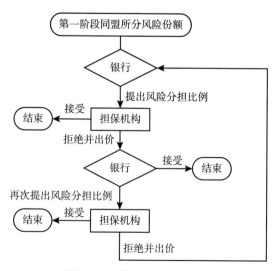

图 8 - 12　第二阶段博弈示意

（2）博弈模型基本要素。

①威慑能力。威慑能力指的是在讨价还价的博弈过程中采用自身优势地位向其他参与主体转移风险的能力，设政府（M）、银行（N）、担保机构（Q）的威慑能力分别为 x_m、x_n、x_q。

②受摄能力。受摄能力是指在讨价还价的博弈过程中对抗外来者威慑的能力，设政府、担保、银行机构受摄能力分别为 y_m、y_q、y_n。

③谈判损耗因子 α。谈判损耗因子（$\alpha > 1$）是模型关键的参数。它指双方在谈判过程中耗用的时间成本、信息成本、人力成本等。很显然，随着谈判次数增加，谈判损耗因子也越大，损失越大。依据龚智强等（2015）研究，谈判损耗因子计算公式定义为

$$谈判损耗因子 = \frac{对方威慑能力}{对方威慑能力 + 己方受摄能力} \qquad (8-29)$$

因此，可设当政府与银行谈判时，政府谈判损耗因子为 α_{mn}，银行谈判损耗因子为 α_{nm}；当政府与担保机构谈判时，政府的谈判损耗因子为 α_{mq}，担保机构谈判损耗因子为 α_{qm}。由式（8-29）可得

$$\alpha_{mn} = \frac{x_n}{x_n + y_m} \qquad (8-30)$$

$$\alpha_{nm} = \frac{x_m}{x_m + y_n} \qquad (8-31)$$

$$\alpha_{mq} = \frac{x_q}{x_q + y_m} \qquad (8-32)$$

$$\alpha_{qm} = \frac{x_m}{x_m + y_q} \qquad (8-33)$$

进而可得

$$x_n = \frac{\alpha_{mn}}{1 - \alpha_{mn}} y_m \qquad (8-34)$$

$$y_n = \left(\frac{1}{\alpha_{nm}} - 1 \right) x_m \qquad (8-35)$$

$$y_q = \left(\frac{1}{\alpha_{qm}} - 1 \right) x_m \qquad (8-36)$$

$$x_q = \frac{\alpha_{mq}}{1 - \alpha_{mq}} y_m \qquad (8-37)$$

2. 农地抵押贷款风险的初次分配

综上所述，第一阶段将产生银行和担保机构的同盟 P，形成的"同盟"与政府进行博弈。

（1）模型的基本假设。

①同盟 P 与政府 M 保持足够的理性，期望顺利谈判。

②政府和同盟之间信息是不完全的，且在谈判过程中，双方不了解对方实力。

③各风险之间相互独立，互补影响。

④政府起主要引导作用，在谈判过程中，政府优先出价。

（2）模型参数的讨论。

①风险分担比例 r_i。对于某具体的风险，政府承担的风险比例为 r_i（$i = 1，2，3，\cdots，n，n \in N^*$），则同盟分担风险比例为 $1 - r_i$。

②威慑概率 s。在不完全信息博弈中，各方不了解其他参与方的实力，但是尽快结束谈判，政府可能以概率 s 采取相应策略威慑同盟，迫使同盟分担更多风险 η_i（$i = 1，2，3，\cdots，n，n \in N^*$），同时，政府也有 $1 - s$ 的概率不采取策略威慑同盟。

③谈判损耗因子。当政府与同盟谈判时，政府的谈判损耗因子为

$$\alpha_{m,nq} = \frac{x_n + x_q}{x_n + x_q + y_m} \tag{8-38}$$

进而可得

$$\alpha_{m,nq} = \frac{\alpha_{mn} + \alpha_{mq} - 2\alpha_{mn}\alpha_{mq}}{1 - \alpha_{mn}\alpha_{mq}} \tag{8-39}$$

同理可得，同盟的谈判损耗因子为

$$\alpha_{nq,m} = \frac{x_m}{x_m + y_n + y_q} = \frac{\alpha_{nm}\alpha_{qm}}{\alpha_{nm} + \alpha_{qm} - \alpha_{mm}\alpha_{qm}} \tag{8-40}$$

（3）模型构建。在第一回合，由模型的基本假设，政府首先出价，提出其自身与同盟分担的风险比例分别为 r_i、$1 - r_i$。同时，政府有 s 的概率迫使同盟多分担 η_1 的风险。则在本回合结束后，政府 M 和同盟 P 分担的风险比例期望值为

$$M_1 = s(r_1 - \eta_1) + (1 - s)r_1 = r_1 - s\eta_1 \tag{8-41}$$

$$P_1 = s(1 - r_1 + \eta_1) + (1 - s)(1 - r_1) = 1 - r_1 + s\eta_1 \tag{8-42}$$

在第二回合，考虑谈判次数的增加导致谈判成本的增加，即 $\alpha_{m,nq}$ 和 $\alpha_{nq,m}$，此时双方应分担的风险比例期望值为

$$M_2 = \left[s(r_2 - \eta_2) + (1 - s)r_2\right](1 + \alpha_{m,nq}) = (r_2 - s\eta_2)(1 + \alpha_{m,nq}) \tag{8-43}$$

$$P_2 = \left[s(1 - r_2 + \eta_2) + (1 - s)(1 - r_2)\right](1 + \alpha_{nq,m}) = (1 - r_2 + s\eta_2)(1 + \alpha_{nq,m}) \tag{8-44}$$

同理分析可以得出，第三回合政府和同盟分担的风险比例期望值为

$$M_3 = [s(r_3 - \eta_3) + (1-s)r_3](1 + \alpha_{m,nq})^2 = (r_3 - s\eta_3)(1 + \alpha_{m,nq})^2$$

$$(8-45)$$

$$P_3 = [s(1 - r_3 + \eta_3) + (1-s)(1 - r_3)](1 + \alpha_{nq,m})^2 = (1 - r_3 + s\eta_3)(1 + \alpha_{nq,m})^2$$

$$(8-46)$$

只要政府、同盟双方就各自的风险分担比例未达成共识，讨价还价的博弈就会一直进行，不断循环。

（4）求解。以上模型是不完全信息条件下无限回合的讨价还价博弈模型，可根据海尼萨转换理论进行求解，即对于具有无限回合的讨价还价博弈而言，设立的逆推基点第一回合和第三回合效果一致。因此，在模型的求解中，利用第三回合作为无限回合讨价还价的逆推基点。为避免谈判被拖入第三回合，同盟提出的风险比例要使 $M_2 \leqslant M_3$，同时自己承担的比例最小。此时最优的策略为 $M_2 = M_3$，则

$$(\varpi_2 - s\eta_2)(1 + \alpha_{m,nq}) = (\varpi_3 - s\eta_3)(1 + \alpha_{m,nq})^2 \qquad (8-47)$$

$$\varpi_2 = (1 + \alpha_{m,nq})(\varpi_3 - s\eta_3) + s\eta_2 \qquad (8-48)$$

则同盟在第二回合分担的风险比例期望值为

$$P_2 = [1 - (1 + \alpha_{m,nq})\varpi_3 + (1 + \alpha_{m,nq})s\eta_3](1 + \alpha_{nq,m}) \qquad (8-49)$$

同理可以得到 P_3 的值，比较第二、第三回合，同盟分担的风险比例为

$$P_2 - P_3 = [(s\eta_3 - \varpi_3)(\alpha_{m,nq} - \alpha_{nq,m}) - \alpha_{nq,m}](1 + \alpha_{nq,m}) \qquad (8-50)$$

由于 $0 < \alpha_{m,nq} < 1$，$0 < \alpha_{nq,m} < 1$，$0 < s < 1$，$\eta_3 < \varpi_3$，由式（8-50）可知当 $\alpha_{m,nq} > \alpha_{nq,m}$ 时，$P_2 - P_3 < 0$ 即在第二回合，同盟分担的风险分担比例不大于第三回合，为不增加谈判成本，二者都不会将谈判进行到第三回合。再逆推至第一回合，政府出价。同理分析，政府最佳策略为 $P_1 = P_2$，则

$$1 - \varpi_1 + s\eta_1 = [1 - (1 + \alpha_{m,nq})\omega_3 + (1 + \alpha_{m,nq})s\eta_3](1 + \alpha_{nq,m})$$

$$(8-51)$$

$$\varpi_1 = s\eta_1 - \alpha_{nq,m} + (\omega_3 - s\eta_3)(1 + \alpha_{m,nq})(1 + \alpha_{nq,m}) \qquad (8-52)$$

由于第三回合和第一回合结果一致，则 $\omega_3 = \omega_1$，可得

$$\varpi_3 = \frac{\alpha_{nq,m} + s\eta_3(1 + \alpha_{m,nq})(1 + \alpha_{nq,m}) - s\eta_1}{\alpha_{m,nq} + \alpha_{nq,m} + \alpha_{m,nq}\alpha_{nq,m}} \qquad (8-53)$$

$$1 - \omega_3 = \frac{s\eta_1 - \alpha_{nq,m} + (s\eta_3 + 1)(1 + \alpha_{m,nq})(1 + \alpha_{nq,m}) - 1}{\alpha_{m,nq} + \alpha_{nq,m} + \alpha_{m,nq}\alpha_{nq,m}} \qquad (8-54)$$

为简化计算，假设 η 为常数，可得

$$\varpi = \frac{\alpha_{nq,m}}{\alpha_{m,nq} + \alpha_{nq,m} + \alpha_{m,nq}\alpha_{nq,m}} + s\eta \qquad (8-55)$$

$$1 - \varpi = \frac{\alpha_{m,nq}(1 + \alpha_{nq,m})}{\alpha_{m,nq} + \alpha_{nq,m} + \alpha_{m,nq}\alpha_{nq,m}} - s\eta \qquad (8-56)$$

若去除政府向同盟转移风险的可能性，政府和同盟各自分担的风险比例分别为 $\dfrac{\alpha_{nq,m}}{\alpha_{m,nq} + \alpha_{nq,m} + \alpha_{m,nq}\alpha_{nq,m}}$ 和 $\dfrac{\alpha_{m,nq}(1 + \alpha_{nq,m})}{\alpha_{m,nq} + \alpha_{nq,m} + \alpha_{m,nq}\alpha_{nq,m}}$。

3. 同盟间风险的再分配

（1）模型的基本假设。

①银行和担保机构均保持足够的理性，期望顺利谈判。

②在谈判前银行和担保曾同盟，已经向对方公开信息，故假设银行和担保之间的信息是对称的。

③各风险间相互独立的，互不影响。

④担保机构的存在主要是为了防范风险，在谈判时处于相对弱势地位，因此银行先出价。

（2）模型参数的讨论。

①风险分担比例。对于某一具体风险而言，在博弈过程中设银行分担风险比例为 $\varpi_i'(i = 1, 2, 3, \cdots, n, n \in N^*)$，担保机构分担的风险比例为 $\phi - \varpi_i'$，ϕ 为上一环节博弈中，同盟所分配的比例。

②风险转移比例。在完全信息条件下，双方谈判地位明显，银行一定会凭借强势地位强迫担保机构分担更多风险 $\eta_i'(i = 1, 2, 3, \cdots, n, n \in N^*)$。

（3）模型构建。在第一回合，银行先出价，提出自己分担风险比例为 ϖ_1'，而担保机构分担的风险比例为 $\phi - \varpi_1'$，与此同时银行将向担保机构转移 η_1' 比例风险，此时双方分担的风险比例为

$$N_1' = \varpi_1' - \eta_1' \qquad (8-57)$$

$$Q_1' = \phi - \varpi_1' + \eta_1' \qquad (8-58)$$

与上述分析类似，银行和担保机构在第二回合分担的风险比例分别为

$$N_2' = (\varpi_2' - \eta_2')(1 + \alpha_{nq}) \qquad (8-59)$$

$$Q_2' = (\phi - \varpi_2' + \eta_2')(1 + \alpha_{qn}) \qquad (8-60)$$

第三回合，双方各自分担的风险比例为

$$N_3' = (\varpi_3' - \eta_3')(1 + \alpha_{nq})^2 \qquad (8-61)$$

$$Q_3' = (\phi - \varpi_3' + \eta_3')(1 + \alpha_{qn})^2 \qquad (8-62)$$

（4）模型求解。参照上述求解过程同理可得最佳策略为 $N_2' = N_3'$，则

$$\varpi_2' = \varpi_3'(1 + \alpha_{nq}) - \eta_3'(1 + \alpha_{nq}) + \eta_2' \qquad (8-63)$$

可得

$$Q_2' = (1 + \alpha_{qn})[\phi - (1 + \alpha_{nq})\varpi_3' + (1 + \alpha_{nq})\eta_3'] \qquad (8-64)$$

进而可得

$$Q_2' - Q_3' = (1 + \alpha_{qn})[(\alpha_{qn} - \alpha_{nq})(\varpi_3' - \eta_3') - \phi\alpha_{qn}] \qquad (8-65)$$

因为 $0 < \alpha_{nq} < 1$，$0 < \alpha_{qn} < 1$，$\eta_3' < \varpi_3'$，由上式知，当 $\alpha_{qn} < \alpha_{nq}$ 时，银行和担保不会进入第三回合谈判。再逆推回到第一回合，原理如上类似，最优策略为 $Q_1' = Q_2'$，则

$$\varpi_1' = \phi + \eta_1' - \phi(1 + \alpha_{qn}) + \varpi_3'(1 + \alpha_{qn})(1 + \alpha_{nq}) - \eta_3'(1 + \alpha_{qn})(1 + \alpha_{nq}) \qquad (8-66)$$

在无限回合讨价还价博弈中，第一回合和第三回合的逆推结果相等，故 $\varpi_1' = \varpi_3'$，可得

$$\varpi_3' = \frac{\phi\alpha_{qn} + \phi\eta_3'(1 + \alpha_{nq})(1 + \alpha_{qn}) - \eta_1'}{\alpha_{nq} + \alpha_{qn} + \alpha_{nq}\alpha_{qn}} \qquad (8-67)$$

$$\phi - \varpi_3' = \frac{\phi\alpha_{nq} + \phi\alpha_{nq}\alpha_{qn} - \phi\eta_3'(1 + \alpha_{nq})(1 + \alpha_{qn}) + \eta_1'}{\alpha_{nq} + \alpha_{qn} + \alpha_{nq}\alpha_{qn}} \qquad (8-68)$$

假设 η_i' 为常数，那么银行和担保机构分担风险比例可化为

$$\varpi' = \frac{\phi\alpha_{qn}}{\alpha_{nq} + \alpha_{qn} + \alpha_{nq}\alpha_{qn}} + \eta' \qquad (8-69)$$

$$\phi - \varpi' = \frac{\phi\alpha_{nq}(1 + \alpha_{qn})}{\alpha_{nq} + \alpha_{qn} + \alpha_{nq}\alpha_{qn}} - \eta' \qquad (8-70)$$

其中，$\phi = \dfrac{\alpha_{m,nq}(1 + \alpha_{nq,m})}{\alpha_{m,nq} + \alpha_{nq,m} + \alpha_{m,nq}\alpha_{nq,m}}$。可求得政府、担保、银行三方讨价还价博弈的均衡解为

$$M = \frac{\alpha_{nq,m}}{(\alpha_{m,nq} + 1)(\alpha_{nq,m} + 1) - 1} \qquad (8-71)$$

$$N = \frac{\alpha_{m,nq}(1 + \alpha_{nq,m})}{(\alpha_{m,nq} + 1)(\alpha_{n,qm} + 1) - 1} \cdot \frac{\alpha_{qn}}{(\alpha_{nq} + 1)(\alpha_{qn} + 1) - 1} \qquad (8-72)$$

$$Q = \frac{\alpha_{m,nq}(1 + \alpha_{nq,m})}{(\alpha_{m,nq} + 1)(\alpha_{n,qm} + 1) - 1} \cdot \frac{\alpha_{nq}(1 + \alpha_{qn})}{(\alpha_{nq} + 1)(\alpha_{qn} + 1) - 1} \qquad (8-73)$$

4. 信用风险损失模拟模型构建

蒙特卡罗模拟法适用不确定性问题分析。随机变量的概率分布函数已知，计算机生成大量随机数值进行模拟变量从而进行数据分析。本节模拟风险损失基于新巴塞尔资本协议，利用内部评级法以违约概率、违约损失

率和违约风险暴露来计算因农业经营主体违约而导致银行可能发生的损失，具体计算方法为

$$EL = PD \cdot LGD \cdot EAD \tag{8-74}$$

其中，PD 为违约概率，指在债务人在规定时间未按照约定返还债务本息的可能性大小；LGD 为违约损失率，是指债务人给债权人造成的损失占风险暴露的比例；EAD 为违约风险暴露，指发生违约时债务本金规模。

根据"2.2.2 八个阶段的实地调研情况"的第二阶段和表 5 - 4 的描述性统计结果，基于对各变量计算机拟合及其拟合情况的检验效果排序，同时结合实际意义分析，各变量假设的分布及取值情况见表 8 - 3。

表 8 - 3　　　　　　　　　各变量假设的分布及取值情况

变量名称	均值	概率分布函数
性别（gen）	0.8978	超几何分布
年龄（age）	48.1507	泊松分布
学历（edu）	2.6301	超几何分布
家庭供养比（gy）	0.3500	（常数随机）
家庭总资产（tas）	74.4521 万元	对数正态分布
家庭年净收入（neti）	16.3973 万元	对数正态分布
经营主体类型（type1）	2.4583	超几何分布
流入农地面积（area）	262.2575	（常数随机）
作物估值（val）	118.0137 万元	（常数随机）
作物价格波动（price）	2.2877 万元	（常数随机）
贷款金额（money）	67.0685 万元	（常数随机）
贷款利率（r）	0.0598%	（常数随机）
贷款期限（t）	2.1667 年	（常数随机）
贷款用途（m）	1.5753	超几何分布
抵押物类型（type2）	2.0986	（常数随机）
有无担保（dan）	0.5947	超几何分布

设 $P = \dfrac{1}{1 + e^{1 - (-4.410 + \beta_1 x_1 + \beta_2 x_2 + \cdots + \beta_i x_i + \varepsilon)}}$。其中，$P$ 为农业经营主体违约概率，β_i 为第 i 个变量的系数，x 为农地抵押贷款违约影响因素，ε 为随机

扰动项。上述变量对应系数依次为：0. 044、0. 101、- 0. 092、0. 254、
- 0. 967、- 0. 858、- 0. 802、- 1. 245、- 0. 532、0. 643、0. 416、- 0. 322、
- 0. 116、0. 613、0. 422、- 0. 658。

5. 仿真算例分析

（1）数据来源。温江区政府官网显示，截至 2019 年 12 月，温江区累计实现农地抵押贷款约 17. 64 亿元。为简化计算，假设违约风险暴露为 17. 64 亿元，即 $EAD = 17.64$，在近两年以 8% ~ 16% 范围浮动，平均违约损失率在 30% ~ 50% 范围浮动。

（2）讨价还价博弈模型参数设定与求解。威慑能力是决定谈判损耗因子的关键参数，而谈判损耗因子是整个模型中关键参数。根据"2. 2. 2 八个阶段的实地调研情况"的第六阶段，对农地经营权抵押贷款相关参与主体的威慑能力和受摄能力进行评分。评分区间为 1 ~ 10 分，其中 10 分最强。政府、担保、银行的威慑能力和受摄能力分别处于 [4，10]、[1，7]、[3，9] 的范围。为增强各主体威慑能力评分的客观性，本节进行蒙特卡罗模拟实验 100000 次，产生 100000 个评分结果。通过蒙特卡罗模拟各个主体威慑能力和受摄能力得分，并计算出各谈判损耗因子的累积概率分布。

根据模拟结果，以各谈判损耗因子的均值作为其真实值，则：$\alpha_{mn} = 0.440$、$\alpha_{nm} = 0.586$、$\alpha_{mq} = 0.338$、$\alpha_{qm} = 0.686$、$\alpha_{m,nq} = 0.567$、$\alpha_{nq,m} = 0.461$、$\alpha_{qn} = 0.619$、$\alpha_{nq} = 0.404$。

（3）各风险分担主体预计分担风险损失评估。根据以上分析，将相应数值代入，可得出政府、担保、银行各自分担的风险比例为

$$M = \frac{\alpha_{nq,m}}{(\alpha_{m,nq} + 1)(\alpha_{nq,m} + 1) - 1} \approx 0.4$$

$$N = \frac{\alpha_{m,nq}(1 + \alpha_{nq,m})}{(\alpha_{m,nq} + 1)(\alpha_{nq,m} + 1) - 1} \cdot \frac{\alpha_{qn}}{(\alpha_{nq} + 1)(\alpha_{qn} + 1) - 1} \approx 0.3$$

结合蒙特卡罗模拟实验，利用 Python 编程模拟 50000 次，可粗略模拟未来两年温江农地抵押贷款在市场条件不稳定条件下（如大规模违约发生）潜在信用风险损失。图 8 - 13 是整体信用风险损失情况，图 8 - 14 是政府按 70%、80% 分担的风险损失的差额。

可见，在农地经营权抵押贷款的风险分担中，政府、担保、银行应分担的比例分别为 40%、30%、30%。虽然在成都市温江区的实践中，存在花乡农盟和红花紫薇等社会资本出资形成的隐性担保（详见 8. 3. 1 节），但其担保能力有限，且农地经营权抵押贷款属于政策性的，因

此担保主体还是需要来源于以三联担保公司为主的政策性担保公司。若将担保机构划入政府一方，则政府和银行的最优分担比例应分别为70%和30%。

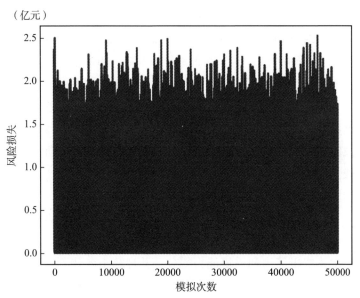

图 8-13　整体信用风险损失模拟

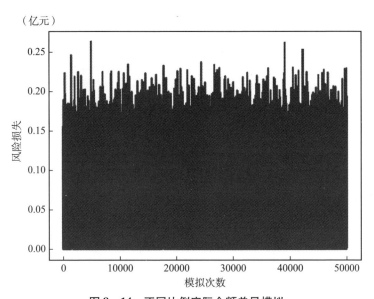

图 8-14　不同比例实际金额差异模拟

8.3.3　风险分担比例的效果评价

通过 8.3 节计算得到，在农地经营权抵押贷款的风险分担中，政府和银行应分担的最优风险比例分别为 70% 和 30%（其中，政府和政策性担保机构的分担比例可进一步细化为 40% 和 30%）。对比当前成都市温江区政府和银行各自分担 80% 和 20% 风险的规定，本节就对所设计出来的风险分担比例的合理性进行科学的评价。

1. 风险分担比例评价模型的构建

（1）评价方法的选取。农地经营权抵押贷款风险分担比例可行性的评价需要以政府、担保、银行这三方为主体进行多因素评价。模糊综合评价法能够把定性评价转化为定量评价，是基于模糊数学的综合评价，能较好地解决难以量化的问题。且农地经营权抵押贷款风险分担比例方案需要考虑的内容较多，每一个因素都相互影响并发生联系，因此该结构特点类似于模糊网络分析法的网络结构。同时，在分析农地经营权抵押贷款风险分担方案的可行性时，每个指标均具有相对重要性，即有不确定性与模糊性，而很难用精确的数字描述评价指标，这无疑和模糊网络分析法中的模糊概念是一致的。鉴于此，在评价农地经营权抵押贷款风险分担比例方案时可采用模糊网络分析法，该方法适用性较高，评价结果能更准确、全面和客观。

（2）模糊网络分析法的过程。

①确定评价因素集 U。$U = \{U_1,\ U_2,\ U_3,\ U_4,\ \cdots,\ U_N\}$ 是评价项目的因素集。其中，U_i 包括元素 $\{u_{i1},\ u_{i2},\ u_{i3},\ \cdots,\ u_{in}\}$，$(i = 1,\ 2,\ \cdots,\ N)$。

②建立评语集。由评判者对评判对象做出评判结果所组成的集合为评语集，用 V 表示，$V = \{v_1,\ v_2,\ \cdots,\ v_m\}$。

③单因素模糊关系评判。建立从 U 到 V 的模糊关系 R，来进行单因素模糊评价。

④确定 F – ANP 权重。引入模糊数，计算可得一级评价指标和二级评价指标的模糊比较权重（表 5 – 11 所示的是用模糊数表示的重要性程度标度）。

2. 所设计的风险分担比例的评价分析过程

（1）评价因素集。根据表 8 – 2 农地经营权抵押贷款三方主体风险分担类型，从经济风险、评估风险、处置风险、信用风险、民生风险和不可抗力风险这 6 个方面选取了 16 个指标来构建评价因素集。即农地经营权抵押贷款风险分担比例的可行性 $U = \{$经济风险、不可抗力风险、信用风险、评估风险、处置风险、民生风险$\}$。其中，经济风险 $U_1 = \{u_{11}, u_{12}, u_{13}, u_{14}\} = \{$疫情期间农业产业发展状况，农产品销售市场需求变化，农地抵押贷款利率变动，农产品价格波动$\}$；不可抗力风险 $U_2 = \{u_{21}, u_{22}\} = \{$自然不可抗力，社会不可抗力$\}$；信用风险 $U_3 = \{u_{31}, u_{32}\} = \{$受自然灾害影响的被动违约风险，受市场因素影响的被动违约风险$\}$；处置风险 $U_4 = \{u_{41}, u_{42}, u_{43}\} = \{$农地流转市场完善程度，农地流转平台规范程度，农地流转信息流畅程度$\}$；评估风险 $U_5 = \{u_{51}, u_{52}\} = \{$评估机制完善程度，第三方专业评估机构缺乏$\}$；民生风险 $U_6 = \{u_{61}, u_{62}, u_{63}\} = \{$农民失地概率，对农民家庭经济影响，对社会稳定发展影响$\}$。

结合农地经营权抵押贷款的实际情况，构造出模糊网络结构模型。控制层（评价目标）为农地经营权抵押贷款风险分担比例可行性，网络层有经济风险、不可抗力风险、信用风险、评估风险、处置风险、民生风险 6 个一级指标。其中，层与层之间、指标与指标之间均会相互影响，如图 8 – 15 所示。

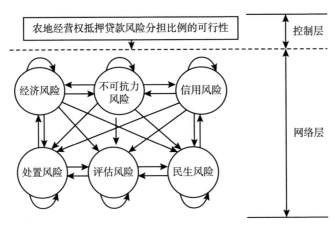

图 8 – 15　风险分担比例可行性的 F – ANP 模型

（2）评价语集。依据评价模型中的各个指标对总目标的影响程度，把评语划分为 $V = \{$高、较高、中等、较低、低$\} = \{V_1, V_2, V_3, V_4, V_5\}$。其中，"高"表示对于此项风险，测算出来的比例相较于当前实施的比例更能满足当地农地经营权抵押贷款风险分担比例的要求，符合社会的功能配置，适度超前满足了风险分担各方的需求；"较高"表示对于此项风险，测算出来的比例相较于当前实施的比例更能满足当地农地经营权抵押贷款风险分担比例的要求;"中等"表示对于此项风险,测算出来的比例相较于当前实施的比例基本满足当地农地经营权抵押贷款风险分担比例的要求,但在符合社会的功能配置方面有所欠缺;"较低"表示对于此项风险,测算出来的比例相较于当前实施的比例仅能部分满足当地农地经营权抵押贷款风险分担比例的要求;"低"表示对于此项风险,测算出来的比例相较于当前实施的比例不能满足当地农地经营权抵押贷款风险分担比例的要求。

(3)单因素模糊关系矩阵。对农地经营权抵押贷款的参与方发放问卷,得到各方对所设计的风险分担比例的评价结果,如表 8-4 所示。调研过程的说明详见"2.2.2　八个阶段的实地调研情况"的第八阶段。

表 8-4　　　　　　　　各类风险单因素评价统计　　　　　单位:%

目标层	一级指标	二级指标	高	较高	中等	较低	低
农地经营权抵押贷款风险分担比例的可行性评价指标	经济风险	疫情期间农业产业发展状况	10	50	40	0	0
		农产品销售市场需求变化	0	60	40	0	0
		农地抵押贷款利率变动	0	60	40	0	0
		农产品价格波动	10	50	30	10	0
	不可抗力风险	自然不可抗力	10	40	40	10	0
		社会不可抗力	16	60	24	0	0
	信用风险	受自然灾害影响的被动违约风险	20	60	20	0	0
		受市场因素影响的被动违约风险	30	50	20	0	0
	处置风险	农地流转市场完善程度	50	40	10	0	0
		农地流转平台规范程度	40	40	20	0	0
		农地流转信息流畅程度	30	50	20	0	0
	评估风险	评估机制完善程度	20	50	30	0	0
		第三方专业评估机构缺乏	30	50	10	10	0
	民生风险	农民失地概率	50	30	20	0	0
		对农民家庭经济影响	60	30	10	0	0
		对社会稳定发展影响	40	60	0	0	0

根据表 8 - 4，构造模糊评判矩阵 **R** 为

$$
R = \begin{bmatrix}
0.1 & 0.5 & 0.4 & 0.0 & 0.0 \\
0.0 & 0.6 & 0.4 & 0.0 & 0.0 \\
0.0 & 0.6 & 0.4 & 0.0 & 0.0 \\
0.1 & 0.5 & 0.3 & 0.1 & 0.0 \\
0.1 & 0.4 & 0.4 & 0.1 & 0.0 \\
0.16 & 0.6 & 0.24 & 0.0 & 0.0 \\
0.2 & 0.6 & 0.2 & 0.0 & 0.0 \\
0.3 & 0.5 & 0.2 & 0.0 & 0.0 \\
0.5 & 0.4 & 0.1 & 0.0 & 0.0 \\
0.4 & 0.4 & 0.2 & 0.0 & 0.0 \\
0.3 & 0.5 & 0.2 & 0.0 & 0.0 \\
0.2 & 0.5 & 0.3 & 0.0 & 0.0 \\
0.3 & 0.5 & 0.1 & 0.1 & 0.0 \\
0.5 & 0.3 & 0.2 & 0.0 & 0.0 \\
0.6 & 0.3 & 0.1 & 0.0 & 0.0 \\
0.4 & 0.6 & 0.0 & 0.0 & 0.0
\end{bmatrix}
$$

（4）F - ANP 权重。

①计算二级指标权重，得到超矩阵 **W**。具体计算包括以下步骤。

a. 下面以元素集 U_1 为例，给出模糊判断矩阵的计算过程。在元素集 U_1 中，第一，把元素 u_{1l} 当作标准，按元素集 U_1 中的元素 u_{11}、u_{12}、u_{13} 和 u_{14} 对 u_{11} 的影响大小来比较其间接优势度。采用三角模糊数构建互补判断矩阵，利用 F - ANP 法计算各到权重向量，见表 8 - 5。

表 8 - 5 　　　　　　　　　元素 u_{11} 的权重向量

u_{11}	u_{11}	u_{12}	u_{13}	u_{14}
u_{11}	1	3	2	3
u_{12}	1/3	1	3	3
u_{13}	1/2	1/3	1	2
u_{14}	1/3	1/3	1/2	1

由特征根法得出排序向量，$(W_{11}^{(11)} \ W_{12}^{(11)} \ W_{13}^{(11)} \ W_{14}^{(11)})^T = (0.4364 \ 0.2907 \ 0.1696 \ 0.1033)^T$。该排序向量表示元素 u_{11}、u_{12}、u_{13}、u_{14} 对元素 u_{11} 的影响程度。

第二，把元素 u_{12} 当作标准，按元素集 U_1 中的元素 u_{11}、u_{12}、u_{13} 和 u_{14} 对 u_{12} 的影响大小来比较其间接优势度，计算所得的权重向量见表 8 – 6。

表 8 – 6　　　　　　　　　　　　元素 u_{12} 的权重向量

u_{12}	u_{11}	u_{12}	u_{13}	u_{14}
u_{11}	1	2	3	2
u_{12}	1/2	1	3	1/2
u_{13}	1/3	1/3	1	1/2
u_{14}	1/2	2	2	1

由特征根法得出排序向量，$(W_{11}^{(12)}\ W_{12}^{(12)}\ W_{13}^{(12)}\ W_{14}^{(12)})^{\mathrm{T}} = (0.4092\ 0.2150\ 0.1104\ 0.2654)^{\mathrm{T}}$。该排序向量表示元素 u_{11}、u_{12}、u_{13}、u_{14} 对元素 u_{12} 的影响程度。

第三，把元素 u_{13} 当作标准，按元素集 U_1 中的元素 u_{11}、u_{12}、u_{13} 和 u_{14} 对 u_{13} 的影响大小来比较其间接优势度，计算所得的权重向量见表 8 – 7。

表 8 – 7　　　　　　　　　　　　元素 u_{13} 的权重向量

u_{13}	u_{11}	u_{12}	u_{13}	u_{14}
u_{11}	1	3	2	3
u_{12}	1/3	1	1/2	1/2
u_{13}	1/2	2	1	3
u_{14}	1/3	2	1/3	1

由特征根法得出排序向量，$(W_{11}^{(13)}\ W_{12}^{(13)}\ W_{13}^{(13)}\ W_{14}^{(13)})^{\mathrm{T}} = (0.4396\ 0.1190\ 0.2854\ 0.1560)^{\mathrm{T}}$。该排序向量表示元素 u_{11}、u_{12}、u_{13}、u_{14} 对元素 u_{13} 的影响程度。

第四，把元素 u_{14} 当作标准，按元素集 U_1 中的元素 u_{11}、u_{12}、u_{13} 和 u_{14} 对 u_{14} 的影响大小来比较其间接优势度，计算所得的权重向量见表 8 – 8。

表 8 – 8　　　　　　　　　　　　元素 u_{14} 的权重向量

u_{14}	u_{11}	u_{12}	u_{13}	u_{14}
u_{11}	1	2	1/2	1/3
u_{12}	1/2	1	1/4	1/2
u_{13}	2	4	1	3
u_{14}	3	2	1/3	1

由特征根法得出排序向量，$(W_{11}^{(14)} \quad W_{12}^{(14)} \quad W_{13}^{(14)} \quad W_{14}^{(14)})^{\mathrm{T}} = (0.1713$ $0.1029 \quad 0.4632 \quad 0.2627)^{\mathrm{T}}$。该排序向量表示元素 u_{11}、u_{12}、u_{13}、u_{14} 对元素 u_{14} 的影响程度。

综合以上特征向量，可以得到元素集 U_1 结构的定量表示，即模糊判断矩阵为

$$W_{11} = \begin{bmatrix} 0.4364 & 0.4092 & 0.4396 & 0.1713 \\ 0.2907 & 0.2150 & 0.1190 & 0.1029 \\ 0.1696 & 0.1104 & 0.2854 & 0.4632 \\ 0.1033 & 0.2654 & 0.1560 & 0.2627 \end{bmatrix}。$$

b. 重复上述步骤，得到元素集 U_2 的模糊判断矩阵 $W_{22} = \begin{bmatrix} 0.5 & 0.6667 \\ 0.5 & 0.3333 \end{bmatrix}$。

c. 进而得到元素集 U_3 的模糊判断矩阵 $W_{33} = \begin{bmatrix} 0.7500 & 0.5 \\ 0.2500 & 0.5 \end{bmatrix}$。

d. 以此类推，最终求出二级结构的模糊超矩阵为

$$W = \begin{bmatrix} W_{11} & W_{12} & W_{13} & W_{14} & W_{15} & W_{16} \\ W_{21} & W_{22} & W_{23} & W_{24} & W_{25} & W_{26} \\ W_{31} & W_{32} & W_{33} & W_{34} & W_{35} & W_{36} \\ W_{41} & W_{42} & W_{43} & W_{44} & W_{45} & W_{46} \\ W_{51} & W_{52} & W_{53} & W_{54} & W_{55} & W_{56} \\ W_{61} & W_{62} & W_{63} & W_{64} & W_{65} & W_{66} \end{bmatrix}$$

即 $W =$

$$\begin{bmatrix}
0.4364 & 0.4092 & 0.4396 & 0.1713 & 0.4116 & 0.4163 & 0.4412 & 0.3333 & 0.4170 & 0.4118 & 0.3999 & 0.1653 & 0.1057 & 0.1693 & 0.1240 & 0.4155 \\
0.2907 & 0.2150 & 0.1190 & 0.1029 & 0.2811 & 0.1497 & 0.1759 & 0.1667 & 0.1105 & 0.1872 & 0.1093 & 0.3986 & 0.4353 & 0.4155 & 0.3471 & 0.2895 \\
0.1696 & 0.1104 & 0.2854 & 0.4632 & 0.1162 & 0.1982 & 0.1148 & 0.2500 & 0.2502 & 0.1080 & 0.1981 & 0.0974 & 0.1498 & 0.1258 & 0.1745 & 0.1258 \\
0.1033 & 0.2654 & 0.1560 & 0.2627 & 0.1911 & 0.2358 & 0.2681 & 0.2500 & 0.2224 & 0.2930 & 0.2928 & 0.3387 & 0.3093 & 0.2895 & 0.3544 & 0.1693 \\
0.5000 & 0.6667 & 0.7500 & 0.5000 & 0.5000 & 0.6667 & 0.7500 & 0.3333 & 0.6667 & 0.7500 & 0.2500 & 0.5000 & 0.6667 & 0.5000 & 0.7500 & 0.3333 \\
0.5000 & 0.3333 & 0.2500 & 0.5000 & 0.5000 & 0.3333 & 0.2500 & 0.6667 & 0.3333 & 0.2500 & 0.7500 & 0.5000 & 0.3333 & 0.5000 & 0.2500 & 0.6667 \\
0.5000 & 0.3333 & 0.7500 & 0.2500 & 0.3333 & 0.6667 & 0.7500 & 0.5000 & 0.5000 & 0.3333 & 0.2500 & 0.6667 & 0.6667 & 0.5000 & 0.2500 & 0.2500 \\
0.5000 & 0.6667 & 0.2500 & 0.7500 & 0.6667 & 0.3333 & 0.2500 & 0.5000 & 0.5000 & 0.6667 & 0.7500 & 0.3333 & 0.3333 & 0.5000 & 0.7500 & 0.7500 \\
0.5390 & 0.4000 & 0.2106 & 0.5247 & 0.3119 & 0.3202 & 0.2106 & 0.4905 & 0.4111 & 0.3278 & 0.2601 & 0.4905 & 0.1428 & 0.1698 & 0.1263 & 0.3278 \\
0.1638 & 0.2000 & 0.2409 & 0.3338 & 0.4905 & 0.1226 & 0.2409 & 0.3119 & 0.2611 & 0.2611 & 0.2409 & 0.3119 & 0.4286 & 0.4429 & 0.4160 & 0.2611 \\
0.2973 & 0.4000 & 0.5485 & 0.1416 & 0.1976 & 0.5571 & 0.5485 & 0.1976 & 0.3278 & 0.4111 & 0.5485 & 0.1976 & 0.4286 & 0.3873 & 0.4577 & 0.4111 \\
0.6667 & 0.5000 & 0.5000 & 0.7500 & 0.7500 & 0.2500 & 0.6667 & 0.5000 & 0.7500 & 0.3333 & 0.5000 & 0.3333 & 0.5000 & 0.7500 & 0.6667 & 0.2500 \\
0.3333 & 0.5000 & 0.5000 & 0.2500 & 0.2500 & 0.7500 & 0.3333 & 0.5000 & 0.2500 & 0.6667 & 0.5000 & 0.6667 & 0.5000 & 0.2500 & 0.3333 & 0.7500 \\
0.5485 & 0.4429 & 0.3338 & 0.2395 & 0.5390 & 0.3202 & 0.1373 & 0.2518 & 0.1976 & 0.1698 & 0.4429 & 0.2106 & 0.2973 & 0.3119 & 0.1976 & 0.5247 \\
0.2106 & 0.3873 & 0.1416 & 0.1373 & 0.2973 & 0.1226 & 0.6232 & 0.5889 & 0.3119 & 0.4429 & 0.1698 & 0.2409 & 0.1638 & 0.1976 & 0.4905 & 0.3338 \\
0.2409 & 0.1698 & 0.5247 & 0.6232 & 01638 & 0.5571 & 0.2395 & 0.1593 & 0.4905 & 0.3873 & 0.3873 & 0.5485 & 0.5390 & 0.4905 & 0.3119 & 0.1416
\end{bmatrix}$$

② 得到一级指标的相对权重 A。A（即元素组相对重要程度）的计算方法与 W（即元素相对重要程度）一致，结果为

$$A = \begin{bmatrix} a_{11} & a_{12} & a_{13} & a_{14} & a_{15} & a_{16} \\ a_{21} & a_{22} & a_{23} & a_{24} & a_{25} & a_{26} \\ a_{31} & a_{32} & a_{33} & a_{34} & a_{35} & a_{36} \\ a_{41} & a_{42} & a_{43} & a_{44} & a_{45} & a_{46} \\ a_{51} & a_{52} & a_{53} & a_{54} & a_{55} & a_{56} \\ a_{61} & a_{62} & a_{63} & a_{64} & a_{65} & a_{66} \end{bmatrix}$$

$$= \begin{bmatrix} 0.1962 & 0.2458 & 0.1964 & 0.1922 & 0.2286 & 0.1996 \\ 0.1563 & 0.1728 & 0.1437 & 0.1589 & 0.1361 & 0.1559 \\ 0.1962 & 0.1728 & 0.1792 & 0.1574 & 0.1545 & 0.1461 \\ 0.1697 & 0.1248 & 0.1792 & 0.1840 & 0.1844 & 0.1826 \\ 0.0854 & 0.1468 & 0.1249 & 0.1245 & 0.1223 & 0.1598 \\ 0.1962 & 0.1370 & 0.1767 & 0.1830 & 0.1741 & 0.1559 \end{bmatrix}$$

③计算加权超矩阵形。根据上述 W 和 A，模糊加权超矩阵的权重为

$$\overline{W} = A * W$$

$$\begin{bmatrix} 0.0856 & 0.0803 & 0.0862 & 0.0336 & 0.1012 & 0.1023 & 0.0867 & 0.0655 & 0.0801 & 0.0791 & 0.0769 & 0.0378 & 0.0242 & 0.0338 & 0.0248 & 0.0829 \\ 0.0570 & 0.0422 & 0.0233 & 0.0202 & 0.0691 & 0.0368 & 0.0345 & 0.0327 & 0.0212 & 0.0360 & 0.0210 & 0.0911 & 0.0995 & 0.0829 & 0.0693 & 0.0578 \\ 0.0333 & 0.0217 & 0.0560 & 0.0909 & 0.0286 & 0.0487 & 0.0225 & 0.0491 & 0.0481 & 0.0208 & 0.0381 & 0.0223 & 0.0342 & 0.0251 & 0.0348 & 0.0251 \\ 0.0203 & 0.0521 & 0.0306 & 0.0515 & 0.0470 & 0.0580 & 0.0527 & 0.0491 & 0.0427 & 0.0563 & 0.0563 & 0.0774 & 0.0707 & 0.0578 & 0.0707 & 0.0338 \\ 0.0781 & 0.1042 & 0.1172 & 0.0781 & 0.0864 & 0.1152 & 0.1078 & 0.0479 & 0.1059 & 0.1192 & 0.0397 & 0.0680 & 0.0907 & 0.0780 & 0.1169 & 0.0520 \\ 0.0781 & 0.0521 & 0.0391 & 0.0781 & 0.0864 & 0.0576 & 0.0359 & 0.0958 & 0.0530 & 0.0397 & 0.1192 & 0.0680 & 0.0454 & 0.0780 & 0.0390 & 0.1039 \\ 0.0981 & 0.0654 & 0.1472 & 0.0491 & 0.0576 & 0.1152 & 0.1344 & 0.0896 & 0.0787 & 0.0787 & 0.0525 & 0.0386 & 0.1030 & 0.0974 & 0.0731 & 0.0365 \\ 0.0981 & 0.1308 & 0.0491 & 0.1472 & 0.1152 & 0.0576 & 0.0448 & 0.0896 & 0.0787 & 0.0787 & 0.1049 & 0.1159 & 0.0515 & 0.0487 & 0.0731 & 0.1096 \\ 0.0915 & 0.0679 & 0.0357 & 0.0890 & 0.0389 & 0.0400 & 0.0377 & 0.0879 & 0.0756 & 0.0603 & 0.0388 & 0.0904 & 0.0263 & 0.0310 & 0.0231 & 0.0599 \\ 0.0278 & 0.0339 & 0.0409 & 0.0566 & 0.0612 & 0.0153 & 0.0432 & 0.0559 & 0.0480 & 0.0480 & 0.0443 & 0.0575 & 0.0790 & 0.0809 & 0.0760 & 0.0477 \\ 0.0505 & 0.0679 & 0.0931 & 0.0240 & 0.0247 & 0.0695 & 0.0983 & 0.0354 & 0.0603 & 0.0756 & 0.1009 & 0.0364 & 0.0790 & 0.0707 & 0.0836 & 0.0751 \\ 0.0569 & 0.0427 & 0.0427 & 0.0640 & 0.1101 & 0.0367 & 0.0833 & 0.0624 & 0.0934 & 0.0415 & 0.0622 & 0.0408 & 0.0612 & 0.1198 & 0.1065 & 0.0399 \\ 0.0285 & 0.0427 & 0.0427 & 0.0214 & 00367 & 0.1101 & 0.0416 & 0.0624 & 0.0311 & 0.0830 & 0.0622 & 0.0815 & 0.0612 & 0.0399 & 0.0533 & 0.1198 \\ 0.1076 & 0.0869 & 90.0655 & 0.0470 & 0.0738 & 0.0439 & 0.0243 & 0.0445 & 0.0362 & 0.0311 & 0.0811 & 0.0367 & 0.0518 & 0.0486 & 0.0308 & 0.0818 \\ 0.0413 & 0.0760 & 0.0278 & 0.0269 & 0.0407 & 0.0168 & 0.1101 & 0.1041 & 0.0571 & 0.0811 & 0.0311 & 0.0419 & 0.0285 & 0.0308 & 0.0765 & 0.0520 \\ 0.0473 & 0.0333 & 0.1029 & 0.1223 & 0.0224 & 0.0763 & 0.0423 & 0.0281 & 0.0898 & 0.0709 & 0.0709 & 0.0955 & 0.0938 & 0.0765 & 0.0486 & 00221 \end{bmatrix}$$

利用 Matlab 求解出 $\overline{W}$ 对应于 1 的归一化的特征向量，即可得出各个因素的排序。各因素的权重向量为：$U = (0.0691\quad 0.0504\quad 0.0366\quad 0.0518\quad 0.0857\quad 0.0689\quad 0.0817\quad 0.0875\quad 0.0566\quad 0.0508\quad 0.0634\quad 0.0678\quad 0.0579\quad 0.0555\quad 0.0548\quad 0.0615)$

（5）得到评价结果，$B = U * R = (0.2581\quad 0.4885\quad 0.2338\quad 0.0195\quad 0)$

3. 评价结果

评价结果按照隶属度最大原则进行整体评价，B 中最大值为 0.4885，对应的可行性程度为较高。因此，可认为计算出来的农地经营权抵押贷款

风险分担比例的可行性程度较高。即相比于当前所规定的政府和银行80%与20%的风险分担比例，70%与30%的比例更能满足农地经营权抵押贷款风险分担比例中的各方主体需求，更为合理和具有科学性。

8.4　本章小结

首先，本章从理论上揭开商业银行与担保机构在开展农地经营权抵押贷款业务中各自利益诉求的黑箱，探讨银担协同式合作分担风险的内在机理。以此为依据，从数理角度构建农地经营权抵押贷款银担合作的博弈模型，通过动态推演并结合双方优势资源禀赋，得到依赖成长的对称互利的银担协同式合作模式。其次，根据讨价还价的博弈论思想，构建政府、担保、银行的三主体两阶段的讨价还价博弈模型，再采用蒙特卡罗模拟，结合温江的调研数据进行仿真测算，发现政府、银行和担保机构的最优风险分担比例应分别为40%、30%和30%。最后，选取16个指标构建评价因素集，运用模糊综合评价法对所计算出来的风险分担比例进行评价，发现相较于当前所规定的政府和银行80%与20%的风险分担比例，70%与30%的比例更加合理和科学。

第9章 研究结论与对策建议

为促进政府主导型农地经营权抵押贷款的进一步推广，使其更好地服务农业现代化发展，基于前述章节对研究结论进行总结，从五个方面提出对策建议。

9.1 研 究 结 论

9.1.1 模式选择

农地经营权抵押贷款的产生和发展是生产力、生产关系、上层建筑共同推动的必然结果。其发展的核心生产力要素和基础是农地产权，发展的核心是各参与主体，实现的保障是发展模式。其中模式选择取决于农地经营权抵押贷款的供给量，当农村金融机构接受度较低时，应采用政府主导型模式，反之选择市场主导型模式；虽然政府主导在农地经营权抵押贷款中对农业发展有促进作用和资金诱导作用，但此模式下贷款易陷入"停滞"状态，且农业经营主体参与意愿也偏低，该模式不具可持续发展性；政府主导型模式变迁至市场主导型模式的最优变迁速度随时间推进呈衰减状态且衰减力度递增，最优路径依赖于最优变迁速度且随变迁速度递增。需要从动力机制、保障机制和运行机制三方面构建分阶段模式变迁的实现机制。

9.1.2 收入效应

政府主导型农地经营权抵押贷款能缓解农户面临的信贷约束程度，提升户均总收入、农业收入和非农收入。由于成都市温江区在抵押物评估、处置等环节引入第三方参与，这不仅能减轻政府财政资金压力，还能缓释金融机构分担的风险、提高银行信贷规模，对于缓解农户信贷约束、提升户均总收入、农业收入和非农收入具有更明显的推动作用，温江区农户信贷约束缓解及收入增加程度的实证结果也相较崇州市表现更优。因此，应当吸引社会资本参与农地经营权抵押贷款。

9.1.3　履约机制

政府主导型模式下引入第三方组织参与农地经营权抵押贷款，第三方实施机制（法律）强制缔约者严格执行契约条款，信任、声誉和奖惩的自我履约机制让追求长期利益的农户时刻保持自觉、严于律己并及时还款。可以说，第三方实施机制与自我实施机制相结合时，能够有效保证政府主导型农地经营权抵押贷款各契约履约。此外，有效的资产评估机制和抵押物市场化处置机制也能在一定程度上降低贷款违约率，提高银行和处置企业参与该项贷款的积极性。

9.1.4　发展瓶颈

农地经营权抵押贷款在实践过程中存在着发展瓶颈，风险是制约其发展的关键问题，特别是法律法规、抵押物处置和风险分担三个方面。当前法律法规层面的障碍已基本解除，农地经营权抵押贷款的风险管理集中于风险测度与预警、抵押物处置风险以及风险分担三个关键方面。在抵押物能成功保值变现的情况下，农地产权处置平台能够降低银行的抵押物处置风险；担保是分担风险的重要力量，与未同第三方担保机构签订担保协议的农业经营主体相比，办理过担保业务的农业经营主体的信用风险明显更低。

9.1.5　风险测度与预警

整体来看，成都市农地经营权抵押贷款风险处于轻警级别，仅有2.74%的农业经营主体处于高风险的危机状态，约有63.43%的农业经营主体处于安全和低风险即正常状态，但33.83%的农业经营主体处于中等风险的警戒状态的结果表明其信用风险亦不容忽视。其中，政策、法律制度、国家支持和经济发展水平等宏观风险，以及农业经营主体、银行等微观风险均较小，而地方政府这个中观风险相对前两者较大。此外，基于GRA‑SVM模型的政府主导型农地经营权抵押贷款信用风险预警的总体性能较好。

9.1.6　抵押物处置的影响因素

政府实际支持力度对抵押资产的处置效果有直接和间接的正向影响，其中风险补偿基金的实际作用、农业保险的购买率、政策性担保公司的参与程度对处置效果的影响最大。抵押物清算评估情况对处置效果有直接的正向影响，其中估值认可度是关键问题；农地流转市场成熟度对处置效果有直接和间接的正向影响，其中抵押农地的处置方式是关键问题；银行的处置流程及规章制度、农业经营主体及其他因素通过影响抵押物清算评估情况间接影响处置效果。

9.1.7　风险分担

银担合作是分散风险的内生需求。但商业银行和担保机构仅有分立式合作时，付出的成本更高、收益却更低，同时抵押率大于处置率时银行面临的损失显著高于担保机构。而在银担协同式合作中，贷款规模和收益将随协同式合作程度的加深而增大，还能提高风险偿还效率，特别是依赖成长的对称互利合作模式能够实现银担总体效应 $1 + 1 > 2$。关于农地经营权抵押贷款的风险分担比例，测算结果发现政府应分担的最优比例为70%（其中，政府和担保机构的分担比例分别为40%和30%），银行为30%。对该风险分担比例的评价结果显示，相较于当前成都市温江区政府制定的"8∶2"的风险分担比例，70%与30%的比例更为合理和科学。

9.2　对　策　建　议

9.2.1　强化政府支持

1. 农地流转市场

通过积极培育土地流转中介组织、合理选择和布局农业主导产业、不断延伸农业产业链和价值链等措施，提升农地流转市场的成熟度；并打造土地流转监督机制、利益同享机制和信息共用机制，规范产权交易流程，促进农村土地进一步公开、透明的流转。积极创新农村金融、农村电商服务平台，充分发挥信息传递、价格发现、交易中介和融资对接功能，推动全国土地流转交易市场的形成。

2. 配套服务

（1）抵押物价值评估。当地政府制定并出台农村土地承包经营权产权价值评估实施细则，积极建立和引入第三方农地价值评估机构，利用税收优惠等措施引导更多专业资产评估公司发展涉农资产评估业务；根据农作物类型、农地位置将土地进行等级划分，建档分类管理，并按照作物类型编制生产景气指数，如水果生产景气指数、花木景气指数等；积极把控市场波动情况，利用科学的评分估价指标构建规范的农地价格标准，提升清算评估的准确性及各方对估值的认可度。

（2）农地服务平台。以数字化信息为基础，搭建集基础信息管理、土地价值评估、供需信息展示、土地收储经营等功能于一体的智能化农村土地服务平台，通过此平台提供各类农村产权公开、透明、完整的实时供需数据和交易价格，并实现不同市场主体对农村产权交易信息的多级联网查询，以促进形成有效的产权交易市场流转处置承接方储备库和抵押物价格发现机制。同时，确保农地经营权抵押贷款各个环节都有相应的监督机构和为农地抵押提供法律咨询、调解、仲裁的服务机构。

（3）信用体系。运用"互联网＋"和大数据思维，按照"政府主导、央行推动、多方参与、互利共赢"的原则，构建"信息采集＋信用评价＋信贷投放＋社会应用"的农村金融服务模式。建立"红黑名单"发布制度，每季度通过媒体发布"红黑名单"，并更新法院、公安、市监、税务等成员单位的诚信红黑榜数据，营造诚信的农村社会环境。

3. 对金融机构的引导

加大政府财税支持力度，通过增加补贴额度、实施税收优惠政策等引导金融机构适当降低贷款利率，增加贷款额度，放宽还款期限，提高不良容忍度等。同时优化扶持方式，针对农地抵押贷款"业绩"实施有差别的监管政策，对参与农地抵押贷款的金融机构予以一定政策倾斜。

4. 风险补偿基金

一方面利用好财政拨款等资金，定期向风险补偿基金注入一定比例资金，并设置专门的管理机构，通过资本运作的方式，保障基金的长期可持续运作；建立第三方托管制度，将风险补偿基金交予具有公信力的第三方机构管理，第三方机构可根据合约迅速支付补偿，提高基金使用效率。另一方面采取风险补偿基金使用与新增农村产权抵押贷款余额挂钩的菜单式补偿方法，以动态调整分担比例。同时，针对现实操作层面风险动态调整补偿基金的操作流程，明确给予补偿的情形以及完成补偿的时间节点，提高代偿效率。

5. 市场主体

当地政府可通过税费减免、政府购买、资金补贴、项目投资、授予荣誉称号等手段积极支持专合社或产业农合联等市场主体参与农地经营权抵押贷款的各个环节。特别是探索产业农合联与龙头企业、村经济合作社、农民合作社联合社、基层供销社等的合作，形成集农资供应、技术指导、资金信贷、信息共享、区域品牌、产品营销等功能于一体的运作格局，以有利于及时准确地收集和提供农地经营权出包与转让信息、开展土地价值评估。但在这些市场主体进入时，政府应对其进行资质审查，核实机构规模及资本实力，建立农地经营权抵押贷款责任追究机制，市场主体必须按照合约履行责任，一旦发现存在不履行或"半履行"，将严格追究其法律责任，并列入负面清单。在后续运转中，政府应牵头成立市场主体—政府—银行互助基金，以应对在行业萧条时可能出现的抵押物变卖后外加市场主体自身资金实力仍无法偿还银行贷款的情形，基金兜底不仅有利于降低风险，还能激发市场主体与银行和政府的合作可持续性，充分实现经济效益和社会效益最大化。

9.2.2　健全抵押物处置机制

1. 形成多方参与的处置机制

依托村委会、专合社、农业产业化龙头企业或产业农合联市场主体、流转平台、土地收储机构等第三方机构或组织，形成多方参与的抵押物处置机制。具体而言，借款农户违约后，由评估机构重新评定抵押物的变现价值，价值评定后，银行利用村镇组织寻求村集体内部流转；限定时期内处置未果，银行则委托第三方机构或组织负责抵押土地的监管及流转，第三方机构或组织对业内流转交易较熟悉，能利用其特有的信任和声誉机制，迅速找到业内买家处置抵押物；若其未在规定时间内处置成功，且抵押物价值可以覆盖债权，则由第三方代偿借款本息，收购债权及抵押物，弥补银行损失；若无法覆盖债权，银行可向政策性担保公司提出转让债权及抵押物，利用风险补偿基金收购抵押物，分担处置损失。

2. 搭建多层级土地流转平台

通过积极培育土地流转中介组织、制定适宜政策规范农地流转的方式、推进农业产业结构调整、试行多种形式的土地经营方式等措施，健全农村土地流转机制，提升农村土地的流转效率。此外，协同土地流转信息网络平台，收集整合各区域土地流转经营信息，联合第三方涉农组织或机构，分类筹建农村土地信息库，实现土地流转信息的多层次联网管理，提高抵押农地流转处置的效率。

3. 规范抵押物处置流程

分情况细化具体流程，确保抵押物处置流程高效、合理、易行。对于债务履行期届满后，抵押人仍未清偿债务的，可由金融机构申请启动资产处置程序。风险基金承办机构按到期未偿还本息总额的一定比例向金融机构代偿，取得抵债资产全部处置权，由涉农抵贷资产通过农村产权交易平台公开处置。

9.2.3　多元化风险分担主体

1. 担保机构

通过财政资金风险补偿、业务奖补、政策性担保公司融资增信等政策性引导方式，提高担保机构办理积极性。对于政策性担保机构、商业性担保机构、农村互助性合作经济组织或产业农合联等机构，其各自存在特有的优势。借鉴德国、美国、日本等发达国家的农地抵押贷款模式，建立合作性、商业性和政策性的"三位一体"的合作金融体系能够在很大程度上促进农地金融市场的发展。因此，可以尝试建立混合模式的担保机构，整合优势，为农地经营权抵押贷款风险的分担提供强有力的保障。

2. 农业保险

扩大农业保险的覆盖面，引入市场化农业保险公司，加大对农业保险的补贴力度和范围，开展农地经营权抵押贷款保证保险服务。同时，积极开展农业政策性保险的协调服务，按照财政可承受、会员有需求、公司可运作的原则，开展本地特色农业保险项目。保险监管机构也应进一步完善农业保险的相关制度和规定，适时大力推进农业保险工作，充分发挥出保险分担风险的保障功能。

9.2.4　完善贷款实施和管理细则

1. 实施细则

限定并明晰土地抵押的对象、资质、贷款发放条件、申请流程、处置后的使用范围等，规范出包方、承包方、政府与商业银行之间的权利与义务。同时，规模流转业主和市场主体在对经营权进行抵押融资时，一般都很难获得承包农户的同意，致使融资效力大打折扣。建议回避"流转土地

的经营权抵押须经承包农户的同意"等的相关提法，放松新型农业经营主
体贷款约束。

2. 管理细则

缩短办理农地经营权抵押贷款的周期，简化办理手续；对贷款期限较
长的农户，适当减少评估费的收取次数，并在评估费用上乘以不高于贷款
年限的倍数，以减轻农户贷款压力；进行农地经营权抵押贷款业务培训并
落实培训效果，以降低操作风险，加大业务力度。此外，银行应安排专人
解释并向农户展示农地经营权抵押贷款的所需资料、办理地点，让农户明
确贷款程序，为贷款农户提供"一站式"服务。

9.2.5　扩充资金来源渠道

1. 鼓励发行专项融资债券

农地经营权抵押贷款的利率定价与所设定的期限和商业银行逐利性的
天性相悖。可通过发行专项融资债券，促成市场化资金补充渠道来减轻商
业银行的资金负担。

2. 提供专项资金

全国性、股份制商业银行的网点多、分布广，可充分利用这些优势加
强各网点之间的联动，通过划拨专项额度，实现资金定向向农村地区的释
放。同时，利用支农再贷款这些方式对县域法人金融机构提供专项资金支
持，减轻农商行以及基层信用社的贷款资金压力。

9.3　本 章 小 结

本章从农地经营权抵押贷款的模式变迁、收入效应、履约机制、发展
瓶颈、风险测度与预警、抵押物处置和风险分担七个方面总结研究结论。
并秉着推进农地经营权抵押贷款持续发展的原则，从强化政府支持、健全
抵押物处置机制、多元化风险分担主体、完善贷款实施和管理细则、扩充
资金来源渠道五个方面提出对策建议。

附 录　调 查 问 卷

附录 A　农地经营权抵押贷款问卷（农户版）

您好！我们是四川农业大学的研究人员，正在进行一项关于农地承包经营权抵押贷款的相关研究，主要向您了解农地经营权抵押贷款行为等方面问题，从而为农村土地承包经营权抵押贷款的发展提供建议。您的回答对我们的研究非常重要，谢谢您的支持与配合。

本问卷采用匿名的形式，您所提供的信息仅用于学术研究，我们承诺不会单独泄露您的个人信息和观点。在此向您表示由衷的感谢！

【访问记录】

调查地址：_____市_____区（县）_____乡/镇_____村____组

调查员签字：_____

调查时间：20____年____月____日

【家庭基本情况】

A1 受访者性别_____，年龄_____。

A2 您的学历为_____（1＝小学及以下；2＝初中；3＝高中/中专；4＝大专/本科及以上），您的健康状况_____（1＝很差；2＝差；3＝一般；4＝较健康；5＝健康），您是否已投保养老保险_____（1＝是；0＝否）？您否有外出打工经历_____（1＝是；0＝否）？

A3 您是否是党员_____（1＝是；0＝否）？家中是否有党员_____（1＝是；0＝否）？家庭中是否有村干部_____（1＝是；0＝否）？

A4 您的收入来源类型是_____（1 = 种植型；2 = 养殖型；3 = 外出务工型；4 = 种植外出混合型；5 = 其他_____）。

您从事农业生产经营活动_____年。您拥有的证书？（可多选）_____

1 = 新型职业农民证书，2 = 绿色证书，3 = 农业职业经理人，4 = 其他（_____）

注：绿色证书，旨在提高农民素质，组织农民进行农业职业技术教育培训，培训合格颁发的证书。

A5 家庭人口数量_____人，其中劳动力_____人，外出打工人数_____人，外出打工地方_____（1 = 本县；2 = 本市外县；3 = 省内外县；4 = 省外），兼业务农人数_____人，家中完成九年义务教育的人数_____人。

注：劳动力是指年龄在 18 ~ 60 岁的男子；年龄在 18 ~ 55 岁的女子。兼业务农指的是在农忙时回家耕作，平时在外打工经商等。

A6 家庭具体收支情况

您家庭上年总收入是_____元，其中农业收入_____元。

您家庭上年总支出是_____元，其中农业支出_____元。

您的家庭净资产为_____（1 = 1 万元以下；2 = 1 万 ~ 5 万元；3 = 5 万 ~ 10 万元；4 = 10 万 ~ 50 万元；5 = 50 万 ~ 100 万元；6 = 100 万元以上）。

您 2015 ~ 2017 年家庭总收入是：

2015 年_____；2016 年_____；2017 年_____。

A7 最近三年您的家庭是否有借款或贷款_____（1 = 有；0 = 无），您贷款成功过_____次，被拒绝过_____次。

若有，您的贷款类型是_____（1 = 信用贷款；2 = 担保贷款（2.1 住房抵押贷款；2.2 农地经营权抵押贷款）；3 = 其他_____）此项默认为是从银行或者信用社借款。

您的其他融资渠道是_____（1 = 政府投资；2 = 亲友借款；3 = 民间高利贷；4 = 网络借款；5 = 其他_____）。

资金实际用途是_____。

1 = 农业生产；2 = 生活消费；3 = 住房消费；4 = 教育医疗；5 = 工商业经营；6 = 其他_____。

您目前的经济状况如何_____（1 = 经济上很紧张；2 = 钱刚好够用；3 = 经济上比较宽裕）？

您现在是否依然有负债_____（1＝有；0＝无）？若有，金额为_____元。

您是否还有贷款需求_____（1＝有；0＝无）？

【农业生产经营情况】

B1 经营主体类型为（　　）。

1＝合作社（成立时间_____年）；2＝家庭农场（成立时间_____年）；3＝龙头企业（成立时间_____年）；4＝专业大户；5＝散户。

经营主体所在地是否为农地经营权抵押贷款试点地区_____（1＝是；0＝否）。

B2 参加了_____个合作社，合作社提供的服务_____（1＝农资合作；2＝农机合作；3＝技术指导；4＝销售合作；5＝土地合作）。

B3 您的土地是否完成了确权颁证工作_____（1＝是；0＝否）？

您的耕地面积为_____亩，其中，土地流转转入面积_____亩，租期_____年，剩余年限_____年，租金_____，流转土地来源_____（1＝本村；2＝外村）。

如您需要转入耕地，则该地区转入耕地的难易程度如何？_____（1＝很不容易；2＝较不容易；3＝一般；4＝比较容易；5＝很容易）

B4 您认为您的主要种植作物的价格波动幅度如何？_____（1＝非常小；2＝有点小；3＝一般；4＝有点大；5＝非常大）

B5 您种植的主要农作物是_____。

您种植此类作物，政府是否给予了农业补贴_____（1＝是；0＝否）。

若是，补贴金额为_____元/亩。

您觉得补贴力度如何？_____（1＝非常大；2＝有点大；3＝一般；4＝有点小；5＝非常小）

您认为此作物的成活率如何？_____（1＝非常高；2＝有点高；3＝一般；4＝有点低；5＝非常低）

您认为此作物未来市场前景如何？_____（1＝非常大；2＝有点大；3＝一般；4＝有点小；5＝非常小）

B6 您觉得当地自然灾害发生的频率如何？_____（1＝非常低；2＝有点低；3＝一般；4＝有点高；5＝非常高）

自然灾害对您种植的影响程度如何？_____（1＝非常小；2＝有点小；3＝一般；4＝有点大；5＝非常大）

您觉得当地病虫灾害发生的频率如何？_____

（1 = 非常低；2 = 有点低；3 = 一般；4 = 有点高；5 = 非常高）

病虫灾害对您种植的影响程度如何？_____

（1 = 非常小；2 = 有点小；3 = 一般；4 = 有点大；5 = 非常大）

【抵押贷款进行情况】

C1 您是否了解农地承包经营权抵押贷款的相关政策？_____

（1 = 非常了解；2 = 比较了解；3 = 基本了解；4 = 仅仅听说过；5 = 完全没听说过）

您是通过什么渠道得知可以进行农地经营权抵押贷款的？_____

（1 = 电视、报刊、网络宣传；2 = 政府部门；3 = 金融机构；4 = 亲戚朋友；5 = 其他_____）

C2 您进行农地承包经营权抵押贷款的金额是_____元；贷款期限是_____年；贷款利率是_____；您支付给第三方担保公司的钱_____元，您为进行抵押贷款所花费的成本为_____元（成本即来回车费、油费、人情费等）。

C3 您进行农地经营权抵押贷款的主要目的是_____。

（1 = 农业生产；2 = 生活消费；3 = 住房消费；4 = 教育医疗；5 = 工商业经营；6 = 其他_____）

您进行农地贷款的资金是否是您急切需要的_____ （1 = 是；0 = 否）？

C4 您的抵押物是_____。

（1 = 纯农地经营权抵押；2 = 农地经营权抵押 + 地上附着物；3 = 农地经营权抵押 + 农机设备；4 = 其他_____）

若选择 2，您的地上附着物主要是_____。

C5 您认为办理农地经营权抵押贷款的手续烦琐吗？_____

（1 = 非常简单；2 = 比较简单；3 = 一般；4 = 有点烦琐；5 = 非常烦琐）

您认为贷款利率水平如何？_____

（1 = 非常低；2 = 有点低；3 = 一般；4 = 有点高；5 = 非常高）

您认为评估机构对您的抵押物价值的评估合理吗？_____

（1 = 非常合理；2 = 合理；3 = 一般；4 = 不合理；5 = 非常不合理）

若不合理，您认为评估的价值与您的预期相比_____ （1 = 偏高；0 = 偏低）。

您觉得您还款压力大吗？_____

（1 = 非常小；2 = 有点小；3 = 一般；4 = 有点大；5 = 非常大）

C6 您知道的本地办理农地承包经营权抵押贷款的相关机构有_____

家，您往返该机构是否便利_____。

（1＝非常便利；2＝比较便利；3＝便利；4＝不太便利；5＝非常不便利）

往返车费_____元（或油费）。

您对银行办理农地承包经营权抵押贷款的便利度是否满意？_____

（1＝完全同意；2＝较为同意；3＝同意；4＝比较不同意；5＝非常不同意）

您对银行办理农地押贷款的相关办事人员的态度是否满意？_____

（1＝非常满意；2＝比较满意；3＝满意；4＝不太满意；5＝非常不满意）

您认为评估人员的专业化程度如何？_____

（1＝非常专业；2＝比较专业；3＝一般；4＝不太专业；5＝非常不专业）

C7 您认为本地农地经营权抵押贷款机构完善程度如何？_____

（1＝非常完善；2＝比较完善；3＝一般；4＝不太完善；5＝非常不完善）

您认为本地土地价值评估体系规范程度如何？_____

（1＝非常规范；2＝比较规范；3＝一般；4＝不太规范；5＝非常不规范）

C8 您同意农地承包经营权抵押贷款比您以前申请贷款更容易吗？

_____

（1＝完全同意；2＝较为同意；3＝同意；4＝比较不同意；5＝非常不同意）

您同意农地承包经营权抵押贷款相较于传统贷款方式更加方便？

_____

（1＝完全同意；2＝较为同意；3＝同意；4＝比较不同意；5＝非常不同意）

附录 B　农地经营权抵押贷款问卷（银行版）

您好！我们是四川农业大学的研究人员，正在进行一项关于农地承包经营权抵押贷款的相关研究，主要向您了解农地经营权抵押贷款行为等方面问题，从而为农村土地承包经营权抵押贷款的发展提供建议。您的回答对我们的研究非常重要，谢谢您的支持与配合。

本问卷采用匿名的形式，您所提供的信息仅用于学术研究，我们承诺不会单独泄露您的个人信息和观点。在此向您表示由衷的感谢！

【访问记录】

您所在的银行全称是：

调查员签字：_____

调查时间：20____年____月____日

【业务信息】

A1 您所在的银行是否有开展农地承包经营权抵押贷款的相关业务？_____（1＝是；0＝否）

您所在的银行具体是_____年_____月开始开展上述业务，成功开展了_____个。

A2 您办理的农地承包经营权抵押贷款的担保额度最高为_____，最低为_____。

您办理的农地承包经营权抵押贷款的贷款额度最高为_____，最低为_____。

农地经营权抵押贷款利率最高为_____，最低为_____。

贷款的期限最高为_____，最低为_____。

是否有不良贷款_____（1＝是；0＝否）？若有，不良贷款率为_____。

A3 抵押贷款的标的物是_____（1＝纯农地经营权抵押；2＝农地经营权抵押＋地上附着物；3＝农地经营权抵押＋农机设备；4＝其他_____）。

若选择2，地上附着物主要为_____。

A4 您之前是否从事过金融业务_____（1＝是；0＝否）？

您是否参加过金融业务相关培训_____（1＝是；0＝否）？

若是，是否参加过农地承包经营权抵押贷款风险的培训_____（1＝是；0＝否）？

若是，您觉得此培训对您进行农地经营权抵押贷款业务的帮助程度如何？_____

（1＝非常有帮助；2＝比较有帮助；3＝一般；4＝没有太大帮助；5＝完全没有帮助）

A5 您认为本地土地流转市场的发达程度如何？_____

（1＝非常发达；2＝比较发达；3＝一般；4＝不太发达；5＝非常不发达）

A6 您所在的银行是否存在对办理农地承包经营权抵押贷款的职员的激励制度_____ （1＝是；0＝否）？若是，激励的方式是_____。

针对农地经营权抵押贷款，您所在的银行是否建立了风险管理制度_____ （1＝是；0＝否）？若是，有哪些？_____

您认为该制度完善程度如何？_____

（1＝非常完善；2＝比较完善；3＝一般；4＝不太完善；5＝非常不完善）

A7 针对农地经营权抵押贷款，您所在的银行是否建立了内部控制体系_____ （1＝是；0＝否），若是，有哪些？

_____

您认为该体系完善程度如何？_____

（1＝非常完善；2＝比较完善；3＝一般；4＝不太完善；5＝非常不完善）

A8 您所在银行对被抵押的土地价值的评估方法是_____。

您认为此方法的科学合理性如何？_____

（1＝非常合理；2＝比较合理；3＝一般；4＝不太合理；5＝非常不合理）

A9 您所在的银行在开展农地经营权抵押贷款业务是是否与专业的抵押资产处置机构合作_____ （1＝是；0＝否）？若是，您认为合作的程度如何？_____

（1＝非常密切；2＝比较密切；3＝一般；4＝较不密切；5＝非常不密切）

A10 您所在的银行是否有处置农地抵押资产的工作人员_____ （1＝是；0＝否）？

若是，您觉得这些工作人员的专业化程度如何？_____

（1＝非常专业；2＝比较专业；3＝一般；4＝不太专业；5＝非常不专业）

A11 您所在银行在办理农地经营权抵押贷款业务，遇到不能解决的问题上报上级银行时，上级银行反馈给贵银行解决方案的及时程度如何？

_____

（1＝非常及时；2＝比较及时；3＝一般；4＝不太及时；5＝非常不及时）

A12 上级银行是否向您所在银行安排关于农地贷款的任务_____ （1＝是；0＝否）？

若是，任务是_____。

A13 您所在银行内部有无设立专门针对农地贷款的部门_____ （1＝是；0＝否）？

若是，部门指_____。

下一年度有什么针对农地贷款的方案？_____

【政策相关】

B1 您认为农地承包经营权抵押贷款有利于银行取得更大利润。_____

（1 = 非常赞同；2 = 比较赞同；3 = 赞同；4 = 不太赞同；5 = 非常不赞同）

B2 您认为农地承包经营权抵押贷款为银行提供了可靠贷款对象。

_____

（1 = 非常赞同；2 = 比较赞同；3 = 赞同；4 = 不太赞同；5 = 非常不赞同）

B3 您认为农地承包经营权抵押贷款的顺利实施有利于银行占领基层及农村信贷市场。_____

（1 = 非常赞同；2 = 比较赞同；3 = 赞同；4 = 不太赞同；5 = 非常不赞同）

B4 您认为农地承包经营权抵押贷款能提高贷款申请的成功率。

_____

（1 = 非常赞同；2 = 比较赞同；3 = 赞同；4 = 不太赞同；5 = 非常不赞同）

B5 您认为农地承包经营权抵押贷款相关的法律法规、配套政策是完善的。_____

（1 = 非常赞同；2 = 比较赞同；3 = 赞同；4 = 不太赞同；5 = 非常不赞同）

B6 您认为上级银行对农地承包经营权抵押贷款的态度是积极的。

_____

（1 = 非常赞同；2 = 比较赞同；3 = 赞同；4 = 不太赞同；5 = 非常不赞同）

B7 您认为政府对农地承包经营权抵押贷款的劝导与宣传力度会加大。

_____

（1 = 非常赞同；2 = 比较赞同；3 = 赞同；4 = 不太赞同；5 = 非常不赞同）

附录 C　农地经营权抵押贷款问卷（政府部门版）

您好！我们是四川农业大学的研究人员，正在进行一项关于农地承包经营权抵押贷款的相关研究，主要向您了解农地经营权抵押贷款行为等方面问题，从而为农村土地承包经营权抵押贷款的发展提供建议。您的回答对我们的研究非常重要，谢谢您的支持与配合。

本问卷采用匿名的形式，您所提供的信息仅用于学术研究，我们承诺不会单独泄露您的个人信息和观点。在此向您表示由衷的感谢！

【访问记录】

您所在的部门是：

调查员签字：＿＿＿＿＿＿＿＿＿＿＿＿

调查时间：20＿＿＿年＿＿＿月＿＿＿日

1. 您认为地方政府在开展农地经营权抵押贷款时有哪些风险？

＿＿＿＿＿＿＿＿＿＿＿＿＿＿＿＿＿＿＿＿＿＿＿＿

2. 您认为成都市风险补偿基金健全程度如何？＿＿＿＿＿

（1 = 非常健全；2 = 比较健全；3 = 一般；4 = 不太健全；5 = 非常不健全）

3. 您认为成都市针对涉农贷款的政策性担保公司完善程度如何？＿＿＿＿＿

（1 = 非常完善；2 = 比较完善；3 = 一般；4 = 不太完善；5 = 非常不完善）

4. 您认为在试点结束后，现有政策可持续性如何？＿＿＿＿＿

（1 = 强；2 = 较强；3 = 一般；4 = 较弱；5 = 弱）

5. 现有的宣传农地经营权抵押贷款方式有哪些？

＿＿＿＿＿＿＿＿＿＿＿＿＿＿＿＿＿＿＿＿＿＿＿＿

6. 宣传力度如何？＿＿＿＿＿

（1 = 大；2 = 较大；3 = 一般；4 = 较小；5 = 小）

7. 您对进一步扩大农地经营权抵押贷款规模有什么建议？

＿＿＿＿＿＿＿＿＿＿＿＿＿＿＿＿＿＿＿＿＿＿＿＿

附录 D　农地经营权抵押贷款访谈提纲（担保公司版）

您好！我们是四川农业大学的研究人员，正在进行一项关于农地承包经营权抵押贷款的相关研究，主要向您了解农地经营权抵押贷款行为等方面问题，从而为农村土地承包经营权抵押贷款的发展提供建议。您的回答对我们的研究非常重要，谢谢您的支持与配合。

　　本问卷采用匿名的形式，您所提供的信息仅用于学术研究，我们承诺不会单独泄露您的个人信息和观点。在此向您表示由衷的感谢！

【访问记录】

您所在的担保公司的全称是：

调查员签字：＿＿＿＿＿＿＿＿＿＿

调查时间：20 ＿＿年＿＿月＿＿日

　　1. 公司办理的农地承包经营权抵押贷款的担保额度最高为＿＿＿＿＿，最低为＿＿＿＿＿。

　　2. 公司拥有的净资产额为＿＿＿＿＿。

　　3. 公司进行农地经营权抵押贷款的杠杆率为＿＿＿＿＿。

　　4. 公司进行农地经营权抵押贷款的担保率为＿＿＿＿＿。

　　5. 公司进行农地经营权抵押贷款的抵押率为＿＿＿＿＿。

　　6. 公司进行农地经营权抵押贷款的处置率为＿＿＿＿＿。

　　7. 公司对农地经营权抵押贷款进行担保的担保费用为＿＿＿＿＿。

　　8. 公司的其他经营业务有哪些，经营状况如何？

＿＿＿＿＿＿＿＿＿＿＿＿＿＿＿＿＿＿＿＿＿＿＿＿＿＿＿＿＿＿＿＿＿

　　9. 公司是否与银行进行合作，合作方式有＿＿＿＿＿。

　　10. 您对土地经营权抵押贷款政策有哪些建议？

＿＿＿＿＿＿＿＿＿＿＿＿＿＿＿＿＿＿＿＿＿＿＿＿＿＿＿＿＿＿＿＿＿

附录 E　农地经营权抵押贷款风险问卷（专家版）

　　您好！我们是四川农业大学的研究人员，正在进行一项关于农地承包经营权抵押贷款的相关研究，主要向您了解农地经营权抵押贷款行为等方面问题，从而为农村土地承包经营权抵押贷款的发展提供建议参考。此问卷旨在确定农地经营权抵押贷款中各类风险评价中的指标项权重系数，请根据您的经验，按重要程度对所列指标进行评分，本项调查的结果将作为确定评价指标权重的主要依据。请各位专家针对各指标相对于上一级指标的重要性采取 9 度法打分，您的回答对我们的研究非常重要，谢谢您的支持与配合。

本问卷采用匿名的形式，您所提供的信息仅用于学术研究，我们承诺不会单独泄露您的个人信息和观点。在此向您表示由衷的感谢！

【访问记录】

您所在的单位是：

调查员签字：＿＿＿＿＿＿＿＿＿＿＿＿

调查时间：20＿＿＿年＿＿＿月＿＿＿日

【问卷说明】

（1）评价指标体系说明：该问卷调查目的是确定农地经营权抵押贷款中各风险的相对权重，采用专家评分法进行确定，主要包括经济发展水平、政策、法律制度及国家支持状况、农业经营主体、银行和第三方组织，五个维度的评价。

（2）评分标准：请按照附表 E1 的标度标准（标度值反映了各元素相对重要性的估量），对调查附表 E2 至附表 E10 各指标之间的相对重要程度关系进行打分。

（3）评分说明：附表 E2 ~ 附表 E10 的每一行为两个指标相对重要性判断，在您认为其相对重要程度关系的地方打"√"。

附表 E1　　　　　　　　　　矩阵标准度的界定

重要性标度	界定
1	表示两个元素具有同等重要性
3	表示第一个元素相比第二个元素稍微重要
5	表示第一个元素相比第二个元素明显重要
7	表示第一个元素相比第二个元素强烈重要
9	表示第一个元素相比第二个元素极端重要
2，4，6，8	表示上述两相邻判断的折中
倒数	若元素 i 与元素 j 的重要性之比为 a_{ij}，则元素 j 与元素 i 的重要性之比为 $a_{ji} = 1/a_{ij}$

打分示例：

问题：宏观风险（A）/中观风险（B）

若您选择：明显重要5。即您认为在农地经营权抵押贷款风险中，宏观风险比中观风险是明显重要的。

1. 一级指标重要性比较的权重确定（见附表E2）

附表E2　　　　　　　一级指标重要性比较的权重确定

一级指标	同等重要1	稍微重要3	明显重要5	强烈重要7	极端重要9	稍不重要1/3	明显不重要1/5	强烈不重要1/7	极端不重要1/9
宏观风险（A）/中观风险（B）									
宏观风险（A）/微观风险（C）									
中观风险（B）/微观风险（C）									

2. 二级指标重要性比较的权重确定——宏观风险（见附表E3）

附表E3　　　　　　　宏观风险重要性比较的权重确定

二级指标	同等重要1	稍微重要3	明显重要5	强烈重要7	极端重要9	稍不重要1/3	明显不重要1/5	强烈不重要1/7	极端不重要1/9
经济发展水平（A1）/政策、法律制度及国家支持情况（A2）									

3. 二级指标重要性比较的权重确定——微观风险（见附表E4）

附表E4　　　　　　　微观风险重要性比较的权重确定

二级指标	同等重要1	稍微重要3	明显重要5	强烈重要7	极端重要9	稍不重要1/3	明显不重要1/5	强烈不重要1/7	极端不重要1/9
借款人的风险（B1）/银行的风险（B2）									
借款人的风险（B1）/其他组织的风险（B3）									
银行的风险（B2）/其他组织风险（B3）									

4. 三级指标——经济发展水平（见附表 E5）

附表 E5　　　　　　　　　**三级指标——经济发展水平**

三级指标	同等 重要 1	稍微 重要 3	明显 重要 5	强烈 重要 7	极端 重要 9	稍不 重要 1/3	明显不 重要 1/5	强烈不 重要 1/7	极端不 重要 1/9
第一产业 GDP 增长率（A11）/农村 CPI（A12）									
第一产业 GDP 增长率（A11）/农业景气指数（A13）									
第一产业 GDP 增长率（A11）/农产品生产价格指数（A14）									
农村 CPI（A12）/农业景气指数（A13）									
农村 CPI（A12）/农产品生产价格指数（A14）									
农业景气指数（A13）/农产品生产价格指数（A14）									

5. 三级指标——政策和法律制度（见附表 E6）

附表 E6　　　　　　　　　**三级指标——政策和法律制度**

三级指标	同等 重要 1	稍微 重要 3	明显 重要 5	强烈 重要 7	极端 重要 9	稍不 重要 1/3	明显不 重要 1/5	强烈不 重要 1/7	极端不 重要 1/9
信用体系健全程度（A21）/政策稳定程度（A22）									
信用体系健全程度（A21）/土地产权完善程度（A23）									
信用体系健全程度（A21）/国家支持程度（A24）									

续表

三级指标	同等重要 1	稍微重要 3	明显重要 5	强烈重要 7	极端重要 9	稍不重要 1/3	明显不重要 1/5	强烈不重要 1/7	极端不重要 1/9
政策稳定程度（A22）/土地产权完善程度（A23）									
政策稳定程度（A22）/国家支持程度（A24）									
土地产权完善程度（A23）/风险补偿健全程度（A24）									
土地产权完善程度（A23）/国家支持程度（A24）									

6. 三级指标——地方政府的风险（见附表 E7）

附表 E7　　　　　　三级指标——地方政府的风险

三级指标	同等重要 1	稍微重要 3	明显重要 5	强烈重要 7	极端重要 9	稍不重要 1/3	明显不重要 1/5	强烈不重要 1/7	极端不重要 1/9
财政风险（B11）/政策风险（B12）									

7. 三级指标——借款人风险（见附表 E8）

附表 E8　　　　　　三级指标——借款人风险

三级指标	同等重要 1	稍微重要 3	明显重要 5	强烈重要 7	极端重要 9	稍不重要 1/3	明显不重要 1/5	强烈不重要 1/7	极端不重要 1/9
借款人经营风险（C11）/借款人信用风险（C12）									

8. 三级指标——银行风险（见附表 E9）

附表 E9　　　　三级指标——银行风险

三级指标	同等重要 1	稍微重要 3	明显重要 5	强烈重要 7	极端重要 9	稍不重要 1/3	明显不重要 1/5	强烈不重要 1/7	极端不重要 1/9
银行抵押物处置风险（C21）/银行操作风险（C22）									

9. 三级指标——其他组织风险（见附表 E10）

附表 E10　　　　三级指标——其他组织风险

三级指标	同等重要 1	稍微重要 3	明显重要 5	强烈重要 7	极端重要 9	稍不重要 1/3	明显不重要 1/5	强烈不重要 1/7	极端不重要 1/9
贷款担保风险（C31）/抵押物评估风险（C32）									

附录 F　农地经营权抵押贷款收入效应问卷

您好！我们是四川农业大学的研究人员，正在进行一项关于农地承包经营权抵押贷款的相关研究，主要向您了解基本情况以及申请农地经营权抵押贷款等方面的问题，从而为农村土地承包经营权抵押贷款的发展提供建议。您的回答对我们的研究非常重要，谢谢您的支持与配合。

本问卷采用匿名的形式，您所提供的信息仅用于学术研究，我们承诺不会单独泄露您的个人信息和观点。在此向您表示由衷的感谢！

【访问记录】

调查地址：_____市_____区（县）_____乡/镇_____村____组

调查员签字：_____

调查时间：20____年____月____日

【家庭基本情况】

A1 受访者性别_____，年龄_____，是否温江区本地人_____（1＝是；0＝否）？

A2 您的学历为_____（1＝小学及以下；2＝初中；3＝高中/中专；4＝大专/本科及以上）。

A3 家庭人口_____人。其中，劳动力_____人，务农_____人，外出务工_____人；

您是否雇佣帮工辅助农业生产_____（1＝是；0＝否）？若是，雇佣人数为_____人。

A4 家中是否有（多选）_____①党员；②村干部；③银行从业人员；④政府工作人员。

您是否有外出打工经历，您从事农业生产经营活动是否有专业技能？_____

A5 您的收入来源类型是_____（1＝花木种植型；2＝养殖型；3＝外出务工型；4＝个体经商；5＝其他_____）。

A6 您家庭的固定资产情况（见附表 F1）：

住房面积_____ m²，价值为_____万元；车价值为_____万元；农用机械设备估值为_____元。（1＝10 万元以下；2＝10 万～50 万元；3＝50 万～100 万元；4＝100 万元以上）

附表 F1　　　　　　　　　家庭的固定资产情况

家庭资产	2015 年	2016 年	2017 年	2018 年
总收入/万元				
农业收入/万元				
总支出/万元				
农业支出/万元				
家庭存款/万元				
土地面积/m²				
花木面积/m²				
花木价值/万元				

【农业生产经营情况】

B1 经营主体类型为_____（1 = 合作社，加入时间_____年；2 = 家庭农场；3 = 龙头企业；4 = 专业大户；5 = 散户）。

若选择 1，加入的合作社是否为花乡农盟_____（1 = 是；0 = 否）？

B2 您的土地转入面积_____亩，租期_____年，剩余年限_____年，租金_____元/亩，流入土地来源_____（1 = 本村；2 = 外村）。如需要转入耕地，您认为难易程度如何？_____

（1 = 很不容易 2 = 较不容易 3 = 一般 4 = 比较容易 5 = 很容易）

您是否有转出土地_____（1 = 是；0 = 否）？若是，土地转出面积为_____亩。

B3 您种植的花木品种是_____，您是否享有农业补贴_____？若是，补贴金额为_____元/亩。

B4 您是否购买了农业保险_____（1 = 是；0 = 否）？若是，保险金额为_____元，保费为_____元/年；您是否购买了其他保险_____（1 = 是；0 = 否）？若是，购买的保险为_____。

【抵押贷款进行情况】

C1 您是否了解农地经营权抵押贷款的相关政策？_____（1 = 仅仅听过；2 = 基本了解；3 = 比较了解；4 = 非常了解）

C2 您进行抵押贷款的贷款期限是_____年，贷款利率是_____。

您认为贷款利率如何？_____（1 = 非常低；2 = 有点低；3 = 一般；4 = 有点高；5 = 非常高）

您认为还款压力大吗？_____（1 = 非常小；2 = 有点小；3 = 一般；4 = 有点大；5 = 非常大）

C3 您支付给第三方担保公司的费用为_____万元，担保额度为_____万元；

您为抵押贷款所花费的其他成本为_____万元（包括车费、油费、人情费等）。

C4 您的贷款用途主要是_____。

（1 = 扩大花木生产；2 = 花木运输销售；3 = 住房、医疗、教育、人情往来等；4 = 其他）

C5 您的抵押物是_____。

（1 = 纯农地经营权；2 = 1 + 地上附着物；3 = 1 + 农机设备；4 = 农村住房抵押；5 = 其他_____）。

若选择 2，您的农地经营权来源为_____（1 = 自有；2 = 承租；3 = 自有_____亩，承租_____亩；4 = 其他_____）；抵押面积为_____亩，地上附着物主要是_____。

C6 评估机构对您的抵押物价值的评估为_____万元；

您认为评估合理吗？_____（1 = 非常合理；2 = 合理；3 = 一般；4 = 不合理；5 = 非常不合理）

C7 抵押贷款情况（见附表 F2）。

附表 F2　　　　　　　抵押贷款情况

贷款情况	2015 年	2016 年	2017 年	2018 年
实际抵押贷款金额/万元				
意愿抵押贷款金额/万元				
其他贷款金额/万元				
其他贷款来源				
（1 = 银行贷款；2 = 亲友借款；3 = 民间高利贷；4 = 网络借款；5 = 其他_____）				
生产资金增加				
雇佣人力增加				

C8 您现在是否依然有负债_____（1 = 有；0 = 无）？若有，金额为_____元。

附录 G　农地经营权抵押贷款风险分担主体威慑和受摄能力问卷

您好！我们是四川农业大学的研究人员，正在进行一项关于农地承包经营权抵押贷款的相关研究，主要向您了解农地经营权抵押贷款风险分担主体威慑能力和受摄能力等方面问题，从而为农村土地承包经营权抵押贷款的发展提供建议。您的回答对我们的研究非常重要，谢谢您的支持与配合。

本问卷采用匿名的形式，您所提供的信息仅用于学术研究，我们承诺不会单独泄露您的个人信息和观点。在此向您表示由衷的感谢！

【访问记录】

您的单位是：

调查员签字：_____

调查时间：20 ____年____月____日

请您基于自己对成都温江政府主导型农地经营权抵押贷款风险分担的研究，为下列各主体的威慑能力、受摄能力评分，其中 10 分最强，1 分最弱（见附表 G1）。

附表 G1　　　　　　　　　　　　　风险分担

分数	政府		银行		担保组织（机构）	
	威慑能力	受摄能力	威慑能力	受摄能力	威慑能力	受摄能力
1 ~ 10						

注：威慑能力是指在政府、担保、银行就风险分担的谈判过程中采用自身强势地位向其他参与者转移风险的能力；受摄能力是指抵抗其他参与者威慑的能力。

附录 H　农地经营权抵押贷款抵押物处置问卷

您好！我们是四川农业大学的研究人员，正在进行一项关于农地承包经营权抵押贷款的相关研究，主要向您了解农地经营权抵押贷款抵押物处置等方面的问题，从而为破解抵押物处置难提供建议。您的回答对我们的研究非常重要，谢谢您的支持与配合。

本问卷采用匿名的形式，您所提供的信息仅用于学术研究，我们承诺不会单独泄露您的个人信息和观点。在此向您表示由衷的感谢！

【访问记录】

您所在的单位是：

调查员签字：_____

调查时间：20 ____年____月____日

1. 银行是否与第三方公司（如花乡农盟或其他三方企业）有合作？

————————

0 = 否　　　　　　　　　　　　1 = 是

2. 在客户违约，需处置抵押物时，优先考虑哪种方式？ _____

1 = 政府兜底　　　　　　　　2 = 收储公司处置

3 = 银行上诉法院后处置

4 = 交予担保公司、花乡农盟等三方公司处置

5 = 再流转给当地其他农户

3. 您对处理农地经营权抵押贷款业务的积极性？ _____

1 = 不愿处理　　2 = 较不愿意　　3 = 一般　　　　4 = 比较积极

5 = 非常积极

4. 现有的抵押物处置流程复杂吗？ _____

1 = 非常烦琐　　2 = 复杂　　　3 = 一般　　　　4 = 简便

5 = 非常简便

5. 您对处置此类抵押物的流程熟悉吗？ _____

1 = 完全不熟悉　2 = 不是很熟悉　3 = 一般　　　4 = 较熟悉

5 = 非常熟悉

6. 银行更愿意处理位于何种位置的农地？ _____

1 = 距主城区 20 公里以上　　　2 = 距主城区 15 ~ 19 公里

3 = 距主城区 10 ~ 14 公里　　　4 = 距主城区 5 ~ 9 公里

5 = 距主城区 0 ~ 4 公里

7. 处置抵押物的过程中，借款人会配合吗？ _____

1 = 非常不配合，刁难且人为拖长处置时间

2 = 大部分借款人不理睬，不配合

3 = 配合，但存在少量不配合的情况

4 = 正常配合

5 = 积极接待，非常配合处理

8. 处置抵押农地经营权时，产权交易中心的参与程度？ _____

1 = 完全没有（不参与）

2 = 小部分通过产权交易中心进行流转（参与度较低）

3 = 一半左右（参与度一般）

4 = 大部分通过产权交易中心流转（参与度较高）

5 = 全部通过其流转（产权交易中心参与度极高）

9. 处置抵押农地附着物时，花木交易所的参与程度？ _____

1 = 完全没有（不参与）

2 = 小部分通过花木交易所进行处理或流转（参与度较低）

3 = 一半左右（参与度一般）

4 = 大部分通过花木交易所流转（参与度较高）

5 = 全部通过其流转（花木交易所参与度极高）

10. 在实际处置抵押物时，合作社（如温江的花乡农盟）、农业组织等的参与程度？_____

1 = 完全没有（不参与）　　　　2 = 小部分（参与度较低）

3 = 一半左右（参与度一般）　　4 = 大部分（参与度较高）

5 = 全程参与（参与度极高）

11. 农村土地附着物的价格波动幅度？_____

1 = 非常大　　2 = 较大　　3 = 一般　　4 = 较小

5 = 非常小

12. 抵押花木的权属界定是否清晰？_____（了解到个别借款人的抵押土地上同时种有非抵押花木，或其他花木商种植的苗木，容易造成权属不清晰，引发纷争）

0 = 不清晰　　　1 = 清晰

13. 农地流转效率_____。

1 = 极低　　2 = 较低　　3 = 一般　　4 = 较高

5 = 极高

14. 参与抵押物价值评估的主体为_____。

1 = 其他　　2 = 银行　　3 = 银行、借款人及专家组

4 = 银行、借款人、专家组及处置企业

5 = 银行、借款人、专家组、处置企业及村组人员

15. 各方对抵押物估值的认可度、接受度如何？_____

1 = 非常不精准　2 = 较不精准　　3 = 一般　　4 = 比较精准

5 = 非常精准

16. 银行承担的评估成本？_____

1 = 非常高　　2 = 较高　　3 = 一般　　4 = 较低

5 = 非常低或为零

17. 抵押物价值评估的难易程度？_____

1 = 非常困难　　2 = 较困难　　3 = 一般　　4 = 较容易

5 = 非常容易

18. 对抵押资产的监管_____。

1 = 无任何措施　　　　　　　2 = 极少或没有实地巡查

3 = 银行全权委托监管机构进行监管，但监管力度不强

4 = 银行或负责监管的机构，不定期巡查，严格把控状况

5 = 银行或担保公司、花乡农盟等三方公司派遣专人专盯、定期巡查，使用多种方式，严格把控抵押资产价值

19. 跟踪服务（对贷款资金的使用情况、用途等的跟踪）_____。

1 = 非常不严格　　2 = 不严格　　　　3 = 一般　　　　4 = 严格

5 = 非常严格

20. 监管及处置抵押资产所花费的成本？_____

1 = 非常低或为零　　　　　　　　2 = 较低

3 = 一般　　　　　　　　　　　　4 = 较高

5 = 非常高

21. 政策性担保公司（如温江三联担保公司）的参与程度及政策落实效果为_____。

1 = 非常不好　　　2 = 不好　　　3 = 一般　　　　　4 = 好

5 = 非常好

22. 违约后若上诉法院进行处置，实际的效果如何？_____

1 = 非常不好（法院不予理睬）

2 = 不好（法院受理诉讼，但让借贷双方自行处置）

3 = 一般（法院受理，同意公开拍卖抵押物，收回部分贷款损失）

4 = 好（拍卖抵押物，收回大部分贷款损失）

5 = 非常好（成功处置抵押物，完全收回贷款损失）

23. 借款人对相关配套农业保险的购买率？_____

1 = 极低　　　　　2 = 较低　　　　3 = 一般　　　　4 = 较高

5 = 极高

24. 风险补偿基金在实际处理中的作用_____。

1 = 极小（完全用不上）　　　　　2 = 不大

3 = 一般　　　　4 = 较大　　　　5 = 巨大（完美兜底）

25. 借款人对其所抵押的农地的依赖程度？_____

1 = 非常高（几乎全部经济来源来自抵押农地）

2 = 较依赖（大部分经济来源）

3 = 一般

4 = 较不依赖（少部分经济来源）

5 = 非常低（完全用不上，毫不依赖）

26. 房地产行业的景气与否对抵押物销售及其价值的影响程度？_____

　　1＝影响巨大（息息相关）　　　　2＝影响较大

　　3＝有一定影响　　　　　　　　　4＝影响较小

　　5＝毫无影响（完全没关联）

27. 新冠肺炎疫情对抵押物价值的影响？_____

　　1＝影响巨大（息息相关）　　　　2＝影响较大

　　3＝有一定影响　　　　　　　　　4＝影响较小

　　5＝毫无影响

28. 抵押物处置后收得资金，对贷款本息的清偿程度？_____

　　1＝无清偿，处置失败　　　　　　2＝小部分清偿（回收资金较少）

　　3＝有所清偿，但仍有缺口　　　　4＝较好清偿，几乎无缺口

　　5＝完全清偿且有结余

29. 抵押物处置的难易程度如何？_____

　　1＝非常困难　　　2＝较困难　　　3＝一般　　　　4＝较容易

　　5＝非常容易

30. 您对抵押物的处置结果是否满意？_____

　　1＝不满意　　　　2＝较不满意　　3＝一般　　　　4＝较满意

　　5＝满意

31. 您觉得怎样的处置模式或方式更能接受，处置抵押物的效率更高？

附录 I　农地经营权抵押贷款风险分担比例评价问卷

　　您好！我们是四川农业大学的研究人员，正在进行一项关于农地承包经营权抵押贷款的相关研究。课题组根据成都市温江区的实际情况，计算得到在农地经营权抵押贷款的风险分担中，政府和金融机构应分担的最优风险比例分别为 70% 和 30%，该比例与目前双方实际分别分担 80% 和 20% 的比例有较大差异。为此，我们设计出对该贷款风险分担比例评价的问卷，请您根据工作经验对各指标作出客观、严谨的评价。如果您认为 70% 和 30% 分别是政府和金融机构在农地经营权抵押贷款中分担的最优风险比例，请在相应的选项中打"√"。您的回答对我们的研究非常重要，谢谢您的支持与配合。

本问卷采用匿名的形式，您所提供的信息仅用于学术研究，我们承诺不会单独泄露您的个人信息和观点。在此向您表示由衷的感谢！

【访问记录】

您所在的单位是：

调查员签字：＿＿＿＿＿＿＿＿＿＿＿

调查时间：20 ＿＿＿年＿＿＿月＿＿＿日

农地经营权抵押贷款风险分担比例评价问卷见附表 I1。

附表 I1 　　　　　农地经营权抵押贷款风险分担比例评价问卷

目标层	一级指标	二级指标	高	较高	中等	较低	低
农地经营权抵押贷款风险分担比例评价指标体系	经济风险	疫情期间农业产业发展状况					
		农产品销售市场需求变化					
		农地抵押贷款利率变动					
		农产品价格波动					
	不可抗力风险	自然不可抗力					
		社会不可抗力					
	信用风险	受自然灾害影响的被动违约风险					
		受市场因素影响的被动违约风险					
	处置风险	农地流转市场完善程度					
		农地流转平台规范程度					
		农地流转信息流畅程度					
	评估风险	评估机制完善程度					
		第三方专业评估机构缺乏					
	民生风险	农民失地概率					
		对农民家庭经济影响					
		对社会稳定发展影响					
如果您觉得还有哪些因素对本课题所计算出的农地经营权抵押贷款风险分担比例的可行性影响较大，请在此处进行补充：							

【评价语说明】

高：对于此项风险，测算出来的比例相较于当前实施的比例更能满足当地农地经营权抵押贷款风险分担比例的要求，符合社会的功能配置，适度超前满足了风险分担各方的需求；

较高：对于此项风险，测算出来的比例相较于当前实施的比例更能满足当地农地经营权抵押贷款风险分担比例的要求；

中等：对于此项风险，测算出来的比例相较于当前实施的比例基本满足当地农地经营权抵押贷款风险分担比例的要求，但在符合社会的功能配置方面有所欠缺；

较低：对于此项风险，测算出来的比例相较于当前实施的比例仅能部分满足当地农地经营权抵押贷款风险分担比例的要求；

低：对于此项风险，测算出来的比例相较于当前实施的比例不能满足当地农地经营权抵押贷款风险分担比例的要求。

参 考 文 献

[1] 安海燕，洪名勇. 农户和农业主体对土地承包经营权抵押贷款政策的态度 [J]. 西北农林科技大学学报（社会科学版），2016（2）：21-28.

[2] 安海燕，张庆娇. 农户土地经营权抵押贷款认知的测度及分析 [J]. 湖南农业大学学报（社会科学版），2018（2）：1-7.

[3] 白钦先，王伟. 科学认识政策性金融制度 [J]. 财贸经济，2010（8）：5-12，136.

[4] 白璇，李永强，赵冬阳. 企业家社会资本的两面性：一项整合研究 [J]. 科研管理，2012（3）：27-35.

[5] 蔡四平，顾海峰. 农村中小企业金融市场的信贷配给问题及治理研究 [J]. 财贸经济，2011（4）：62-67.

[6] 曹锋，刘卫柏. 农村土地经营权抵押贷款满足农户融资需求的实证研究 [J]. 系统工程，2016（12）：80-86.

[7] 曹瓅，陈璇，罗剑朝. 农地经营权抵押贷款对农户收入影响的实证检验 [J]. 农林经济管理学报，2019，18（6）：785-794.

[8] 曹瓅，罗剑朝，房启明. 农户产权抵押借贷行为对家庭福利的影响——来自陕西、宁夏1479户农户的微观数据 [J]. 中南财经政法大学学报，2014（5）：150-156.

[9] 曹瓅，罗剑朝. 农村承包地经营权抵押贷款业务评价及影响因素——基于金融机构客户经理视角 [J]. 财经科学，2015（10）：82-91.

[10] 曹瓅，罗剑朝. 农地经营权抵押融资可得性及影响因素分析 [J]. 中国农业大学学报，2020，25（2）：212-222.

[11] 曹瓅，罗剑朝. 农户产权抵押借贷行为及对家庭福利效果影响分析 [J]. 大连理工大学学报（社会科学版），2015（1）：

51 – 56.

[12] 曹瓅，罗剑朝．农户对农地经营权抵押贷款响应及其影响因素——基于零膨胀负二项模型的微观实证分析 [J]．中国农村经济，2015（12）：31 – 48.

[13] 曹阳．农村土地经营权抵押贷款风险形成及防范机制探索 [J]．金融与经济，2015（5）：28 – 31.

[14] 常露露，吕德宏．农地经营权抵押贷款风险识别及其应用研究——基于重庆639个农户样本调查数据 [J]．大连理工大学学报（社会科学版），2018，39（5）：41 – 50.

[15] 陈朝兵．农村土地"三权分置"：功能作用、权能划分与制度构建 [J]．中国人口·资源与环境，2016（4）：135 – 141.

[16] 陈丹，高锐．农地经营权抵押中的金融风险规制与合作治理 [J]．学习与实践，2017（2）：43 – 51.

[17] 陈东平，高名姿．第三方促进农地抵押贷款缔约和履约：交易特征——嵌入视角——以宁夏同心县样本为例 [J]．中国农村观察，2018（1）：70 – 83.

[18] 陈慧荣．发展型地方政府、村干部企业家与土地流转——基于山东N县土地流转实践的考察 [J]．中国农村观察，2014（1）：64 – 70.

[19] 陈菁泉，付宗平．农村土地经营权抵押融资风险形成及指标体系构建研究 [J]．宏观经济研究，2016（10）：143 – 154.

[20] 陈强．商业银行客户评级分布的宏观传导机制研究——基于EDF和CT [J]．金融监管研究，2013（12）：31 – 52.

[21] 陈锡文．当前农业和农村经济形势与"三农"面临的挑战 [J]．中国农村经济，2010（1）：4 – 9.

[22] 陈小君．土地经营权的性质及其法制实现路径 [J]．政治与法律，2018（8）：2 – 12.

[23] 陈永清．农村土地经营权抵押融资的风险因素分析 [J]．上海经济研究，2016（7）：59 – 63.

[24] 程瑶．制度经济学视角下的土地财政 [J]．经济体制改革，2009（1）：31 – 34.

[25] 戴琳，于丽红，兰庆高，王晓庆．农地抵押贷款缓解种粮大户正规信贷约束了吗——基于辽宁省434户种粮大户的实证分析

［J］. 农业技术经济, 2020（3）：20 – 31.

［26］ 丁昆. 武汉市农地经营权抵押融资模式研究［J］. 湖北社会科学, 2018（8）：62 – 70.

［27］ 丁永亮. "造星运动"中的媒体责任［J］. 中国记者, 2003 (5)：80 – 81.

［28］ 丁志国, 朝晖, 苏治. 农户正规金融机构信贷违约形成机理分析［J］. 农业经济问题, 2014（8）：88 – 94.

［29］ 丁志国, 李泊祎. 农产品价格波动对政策性农业保险的影响研究——基于主体博弈模型［J］. 中国农村经济, 2020（6）：115 – 125.

［30］ 窦俊贤, 潘海英. 农村小额信贷信用风险控制研究——基于博弈分析［J］. 改革与战略, 2016, 32（1）：82 – 85, 100.

［31］ 段在鹏, 钱新明, 夏登友, 多英全. 基于蒙特卡洛模拟和主客观综合权重的化工园区配电系统模糊综合评价［J］. 安全与环境学报, 2016, 16（1）：15 – 19.

［32］ 方达, 郭研. 农地经营权抵押的马克思主义经济学分析——基于农业—金融资本运动模型［J］. 财经科学, 2020（2）：52 – 65.

［33］ 方达. 农地经营权抵押的政治经济学思考：基于资本、信用与收入视角［J］. 经济学家, 2019（2）：74 – 81.

［34］ 房启明, 罗剑朝, 蔡起华. 农地抵押融资意愿与最优土地规模［J］. 华南农业大学学报（社会科学版）, 2016（6）：49 – 57.

［35］ 房启明, 罗剑朝, 曹瓅. 农地抵押融资试验模式比较与适用条件［J］. 华南农业大学学报（社会科学版）, 2015, 14（3）：33 – 42.

［36］ 付兆刚, 郭翔宇. 农地经营权抵押贷款农户需求行为影响因素分析——基于黑龙江省6个县1328个农户的问卷调查［J］. 中国土地科学, 2017（3）：4 – 12.

［37］ 高帆. 中国农地"三权分置"的形成逻辑与实施政策［J］. 经济学家, 2018（4）：86 – 95.

［38］ 高梦滔, 毕岚岚. 村干部知识化与年轻化对农户收入的影响：基于微观面板数据的实证分析［J］. 管理世界, 2009（7）：77 – 84, 92.

［39］高名姿，陈东平．农地抵押贷款发展中国家经验及启示［J］．中央财经大学学报，2018（4）：44－52．

［40］高圣平．农地信托流转的法律构造［J］．法商研究，2014，31（2）：28－33．

［41］高小刚，谷昔伟．"三权分置"中农地经营权融资担保功能之实现路径——基于新修订《农村土地承包法》的分析［J］．苏州大学学报（哲学社会科学版），2019，40（4）：72－82．

［42］郜亮亮，黄季焜．不同类型流转农地与农户投资的关系分析［J］．中国农村经济，2011（4）：9－17．

［43］公茂刚，王天慧．农地"三权分置"改革对农业内生发展的影响机制及实证检验［J］．经济体制改革，2020（1）：73－80．

［44］龚光明，黄菁瑜．不同金融生态环境下银行信贷行为差异［J］．系统工程，2016，34（5）：97－101．

［45］龚智强，谢政，戴丽．三方相互威慑讨价还价模型［J］．经济数学，2015，32（2）：87－92．

［46］顾海峰．银保协作下商业银行信用风险的传导及管控机制研究——基于系统科学的分析视阈［J］．国际金融研究，2013（2）：58－66．

［47］顾海峰．银保协作下商业银行信用风险的传导模型及机理研究——基于风险有限免疫制度环境［J］．金融经济学研究，2014（6）：110－126．

［48］郭妍．基于实验和前景理论的银行小微贷款非理性决策行为研究［J］．金融发展研究，2016（12）：3－8．

［49］郭云南，姚洋．宗族网络与农村劳动力流动［J］．管理世界，2013（3）：69－81，187－188．

［50］郭忠兴，汪险生，曲福田．产权管制下的农地抵押贷款机制设计研究——基于制度环境与治理结构的二层次分析［J］．管理世界，2014（9）：48－57，187．

［51］韩洪云，李寒凝．契约经济学：起源、演进及其本土化发展［J］．浙江大学学报（人文社会科学版），2018（2）：55－71．

［52］韩家彬，张书凤，刘淑云等．土地确权、土地投资与农户土地规模经营——基于不完全契约视角的研究［J］．资源科学，2018（10）：2015－2028．

[53] 韩喜平, 孙贺. 农村正规金融部门对农户的信贷歧视分析 [J]. 社会科学战线, 2014 (3): 73 – 78.

[54] 何明生, 帅旭. 融资约束下的农户信贷需求及其缺口研究 [J]. 金融研究, 2008 (7): 66 – 79.

[55] 何欣, 蒋涛, 郭良燕等. 中国农地流转市场的发展与农户流转农地行为研究: 基于 2013 – 2015 年 29 省的农户调查数据 [J]. 管理世界, 2016 (6): 79 – 89.

[56] 洪名勇, 龚丽娟. 基于信任的农地流转契约选择研究 [J]. 江西社会科学, 2015 (5): 218 – 222.

[57] 洪名勇, 龚丽娟. 农地流转口头契约自我履约机制的实证研究 [J]. 农业经济问题, 2015 (8): 13 – 20, 110.

[58] 洪名勇. 空间、声誉与农地流转契约选择研究 [J]. 江西财经大学学报, 2018 (5): 79 – 88.

[59] 洪名勇, 钱龙. 农地流转口头契约自我履约对农户未来合作意愿的影响研究 [J]. 贵州社会科学, 2016 (4): 145 – 150.

[60] 洪名勇, 钱龙. 声誉机制、契约选择与农地流转口头契约自我履约研究 [J]. 吉首大学学报 (社会科学版), 2015 (1): 34 – 43.

[61] 侯松林. 成都市农户土地承包经营权抵押贷款需求与供给分析 [D]. 成都: 四川农业大学, 2016.

[62] 胡珊珊, 晁娜. 农地抵押政策、资产流动性释放与农户农业创业决策——基于粤西地区 1876 户农户的调研数据 [J]. 哈尔滨商业大学学报 (社会科学版), 2020 (5): 97 – 110.

[63] 胡新艳, 朱文珏, 刘凯. 理性与关系: 一个农地流转契约稳定性的理论分析框架 [J]. 农村经济, 2015 (2): 9 – 13.

[64] 胡元聪. 强化农地融资功能发挥亟需创新法律制度保障——评《农地抵押融资功能实现法律制度研究》 [J]. 河北法学, 2018 (4): 199 – 200.

[65] 黄惠春, 曹青, 曲福田. 农村土地承包经营权可抵押性及其约束条件分析——以湖北与江苏的试点为例 [J]. 中国土地科学, 2014 (6): 44 – 50.

[66] 黄惠春, 陈强. 抵押风险对农地抵押贷款需求的影响——基于原始承包户和经营户的比较 [J]. 中央财经大学学报, 2017

（4）：38 – 46.

[67] 黄惠春，李静. 农村抵押贷款创新产品的供给意愿：江苏例证 [J]. 改革，2013（9）：131 – 137.

[68] 黄惠春. 农村土地承包经营权抵押贷款可得性分析——基于江苏试点地区的经验证据 [J]. 中国农村经济，2014（3）：48 – 57.

[69] 黄惠春，祁艳. 农户农地抵押贷款需求研究——基于农村区域经济差异的视角 [J]. 农业经济问题，2015（10）：11 – 18.

[70] 黄惠春，徐霁月. 中国农地经营权抵押贷款实践模式与发展路径——基于抵押品功能的视角 [J]. 农业经济问题，2016（12）：95 – 102.

[71] 黄善明. 农民经济权益的理论内涵与现实分析 [J]. 农村经济，2011（11）：19 – 22.

[72] 黄源，谢冬梅. "三权分置" 背景下农村土地经营权抵押贷款难点和破解思路 [J]. 四川师范大学学报（社会科学版），2017，44（2）：51 – 56.

[73] 黄忠怀，邱佳敏. 政府干预土地集中流转：条件、策略与风险 [J]. 中国农村观察，2016（2）：34 – 44.

[74] 惠献波. 农村土地经营权抵押贷款实践探索：一个文献综述 [J]. 湖南财政经济学院学报，2014，30（3）：53 – 58.

[75] 惠献波. 农村土地经营权抵押贷款：收入效应及模式差异 [J]. 中国流通经济，2019（1）：112 – 118.

[76] 惠献波. 农村土地经营权证券化经济可行性研究 [J]. 金融理论与实践，2013（3）：47 – 49.

[77] 惠献波. 农户土地承包经营权抵押贷款潜在需求及其影响因素研究——基于河南省四个试点县的实证分析 [J]. 农业经济问题，2013（2）：9 – 15，110.

[78] 季秀平. 论土地承包经营权抵押制度的改革与完善 [J]. 南京社会科学，2009（1）：116 – 120.

[79] 贾晋，高远卓. 改革开放 40 年城乡资本配置效率的演进 [J]. 华南农业大学学报（社会科学版），2019，18（1）：24 – 32.

[80] 贾晋，李雪峰，伍骏骞. 宗族网络、村干部经商经历与农地经营权流转 [J]. 经济理论与经济管理，2019（2）：101 – 112.

[81] 贾生华，吴波. 基于声誉的私人契约执行机制 [J]. 南开经济

研究, 2004 (6): 16 - 20, 51.

[82] 姜美善, 李景荣, 米运生. 第三方组织参与、交易成本降低与农地抵押贷款可得性——基于农地经营权处置的视角 [J]. 经济评论, 2020 (4): 97 - 110.

[83] 姜新旺. 农地金融制度应该缓行——对构建我国农地金融制度的思考 [J]. 农业经济问题, 2007 (6): 11 - 14, 110.

[84] 姜岩, 黄惠春, 陶雯岩. 农地抵押贷款信用评价体系构建 [J]. 西北农林科技大学学报 (社会科学版), 2017 (2): 24 - 32.

[85] 蒋嘉坤, 宋坤. 农地抵押贷款抵押物处置的影响因素分析——基于四川的调研数据 [J]. 世界农业, 2022 (1): 99 - 111.

[86] 蒋万里. 略论绝对地租消失的经济条件 [J]. 经济研究, 1984 (3): 50 - 53.

[87] 焦兵. 中国农村金融变迁: 从外生金融扩展到内生金融成长 [M]. 北京: 中国社会科学出版社, 2012.

[88] 金太军, 张振波. 城镇化模式的人本化重塑: 基于风险社会视域 [J]. 南京社会科学, 2014 (3): 81 - 86.

[89] 靳聿轩, 王志彬, 张雷刚等. 农户农地经营权抵押贷款意愿影响因素研究——以山东省沂水县为例 [J]. 江苏农业科学, 2012, 40 (10): 411 - 413.

[90] 阚立娜, 苏芳. 农地抵押贷款政策预期与实践反差之思考——基于价值评估视角 [J]. 金融与经济, 2020 (5): 67 - 73.

[91] 孔祥智, 刘同山, 郑力文. 土地流转中村委会的角色及其成因探析——基于鲁冀皖三省 15 个村庄的土地流转案例 [J]. 东岳论丛, 2013 (5): 103 - 108.

[92] 邝梅, 赵柯. 我国农村信贷关系的博弈分析 [J]. 中央财经大学学报, 2008 (7): 37 - 43.

[93] 兰德平, 刘洪银. 农地承包经营权抵押贷款风险形成与控制 [J]. 征信, 2014 (4): 84 - 86.

[94] 兰庆高, 惠献波, 于丽红等. 农村土地经营权抵押贷款意愿及其影响因素研究——基于农村信贷员的调查分析 [J]. 农业经济问题, 2013 (7): 78 - 84, 112.

[95] 黎翠梅, 徐清. 农地经营权抵押贷款试点对信贷约束的缓解效应研究——基于倾向得分匹配法的实证分析 [J]. 武汉金融,

2020（4）：81－85，88.

[96] 李标，王黎，孙煜程. 金融供给侧结构性改革视角下农村土地经营权抵押贷款研究 [J]. 理论探讨，2020（5）：115－119.

[97] 李国正. 农地抵押贷款的运行模式与参与主体的行动逻辑——基于宁夏回族自治区 L 村种养结合家庭农场 [J]. 农业经济问题，2020（7）：25－35.

[98] 李林，潘伟光，陆凯麒. 农村土地承包经营权抵押贷款意愿的影响因素——基于农户视角的调研分析 [J]. 江苏农业科学，2018，46（2）：283－287.

[99] 李宁. 农村土地经营权直接抵押融资模式风险控制 [J]. 农业经济，2020（2）：112－113.

[100] 李乾宝. 农地入股抵押模式的实践探索及其风险防范探究 [J]. 福建师范大学学报（哲学社会科学版），2013（6）：28－32.

[101] 李秋高. 论风险管理法律制度的构建——以预防原则为考察中心 [J]. 政治与法律，2012（3）：72－78.

[102] 李蕊. 管制与市场：土地经营权融资的法律回应 [J]. 法学杂志，2019（5）：20－27.

[103] 李善民. 土地经营权抵押贷款中政府与金融机构的演化博弈分析 [J]. 金融理论与实践，2015（9）：19－22.

[104] 李松泽，王颜齐. 农户异质性影响金融机构农地抵押贷款供给吗？——基于农户家庭土地禀赋特征的分析 [J]. 中国土地科学，2020，34（9）：67－76.

[105] 李韬，罗剑朝. 农户土地承包经营权抵押贷款的行为响应——基于 Poisson Hurdle 模型的微观经验考察 [J]. 管理世界，2015（7）：54－70.

[106] 李韬. 农地产权抵押下的信贷配给：分抵押权人比较 [J]. 经济与管理研究，2020，41（8）：93－103.

[107] 李洋宇. 土地财政的风险分析及改革建议 [J]. 安徽农业科学，2013，41（21）：9089－9090，9097.

[108] 连玉君，彭方平，苏治. 融资约束与流动性管理行为 [J]. 金融研究，2010（10）：158－171.

[109] 梁虎，罗剑朝. 不同模式下农地经营权抵押融资试点农户满意度评价及影响因素研究——以山东寿光、陕西高陵和宁夏同心

447 户农户为例 [J]. 财贸研究, 2017, 28 (11)：52 - 60, 100.

[110] 梁虎, 罗剑朝. 供给型和需求型信贷配给及影响因素研究——基于农地抵押背景下 4 省 3459 户数据的经验考察 [J]. 经济与管理研究, 2019, 40 (1)：29 - 40.

[111] 梁虎, 罗剑朝. 农地抵押贷款参与、农户增收与家庭劳动力转移 [J]. 改革, 2019 (3)：106 - 117.

[112] 梁虎, 罗剑朝, 张珩. 农地抵押贷款借贷行为对农户收入的影响基于 PSM 模型的计量分析 [J]. 农业技术经济, 2017 (10)：106 - 118.

[113] 梁虎, 罗剑朝. 政府与市场不同主导模式下农地抵押贷款供给意愿研究 [J]. 现代财经 (天津财经大学学报), 2018 (9)：92 - 103.

[114] 梁杰, 高强, 汪艳涛. 农地抵押与信誉监管能否缓解农户信贷高利率困境？——基于人为田野实验的检验 [J]. 河北经贸大学学报, 2020, 41 (2)：91 - 99.

[115] 廖沛玲, 赵健, 夏显力. 农地转出前后农户福利变化及差异研究——以关天经济区政府主导型农地流转为例 [J]. 资源科学, 2018 (7)：1354 - 1364.

[116] 林建浩, 阮萌柯. 经济政策不确定性与企业融资 [J]. 金融学季刊, 2016, 10 (3)：1 - 21.

[117] 林建伟. 风险认知对农地经营权抵押贷款供给意愿的影响——基于信贷员认知的视角 [J]. 经济问题, 2018 (3)：47 - 51.

[118] 林建伟, 刘伟平. 信贷供给：土地承包经营权抵押贷款的关键因素——基于福建省试点情况的考察 [J]. 福建论坛 (人文社会科学版), 2014 (10)：143 - 147.

[119] 林乐芬, 沈一妮. 异质性农户对农地抵押贷款的响应意愿及影响因素——基于东海试验区 2640 户农户的调查 [J]. 财经科学, 2015 (4)：34 - 48.

[120] 林乐芬, 孙德鑫. 农地抵押贷款及其风险管理研究——基于枣庄市的案例分析 [J]. 现代管理科学, 2015 (12)：30 - 32.

[121] 林乐芬, 王步天. 农地经营权抵押贷款制度供给效果评价——基于农村金融改革试验区基于农村金融改革试验区 418 名县乡

村三级管理者的调查［J］. 经济学家，2015（10）：84 - 91.

[122] 林乐芬，王军. 农村金融机构开展农村土地金融的意愿及影响
因素分析［J］. 农业经济问题，2011（12）：60 - 65.

[123] 林乐芬，俞涔曦. 家庭农场对农地经营权抵押贷款潜在需求及
影响因素研究——基于江苏 191 个非试点村的调查［J］. 南京
农业大学学报（社会科学版），2016（1）：71 - 81，164.

[124] 林一民，林巧文，关旭. 我国农地经营权抵押的现实困境与制
度创新［J］. 改革，2020（1）：123 - 132.

[125] 刘凤芹，王姚瑶. 声誉机制与默认合约：一个"敲竹杠"治
理方案的实证比较［J］. 社会科学战线，2013（11）：55 - 59.

[126] 刘丽，吕杰. 土地流转契约选择及其稳定性［J］. 山东社会科
学，2017（11）：153 - 158.

[127] 刘奇. 农地抵押贷款"三重门"［J］. 中国发展观察，2014
（5）：45 - 47.

[128] 刘巍，陈昭. 经济学理论的前提假设与解释能力：计量经济史
视角的研究［M］. 广州：中山大学出版社，2018.

[129] 刘文革，周方召，肖园园. 不完全契约与国际贸易：一个评述
［J］. 经济研究，2016（11）：166 - 179.

[130] 刘文勇，孟庆国，张悦. 农地流转租约形式影响因素的实证研
究［J］. 农业经济问题，2013（8）：43 - 48，111.

[131] 刘亚娜. 公务员奖惩制度与公务员廉政建设［J］. 行政论坛，
2003（5）：61 - 63.

[132] 刘一明，罗必良，郑燕丽. 产权认知、行为能力与农地流转签
约行为——基于全国 890 个农户的抽样调查［J］. 华中农业大
学学报（社会科学版），2013（5）：23 - 28.

[133] 刘屹轩，闵剑，刘忆."三权分置"下农地经营权抵押融资风
险辨识与评价——基于结构方程模型的实证研究［J］. 宏观经
济研究，2019（1）：158 - 175.

[134] 刘钰，宋坤. 政府主导型农地经营权抵押贷款履约机制研究：
成都温江花乡农盟例证［J］. 金融理论与实践，2019（10）：
111 - 118.

[135] 刘兆军，李松泽，汲春雨. 土地经营权抵押贷款试点运行的困
境分析——以黑龙江克山、绥滨、兰西 3 县实地调查为基础

[J]. 中国农业资源与区划, 2018, 39 (5): 13 – 19.

[136] 刘兆军, 李松泽."三权分置"权利关系下的农地流转方式研究 [J]. 学习与探索, 2018 (2): 134 – 140, 176.

[137] 鲁美辰. 土地承包经营权抵押贷款对农民收入的影响评价——基于 DID 模型分析 [J]. 中外企业家, 2013 (8): 63 – 64.

[138] 吕德宏, 张无坷. 农地经营权抵押贷款信用风险影响因素及其衡量研究——基于 CreditRisk + 模型的估计 [J]. 华中农业大学学报 (社会科学版), 2018 (4): 137 – 73, 173.

[139] 吕德宏, 朱莹. 农户小额信贷风险影响因素层次差异性研究 [J]. 管理评论, 2017 (1): 33 – 41.

[140] 罗必良. 村庄环境条件下的组织特性、声誉机制与关联博弈 [J]. 改革, 2009 (2): 72 – 80.

[141] 罗必良."农地流转的市场逻辑——'产权强度—禀赋效应—交易装置'的分析线索及案例研究" [J]. 南方经济, 2014 (5): 1 – 24.

[142] 罗必良, 张露, 仇童伟. 小农的种粮逻辑——40 年来中国农业种植结构的转变与未来策略 [J]. 南方经济, 2018 (8): 1 – 28.

[143] 罗剑朝, 聂强, 张颖慧. 博弈与均衡: 农地金融制度绩效分析 [J]. 中国农村观察, 2003 (3): 43 – 51.

[144] 罗剑朝, 庸晖, 庞玺成. 农地抵押融资运行模式国际比较及其启示 [J]. 中国农村经济, 2015 (3): 84 – 96.

[145] 罗兴, 马九杰. 不同土地流转模式下的农地经营权抵押属性比较 [J]. 农业经济问题, 2017 (2): 22 – 32.

[146] 马嘉鸿, 兰庆高, 于丽红. 基于农户视角的农地经营权抵押贷款绩效评价 [J]. 农业经济, 2016 (6): 106 – 108.

[147] 马婧, 罗剑朝. 农户认知对其参与农地经营权抵押贷款行为的影响研究 [J]. 人文杂志, 2018 (11): 72 – 77.

[148] 马克思, 恩格斯. 马克思恩格斯文集 (第 9 卷) [M]. 北京: 人民出版社, 2009.

[149] 马克思, 恩格斯. 马克思恩格斯选集 (第 2 卷) [M]. 北京: 人民出版社, 2012.

[150] 马贤磊, 仇童伟, 钱忠好. 农地流转中的政府作用: 裁判员抑

或运动员——基于苏、鄂、桂、黑四省（区）农户农地流转满意度的实证分析［J］. 经济学家，2016（11）：83 – 89.

［151］孟楠，罗剑朝，马婧. 农户风险意识与承担能力对农地经营权抵押贷款行为响应影响研究——来自宁夏平罗732户农户数据的经验考察［J］. 农村经济，2016（10）：74 – 80.

［152］米运生，石晓敏，张佩霞. 农地确权与农户信贷可得性：准入门槛视角［J］. 学术研究，2018（9）：87 – 95.

［153］米运生，郑秀娟，何柳妮. 不完全契约自我履约机制研究综述［J］. 商业研究，2015（11）：81 – 88.

［154］缪德刚，龙登高. 农地经营权抵押贷款现行机制及推进对策［J］. 浙江社会科学，2017（8）：33 – 41，157.

［155］聂辉华. 契约理论的起源、发展和分歧［J］. 经济社会体制比较，2017（1）：1 – 13.

［156］聂婴智，韩学平. 农地"三权分置"的风险与法治防范［J］. 学术交流，2016（10）：131 – 136.

［157］牛荣，陈思，张珩. 不同规模农地抵押贷款可得性研究［J］. 西北农林科技大学学报（社会科学版），2018（6）：81 – 89.

［158］牛荣，闫啸. 农地经营权抵押贷款中的农作物价值评估［J］. 华南农业大学学报（社会科学版），2020，19（2）：96 – 107.

［159］牛晓东. 面向群众　创新落实　以林改促县域经济转型发展［J］. 发展，2011（6）：56 – 57.

［160］牛晓冬，罗剑朝，牛晓琴. 农户分化、农地经营权抵押融资与农户福利——基于陕西与宁夏农户调查数据验证［J］. 财贸研究，2017（7）：21 – 35.

［161］潘文轩. 农地经营权抵押贷款中的风险问题研究［J］. 南京农业大学学报（社会科学版），2015（5）：104 – 113，141.

［162］彭开丽. "三权"分置背景下农户土地流转决策的形成机理与实证检验——基于湖北省672户农户的调研［J］. 南京农业大学学报（社会科学版），2020，20（2）：116 – 127.

［163］彭澎，刘丹. 三权分置下农地经营权抵押融资运行机理——基于扎根理论的多案例研究［J］. 中国农村经济，2019（11）：32 – 50.

［164］皮俊锋，陈德敏. 农村产权抵押融资的制度建构——以重庆市

地方现状为分析样本 [J]. 江淮论坛, 2019 (6): 105 – 110.

[165] 皮天雷, 张平. 声誉真的能起作用吗——逻辑机制、文献述评及对我国商业银行的启示 [J]. 经济问题探索, 2009 (11): 122 – 127.

[166] 平新乔, 杨慕云. 信贷市场信息不对称的实证研究——来自中国国有商业银行的证据 [J]. 金融研究, 2009 (3): 1 – 18.

[167] 戚焦耳, 郭贯成, 陈永生. 农地流转对农业生产效率的影响研究——基于 DEA – Tobit 模型的分析 [J]. 资源科学, 2015 (9): 1816 – 1824.

[168] 漆信贤, 黄贤金. 基于供给侧的承包经营权抵押贷款需求与可获性研究——以常州市武进区为例 [J]. 南京审计大学学报, 2018 (1): 56 – 68.

[169] 祁静静, 李世平, 李玉玲. 基于农户视角的农地经营权抵押贷款风险评估 [J]. 江苏农业科学, 2018, 46 (1): 310 – 314.

[170] 邱国栋, 白景坤. 价值生成分析: 一个协同效应的理论框架 [J]. 中国工业经济, 2007 (6): 88 – 95.

[171] 邱国栋, 甘立双. 资源依赖理论视角的隔离机制与协同效应——以三组合作研发为例 [J]. 中国软科学, 2017 (12): 39 – 48.

[172] 沈海军. 政府契约治理的核心要素与实现机制 [J]. 学术研究, 2013 (8): 52 – 56.

[173] 盛乐. 关系性契约、契约成本和人力资本产权的界定 [J]. 经济科学, 2003 (4): 5 – 15.

[174] 史常亮, 栾江, 朱俊峰. 土地经营权流转、耕地配置与农民收入增长 [J]. 南方经济, 2017 (10): 36 – 58.

[175] 史清华, 陈凯. 欠发达地区农民借贷行为的实证分析——山西 745 户农民家庭的借贷行为的调查 [J]. 农业经济问题, 2002 (10): 29 – 35.

[176] 史卫民. 农地抵押贷款模式的比较考察与我国的路径选择 [J]. 现代经济探讨, 2010 (9): 40 – 43.

[177] 史卫民. 土地承包经营权抵押制度探析 [J]. 经济体制改革, 2009 (5): 96 – 99.

[178] 舒成. 基层财政收支灰色预测模型及应用 [J]. 统计与决策, 2010 (3): 49 – 50.

［179］宋洪远，石宝峰，吴比．新型农业经营主体基本特征、融资需求和政策含义［J］．农村经济，2020（10）：73－80．

［180］宋坤．农村民间金融与正规金融合作模式选择的实证研究［J］．宏观经济研究，2016（4）：143－150，159．

［181］宋坤，王君妍．农地经营权抵押贷款银担协作效应及模式选择——基于风险分担的视角［J］．农业技术经济，2021（4）：133－144．

［182］宋坤，徐慧丹．农地经营权抵押贷款模式选择：转型与路径［J］．财经科学，2021（6）：92－104．

［183］宋坤，张馨予．农户分化视角下农地经营权抵押贷款信用风险因素识别与评估——基于四川成都的调研数据［J］．四川农业大学学报，2020，38（3）：365－372．

［184］宋坤．中国农村非正规金融和正规金融的合作模式［J］．中南财经政法大学学报，2016（4）：66－75，159．

［185］宋文．P2P网络借贷行为的实证研究［D］．上海：上海交通大学，2013．

［186］宋志红．三权分置下农地流转权利体系重构研究［J］．中国法学，2018（4）：282－302．

［187］苏岚岚，何学松，孔荣．金融知识对农民农地抵押贷款需求的影响——基于农民分化、农地确权颁证的调节效应分析［J］．中国农村经济，2017（11）：75－89．

［188］苏岚岚，孔荣．农地抵押贷款促进农户创业决策了吗？——农地抵押贷款政策预期与执行效果的偏差检验［J］．中国软科学，2018（12）：140－156．

［189］苏岚岚，孔荣．农民金融素养与农村要素市场发育的互动关联机理研究［J］．中国农村观察，2019（2）：61－77．

［190］苏治，胡迪．农户信贷违约都是主动违约吗？——非对称信息状态下的农户信贷违约机理［J］．管理世界，2014（9）：77－89．

［191］孙少岩，郭扬．健全农业社会化服务体系助推乡村振兴战略——土地收益保证贷款相关理论及实践问题探讨［J］．商业研究，2018（11）：7－11．

［192］孙秀林．华南的村治与宗族——一个功能主义的分析路径［J］．

社会学研究，2011（1）：133 – 166，245.

[193] 孙志娟. 基于灰色自校正理论的我国商业银行信贷风险预警机制研究 [J]. 湖南社会科学，2013（2）：142 – 146.

[194] 唐德祥，岳俊. 农村土地承包经营权抵押贷款风险分担的金融组织创新研究 [J]. 江苏农业科学，2015，43（6）：430 – 433.

[195] 唐薇，吴越. 土地承包经营权抵押的制度"瓶颈"与制度创新 [J]. 河北法学，2012（2）：62 – 71.

[196] 仝爱华，姜丽丽. 农村土地经营权抵押贷款抵押土地处置机制探讨 [J]. 农村金融研究，2016（10）：62 – 66.

[197] 佟伟，赖华子. 论化解农地抵押贷款风险的路径 [J]. 农业经济，2015（11）：99 – 101.

[198] 童彬. 农村土地经营权抵押制度研究——以制度困境、主要模式、风险控制和处置机制为路径 [J]. 社会科学家，2014（10）：105 – 109.

[199] 汪险生，郭忠兴. 承包型土地经营权抵押贷款的实践探索——基于对宁夏平罗县与同心县的比较分析 [J]. 农村经济，2016（6）：77 – 82.

[200] 汪险生，郭忠兴. 流转型土地经营权抵押贷款的运行机制及其改良研究——基于对重庆市江津区及江苏新沂市实践的分析 [J]. 经济体制改革，2017（2）：69 – 76.

[201] 汪险生，郭忠兴. 土地承包经营权抵押贷款：两权分离及运行机理——基于对江苏新沂市与宁夏同心县的考察 [J]. 经济学家，2014（4）：49 – 60.

[202] 汪险生，郭忠兴. 信息不对称、团体信用与农地抵押贷款——基于同心模式的分析 [J]. 农业经济问题，2016（3）：61 – 71.

[203] 王爱国. 农民权益保障：价值取向、经验借鉴、逻辑分析、机制整合——基于农村承包土地经营权抵押贷款的思考 [J]. 农村经济与科技，2016，27（14）：182 – 184.

[204] 王德福. 制度障碍抑或市场不足？——农地产权抵押改革的限制因素探析 [J]. 求实，2017（5）：79 – 88.

[205] 王昉，缪德刚. 近代化转型时期农村土地金融供给：制度设计与实施效果——20 世纪 30、40 年代中国农村土地金融制度思

想与借鉴［J］. 财经研究, 2013（1）: 38 - 48.

［206］王敬尧, 王承禹. 农地规模经营中的信任转变［J］. 政治学研究, 2018（1）: 59 - 69, 127 - 128.

［207］王珏, 范静, 曹健. 制度优化、风险补偿与农地金融风险控制——基于不完全契约理论的 SEM 实证［J］. 农村经济, 2019（2）: 70 - 78.

［208］王珏, 范静. 农地经营权担保有效性与借款人还款表现——一个基于"资产主导型"农地经营权抵押贷款的证据［J］. 农业技术经济, 2019（10）: 38 - 52.

［209］王君妍, 宋坤, 唐海春. 政府主导型农地经营权抵押贷款风险预警研究——基于四川省成都市的调研数据［J］. 武汉金融, 2018（9）: 71 - 77.

［210］王萍, 郭晓鸣. 农地流转与农户金融需求［J］. 华南农业大学学报（社会科学版）, 2018（2）: 72 - 82.

［211］王蔷, 郭晓鸣. 新型农业经营主体融资需求研究——基于四川省的问卷分［J］. 财经科学, 2017（8）: 118 - 132.

［212］王珊, 洪名勇, 吴昭洋等. 不同农地经营权流转方式的空间依赖性分析［J］. 中国土地科学, 2018（8）: 46 - 53.

［213］王双全, 杨锦秀, 刘静. 农户土地承包经营权抵押贷款意愿及影响因素分析——基于四川省 506 份农户调查问卷［J］. 农村经济, 2018（1）: 45 - 50.

［214］王伟, 李钧. 农村政策性金融功能结构的国际比较［J］. 学习与探索, 2011（6）: 169 - 170.

［215］王伟, 温涛. 涉农贷款拖累了农村金融机构经营绩效吗［J］. 农业技术经济, 2019（2）: 73 - 84.

［216］王霄, 张捷. 银行信贷配给与中小企业贷款——一个内生化抵押品和企业规模的理论模型［J］. 经济研究, 2003（7）: 68 - 75, 92.

［217］王兴稳, 纪月清. 农地产权、农地价值与农地抵押融资——基于农村信贷员的调查研究［J］. 南京农业大学学报（社会科学版）, 2007（4）: 71 - 75.

［218］王岩, 李宁, 马贤磊, 石晓平. 农地经营权主体差异与农地抵押方式选择——基于市场与组织合约的分类视角［J］. 中南财

经政法大学学报，2017（2）：3-13，158.

[219] 王艳西. 农户承包土地经营权抵押：实践、困境与制度创新——西藏山南市滴新村土地经营权抵押案例研究 [J]. 农村经济，2019（8）：79-86.

[220] 温涛，张梓榆，王定祥. 城乡工资水平差距与农地流转 [J]. 农业技术经济，2017（2）：4-14.

[221] 吴比，刘俊杰，赵海. 土地承包经营权抵押贷款作用与困境——基于山东枣庄农村改革试验区做法的思考 [J]. 农村经营管理，2014（12）：29-31.

[222] 吴婷婷，黄惠春. 江苏农地经营权抵押贷款区域差异研究 [J]. 南通大学学报（社会科学版），2018（5）：36-42.

[223] 吴婷婷. 农地经营权抵押贷款创新模式及风险分担机制——江苏沛县农土公司的典型案例分析 [J]. 农村经济，2017（2）：58-63.

[224] 吴先满，蒋昭乙. 江苏供给侧结构性改革的金融支持政策研究 [J]. 南京审计大学学报，2016（5）：3-9.

[225] 吴昕蓉. 政府主导型农地经营权抵押贷款问题及对策研究——以四川省苍溪县为例 [D]. 成都：四川农业大学，2019.

[226] 吴一恒，马贤磊，马佳，周月鹏. 如何提高农地经营权作为抵押品的有效性？——基于外部治理环境与内部治理结构的分析 [J]. 中国农村经济，2020（8）：40-53.

[227] 吴一恒，徐砾，马贤磊. 农地"三权分置"制度实施潜在风险与完善措施——基于产权配置与产权公共域视角 [J]. 中国农村经济，2018（8）：46-63.

[228] 吴勇. 中小企业信用培植的基本路径：泰安案例 [J]. 金融发展研究，2010（12）：50-53.

[229] 夏克勤. 宅基地流转改革的价值趋向与改革路径 [J]. 江西社会科学，2016（9）：164-170.

[230] 肖诗顺，高锋. 农村金融机构农户贷款模式研究——基于农村土地产权的视角 [J]. 农业经济问题，2010（4）：14-18.

[231] 徐华君，操颖卓. 农村土地承包经营权抵押贷款的现实困境与价值评估研究 [J]. 金融监管研究，2017（3）：84-96.

[232] 徐建中，于泽卉. "三权分置"视野下农地市场运行障碍与破

解 [J]. 学术交流, 2018 (7): 102 - 107.

[233] 徐晓萍, 张顺晨, 敬静. 关系型借贷与社会信用体系的构建——基于小微企业演化博弈的视角 [J]. 财经研究, 2014, 40 (12): 39 - 50.

[234] 许艳秋, 潘美芹. 层次分析法和支持向量机在个人信用评估中的应用 [J]. 中国管理科学, 2016 (1): 106 - 112.

[235] 薛凤蕊, 乔光华, 苏日娜. 土地流转对农民收益的效果评价——基于 DID 模型分析 [J]. 中国农村观察, 2011 (2): 36 - 42, 86.

[236] 鄢姣, 王锋, 袁威. 农地流转、适度规模经营与农业生产效率 [J]. 资源开发与市场, 2018, 34 (7): 947 - 955.

[237] 杨春华. 适度规模经营视角下的农地制度创新——相关改革试点情况的调查与思考 [J]. 农村经济, 2018 (9): 83 - 86.

[238] 杨丹丹, 罗剑朝. 农地经营权抵押贷款可得性对农业生产效率的影响研究——以宁夏平罗县和同心县 723 户农户为例 [J]. 农业技术经济, 2018 (8): 75 - 85.

[239] 杨继瑞. 绝对地租产生原因、来源与价值构成实体的探讨 [J]. 当代经济研究, 2011 (2): 1 - 7.

[240] 杨君慧. 基于模糊数学的货币危机预警模型研究 [J]. 统计与决策, 2010 (2): 130 - 133.

[241] 杨林, 王璐. 乡村振兴战略视域下农村土地经营权抵押融资利益相关者的博弈与平衡 [J]. 宁夏社会科学, 2018 (3): 77 - 85.

[242] 杨奇才, 谢璐, 韩文龙. 农地经营权抵押贷款的实现与风险: 实践与案例评析 [J]. 农业经济问题, 2015, 36 (10): 4 - 11, 110.

[243] 杨婷怡, 罗剑朝. 农户参与农村产权抵押融资意愿及其影响因素实证分析——以陕西高陵县和宁夏同心县 919 个样本农户为例 [J]. 中国农村经济, 2014 (4): 42 - 57.

[244] 杨希, 罗剑朝. 西部地区农村产权抵押融资政策效果评价——基于陕西、宁夏的农户数据 [J]. 西北农林科技大学学报 (社会科学版), 2015 (1): 95 - 100.

[245] 杨学兵, 张俊. 决策树算法及其核心技术 [J]. 计算机技术与发展, 2007 (1): 43 - 45.

[246] 杨志安, 宁宇之. 中国财政风险预警系统的构建——基于 AHP 评价法的实证研究 [J]. 中国经济问题, 2014 (4): 30-37.

[247] 姚洋. 中国农地制度: 一个分析框架 [J]. 中国社会科学, 2000 (2): 54-65.

[248] 叶桂峰, 吴煦. 不完全契约的类型及规制 [J]. 大连海事大学学报 (社会科学版), 2017, 16 (5): 37-42.

[249] 尹成杰. 三权分置: 农地制度的重大创新 [J]. 农业经济问题, 2017 (9): 6-8.

[250] 于丽红, 陈晋丽, 兰庆高. 农户农村土地经营权抵押融资需求意愿分析——基于辽宁省 385 个农户的调查 [J]. 农业经济问题, 2014, 35 (3): 25-31, 110.

[251] 于丽红, 兰庆高, 戴琳. 不同规模农户农地经营权抵押贷款需求差异及影响因素——基于 626 个农户微观调查数据 [J]. 财贸经济, 2015 (4): 74-84.

[252] 于丽红, 兰庆高, 武翔宇. 农村土地经营权抵押融资农户满意度分析——基于辽宁省试点县的调查 [J]. 中国土地科学, 2016 (4): 79-87.

[253] 于丽红, 李辰未. 农村土地经营权抵押贷款信贷风险评价——基于 AHP 法分析 [J]. 农村经济, 2014 (11): 79-82.

[254] 于琴, 刘亚相. 西部地区农村产权抵押贷款对农户收入影响的实证分析 [J]. 四川农业大学学报, 2014, 32 (4): 455-461.

[255] 俞滨, 郭延安. 农地产权制度改革对农地抵押市场双重效应研究——以浙江农地抵押改革试点区为例 [J]. 浙江社会科学, 2018 (4): 17-26.

[256] 俞雪莲, 傅元略. 小微企业、银行与担保机构的动态信贷博弈研究 [J]. 现代管理科学, 2017 (1): 97-99.

[257] 岳传刚, 胡琼. 农村"三权"抵押贷款改革创新面临的挑战与对策——以重庆为例 [J]. 改革与战略, 2015, 31 (4): 97-100, 121.

[258] 曾庆芬. 合约视角下农地抵押融资的困境与出路 [J]. 中央财经大学学报, 2014 (1): 42-47.

[259] 翟黎明, 夏显力, 吴爱烯. 政府不同介入场景下农地流转对农

户生计资本的影响——基于 PSM – DID 的计量分析［J］. 中国农村经济，2017（2）：2 – 15.

［260］翟林瑜. 经济发展与法律制度——兼论效率，公正与契约［J］. 经济研究，1999（1）：73 – 79.

［261］占治民，罗剑朝. 基于 Logistic – DEA 的农村土地承包经营权抵押贷款试点风险控制效果评估［J］. 武汉大学学报（哲学社会科学版），2016（5）：47 – 54.

［262］张广辉，方达. 农村土地"三权分置"与新型农业经营主体培育［J］. 经济学家，2018（2）：80 – 87.

［263］张海鹏，逄锦聚. 中国土地资本化的政治经济学分析［J］. 政治经济学评论，2016，7（6）：3 – 24.

［264］张汉江，马超群，沙基昌，汪浩，曾俭华. 信贷行为中的不完全信息动态博弈［J］. 系统工程理论与实践，1999（5）：8 – 13.

［265］张珩，罗剑朝，王磊玲. 农地经营权抵押贷款对农户收入的影响及模式差异：实证与解释［J］. 中国农村经济，2018（9）：79 – 93.

［266］张建，诸培新. 不同农地流转模式对农业生产效率的影响分析——以江苏省四县为例［J］. 资源科学，2017（4）：629 – 640.

［267］张坤. 金融支持资源型经济转型发展研究［J］. 时代金融，2011（35）：18 – 19.

［268］张莉，王礼力，严惠云. 农户收入满意度视角下农村土地经营权抵押贷款需求影响因素研究——基于陕西省和甘肃省的实证分析［J］. 统计与信息论坛，2017（10）：123 – 128.

［269］张龙耀，王梦珺，刘俊杰. 农地产权制度改革对农村金融市场的影响——机制与微观证据［J］. 中国农村经济，2015（12）：14 – 30.

［270］张龙耀，王梦珺，刘俊杰. 农民土地承包经营权抵押融资改革分析［J］. 农业经济问题，2015（2）：70 – 78，111.

［271］张龙耀，杨军. 农地抵押和农户信贷可获得性研究［J］. 经济学动态，2011（11）：60 – 64.

［272］张明喜，丛树海. 我国财政风险非线性预警系统——基于 BP

神经网络的研究 [J]. 经济管理, 2009 (5): 147 - 153.

[273] 张晓艳, 刘明. 农村民间金融契约治理机制探析 [J]. 经济问题, 2009 (7): 74 - 77.

[274] 张欣, 于丽红, 兰庆高. 农户农地经营权抵押贷款收入效应实证检验——基于辽宁省昌图县的调查 [J]. 中国土地科学, 2017 (12): 42 - 50.

[275] 张秀生, 单娇. 加快推进农业现代化背景下新型农业经营主体培育研究 [J]. 湘潭大学学报 (哲学社会科学版), 2014 (3): 17 - 24.

[276] 张云燕, 王磊玲, 罗剑朝. 县域农村合作金融机构信贷风险的影响因素 [J]. 西北农林科技大学学报 (社会科学版), 2013, 13 (2): 51 - 57.

[277] 赵爱玲, 李成祥, 金煌, 徐磊. 我国融资性担保机构风险预警体系研究 [J]. 宏观经济研究, 2014 (2): 35 - 44, 94.

[278] 赵丙奇. 农村土地经营权抵押贷款融资效果评价 [J]. 社会科学战线, 2017 (7): 55 - 64.

[279] 赵春江, 付兆刚. 农地经营权抵押贷款政策的背离风险及其制度规制——基于供需主体的行为博弈分析 [J]. 经济问题, 2018 (6): 53 - 58.

[280] 赵翠萍, 侯鹏, 程传兴. 产权细分背景下农地抵押贷款的基本经验与完善方向——基于福建明溪与宁夏同心两地试点的对比 [J]. 农业经济问题, 2015 (12): 50 - 57.

[281] 赵海华. 基于灰色 RBF 神经网络的多因素财政收入预测模型 [J]. 统计与决策, 2016 (13): 79 - 81.

[282] 赵立新. 社会资本与当今农村社会信任——基于一项调查的社会学研究 [J]. 内蒙古社会科学 (汉文版), 2005 (2): 118 - 122.

[283] 赵丽琴, 王熠. 农地经营权抵押贷款的困境及解决路径研究 [J]. 农业经济, 2019 (12): 81 - 82.

[284] 赵仁杰, 何爱平. 村干部素质、基层民主与农民收入——基于 CHIPS 的实证研究 [J]. 南开经济研究, 2016 (2): 129 - 152.

[285] 赵晔. 银企关系与民营企业信贷融资 [J]. 财会通讯, 2017 (30): 107 - 109, 114.

[286] 赵一哲，王青. 农地承包经营权抵押贷款风险的研究——基于涉农金融机构视角 [J]. 安徽农业大学学报（社会科学版），2015，24（2）：12-16.

[287] 赵振宇. 基于不同经营主体的农地承包经营权抵押问题研究 [J]. 管理世界，2014（6）：174-175.

[288] 赵忠奎. 农地抵押地方"试错"的证成、限制与出路 [J]. 江西财经大学学报，2015（6）：119-128.

[289] 赵忠奎."三权"抵押融资担保法律激励探析 [J]. 现代经济探讨，2014（10）：69-73.

[290] 甄江，黄季焜. 乡镇农地经营权流转平台发展趋势及其驱动力研究 [J]. 农业技术经济，2018（7）：33-40.

[291] 郑涛. 农地抵押法制实践的困境与出路 [J]. 华南农业大学学报（社会科学版），2018（4）：29-39.

[292] 郑威，徐鲲. 城镇化进程中"土地财政"的风险治理 [J]. 中国土地，2015（7）：6-9.

[293] 郑周胜，朱万里. 非正规金融低违约率的动因：基于契约治理的解释 [J]. 吉林金融研究，2014（2）：9-11，56.

[294] 中共中央马克思恩格斯列宁斯大林著作编译局. 列宁专题文集：论社会主义 [M]. 北京：人民出版社，2009.

[295] 中共中央马克思恩格斯列宁斯大林著作编译局. 资本论（第3卷）[M]. 北京：人民出版社，2004.

[296] 周超. 利率市场化背景下的银行信贷决策研究——基于行为金融学的进化博弈模型构建 [J]. 金融理论与实践，2016（9）：18-23.

[297] 周晨曦. 农地经营权抵押贷款法理分析与路径优化 [J]. 人民论坛·学术前沿，2020（16）：120-123.

[298] 周凤婷. 农村耕地抵押贷款风险分析与防控设计 [J]. 甘肃政法学院学报，2010（5）：116-121.

[299] 周脉伏，徐进前. 信息成本、不完全契约与农村金融机构设置——从农户融资视角的分析 [J]. 中国农村观察，2004（5）：38-43.

[300] 周敏，胡碧霞，张阳. 三权分置、农业补贴争夺与农业经营激励——吉林省J村玉米生产者补贴分配博弈 [J]. 华中科技大

学学报（社会科学版），2019，33（6）：61 –68.

[301] 周明栋. 农村土地承包经营权抵押贷款试点案例与启示——基于对试点地区 2861 笔贷款业务的调查 [J]. 西南金融，2018（12）：58 –63.

[302] 周南，许玉韫，刘俊杰，张龙耀. 农地确权、农地抵押与农户信贷可得性——来自农村改革试验区准实验的研究 [J]. 中国农村经济，2019（11）：51 –68.

[303] 周小全，白江涛. 农地金融化机制设计与制度安排研究综述 [J]. 金融理论与实践，2017（6）：94 –99.

[304] 朱太辉. 企业融资难融资贵问题的根源和应对研究——一个系统分析框架 [J]. 金融与经济，2019（1）：4 –11.

[305] 邹宝玲，罗必良，钟文晶. 农地流转的契约期限选择：威廉姆森分析范式及其实证 [J]. 农业经济问题，2016（2）：25 –32.

[306] 邹秀清，莫国辉，刘杨倩宇等. 地方政府土地财政风险评估及预警研究 [J]. 中国土地科学，2017（9）：70 –79.

[307] 左晓慧，吴申玉. 新型城镇化下农地金融发展路径探究 [J]. 经济问题，2016（12）：95 –98.

[308] Abate G T，Rashid S，Borzaga C and Getnet K. Rural Finance and Agricultural Technology Adoption in Ethiopia：Does the Institutional Design of Lending Organizations Matter？ [J]. *World Development*，2016（84）：235 –253.

[309] Adetiloye，K A. Agricultural Financing in Nigeria：An Assessment of the Agricultural Credit Guarantee Scheme Fund （ACGSF）For Food Security in Nigeria （1978—2006） [J]. *Journal of Economics*，2012，3（1）：39 –48.

[310] Antoine Salomon，Françoise Forges. Bayesian Repeated Games and Reputation [J]. Journal of Economic Theory，2015（159）：70 –104.

[311] Berger Glenn J，Shaw Frank C，Cooke J Alexander. The New Green Finance [J]. *Public Utilities Fortnightly*，2009，147（10）：12 –14，16，18.

[312] Bernanke B S，Blinder A S. Credit，Money，and Aggregate Demand [J]. *American Economic Review*，1988（8）：435 –439.

[313] Bernhard Swoboda, Bettina Berg, Hanna Schramm-Klein. Reciprocal Effects of the Corporate Reputation and Store Equity of Retailers [J]. *Journal of Retailing*, 2013, 89 (4): 447 – 459.

[314] Besanko D, Anjan V Thakor. Collateral and Rationing: Sorting Equilibria in Monopolistic and Competitive Credit Markets [J]. *International Economic Review*, 1987, 28 (3): 671 – 689.

[315] Besley T J, Ghatak M. Property Rights and Economic Development [J]. *Review of Social Economy*, 2009, 39 (1): 51 – 65.

[316] Bester H. The Role of Collateral in a Model of Debt Renegotiation [J]. *Journal of Money, Credit and Banking*, 1994, 26 (1): 72 – 86.

[317] Binswanger H P, Deninger K. The evolution of the World Bank's Land Policy: Principles, Experience, and Future Challenges [J]. *World Bank Research Observer*, 1999, 14 (2): 247 – 276.

[318] Boucher S R, Barham B L, Carter M R. The Impact of "Market – Friendly" Reforms on Credit and Land Markets in Honduras and Nicaragua [J]. *World Development*, 2005, 33 (1): 107 – 128.

[319] Boucher S R, Carter M R, Guirkinger C. Risk Rationing and Wealth Effects in Credit Markets: Theory and Implications for Agricultural Development [J]. *American Journal of Agricultural Economics*, 2008, 90 (2): 409 – 423.

[320] Boucher S R, Guirkinger C, Trivelli C. Direct Elicitation of Credit Constraints: Conceptual and Practical Issues with an Application to Peruvian Agriculture [J]. *Economic Development and Cultural Change*, 2009, 57 (4): 609 – 640.

[321] Carole Braverman. Original Tenant [J]. *Jewish Quarterly*, 2000, 47 (3): 49 – 56.

[322] Carter M R, Olinto P. Getting Institutions "Right" for Whom? Credit Constraints and the Impact of Property Rights on the Quantity and Composition of Investment [J]. *American Journal of Agricultural Economics*, 2003, 85 (1): 173 – 186.

[323] Chamberlin J, Ricker-Gilbert J. Participation in Rural Land Rental Markets in Sub-Saharan Africa: Who Benefits and by How Much?

Evidence from Malawi and Zambia ［J］. *American Journal of Agricultural Economics*, 2016, 98 (5): 1507 – 1528.

［324］ Chan Yuk S, Kanatas G. Asymmetric Valuation and the Role of Collateral in Loan Guarantee ［J］. *Journal of Money, Credit and Banking*, 1985, 17 (1): 84 – 95.

［325］ Charles E Bamford, Thomas J Dean, Thomas J Douglas. The Temporal Nature of Growth Determinants in New Bank Foundings: Implications for New Venture Research Design ［J］. Journal of Business Venturing, 2004 (19): 899 – 919.

［326］ Chiu L J V, Khantachavana S V and Turvey C G. Risk Rationing and the Demand for Agricultural Credit: A Comparative Investigation of Mexico and China ［J］. *Agricultural Finance Review*, 2014, 74 (2): 248 – 270.

［327］ Collier P. Malfunctioning of African Rural Factor Markets: Theory and a Kenyan Example ［J］. *Oxford Bulletin of Economics & Statistics*, 2010, 45 (2): 141 – 172.

［328］ David M Hart. The Politics of "Entrepreneurial" Economic Development Policy of States in the U. S. ［J］. *Review of Policy Research*, 2008, 25 (2): 149 – 168.

［329］ Deininger K, Ali D A, and Alemu T. Assessing the Functioning of Land Rental Markets in Ethiopia ［J］. *Economic Development and Cultural Change*, 2008, 57 (1): 67 – 100.

［330］ Deininger K. Ecological Restoration in the Slipstream of Agricultural Policy in the Old and New World ［J］. *Agriculture, Ecosystems and Environment*, 2004, 103 (3): 601 – 611.

［331］ Deininger K, Jin S and Nagarajan H K. Efficiency and Equity Impacts of Rural Land Rental Restrictions: Evidence from India ［J］. *European Economic Review*, 2008, 52 (5): 892 – 918.

［332］ Deininger K. Land Markets in Developing and Transition Economies: Impact of Liberalization and Implications for Future Reform ［J］. *American Journal of Agricultural Economics*, 2003, 85 (5): 1217 – 1222.

［333］ Deininger K. Land Policies for Growth and Poverty Reduction ［J］.

World Bank Other Operational Studies, 2004, 24 (1): 1 – 456.

[334] Deininger K. Land Policies for Growth and Poverty Reduction [R].
World Bank Research Report, 2003.

[335] Deininger K, Savastano S and Xia F. Smallholders' Land Access in
Sub-Saharan Africa: A New Landscape? [J]. *Food Policy*, 2017
(67): 78 – 92.

[336] De Soto, H. *The Mystery of Capital: Why Capitalism Succeeds in
the West and Fails Everywhere Else* [M]. New York: Basic Books,
Bantam Press, Random House, 2010.

[337] Dijk T V, Kopeva D. Land Banking and Central Europe: Future
Relevance, Current Initiatives, Western European Past Experience
[J]. *Land Use Policy*, 2006, 23 (3): 286 – 301.

[338] Domeher D, Abdulai R. Land Registration, Credit and Agricultur-
al Investment in Africa [J]. *Agricultural Finance Review*, 2012,
72 (1): 87 – 103.

[339] Dwyer J and Findeis J. Human and Social Capital in Rural Develop-
ment – EU and US Perspectives [J]. *Euro Choices*, 2008, 7
(1): 38 – 45.

[340] Erik Lie. Do Firms Undertake Self – Tender Offers to Optimize Capital
Structure? [J]. *The Journal of Business*, 2002, 75 (4): 609 – 640.

[341] Feder G, Feeny D. Land Tenure and Property Rights: Theory and
Implications for Development Policy [J]. *World Bank Economic
Review*, 1991, 5 (1): 135 – 153.

[342] Feder G, Onchan T and Raparla T. Collateral, Guaranties and
Rural Credit in Developing Countries: Evidence from Asia [J].
Agricultural Economics, 1988, 2 (3): 231 – 245.

[343] Feng S, Heerink N and Ruben R. Land Rental Market, Off-farm
Employment and Agricultural Production in Southeast China: a
Plot-level Case Study [J]. *China Economic Review*, 2010, 21
(4): 598 – 606.

[344] Fukuyama M A. Personal Narrative: Growing Up Biracial [J].
Journal of Counseling & Development, 2011, 77 (1): 12 – 14.

[345] Furstenbergg Von M. Risk Structures and the Distribution of Bene-

fits within the FHA Home Mortgage Insurance Program [J]. *Journal of money credit and banking*, 1970, 2 (3): 303 – 22.

[346] Gashaw Tadesse Abate, Shahidur Rashid, Carlo Borzaga, Kindie Getnet. Rural Finance and Agricultural Technology Adoption in Ethiopia: Does the Institutional Design of Lending Organizations Matter? [J]. *World Development*, 2016 (84): 235 – 253.

[347] Grout Paul. A Welfare Analysis of Convergence to Rational Expectations [J]. *Economics Letters*, 1984, 15 (3 – 4): 283 – 287.

[348] Hare D. The Origins and Influence of Land Property Rights in Vietnam [J]. *Development Policy Review*, 2008, 26 (3): 339 – 361.

[349] Hart O, Moore J. Foundations of Incomplete Contracts [J]. *Review of Economic Studies*, 1999, 66 (1): 115 – 138.

[350] Holden. Optimal Contract Length in a Reputational Model of Monetary Policy [J]. *European Economic Review*, 1997, 41 (2): 227 – 243.

[351] Holden S T, Otsuka K and Place F M. The Emergence of Land Markets in Africa: Impacts on Poverty, Equity and Efficiency [J]. *Journal of Regional Science*, 2010, 50 (5): 1006 – 1008.

[352] Huy H T, Lyne M, Ratna N and Nuthall P. Drivers of Transaction Costs Affecting Participation in the Rental Market for Cropland in Vietnam [J]. *Australian Journal of Agricultural and Resource Economics*, 2016, 60 (3): 476 – 492.

[353] Ishak Alia, Farid Chighoub, Ayesha Sohail. A characterization of Equilibrium Strategies in Continuous-time Mean-variance Problems for Insurers [J]. *Insurance Mathematics and Economics*, 2016 (68): 212 – 243.

[354] Jean Tirole. Procurement and Renegotiation [J]. *Journal of Political Economy*, 1986, 94 (2): 235 – 259.

[355] Jin S and Jayne T S. Land Rental Markets in Kenya: Implications for Efficiency, Equity, Household Income, and Poverty [J]. *Land Economics*, 2013, 89 (2): 246 – 271.

[356] Katchova Anli L. Credit-risk Migration Analysis Focused on Farm Business Characteristics and Business Cycles [J]. *The Korean*

Journal of Agricultural Economics, 2008, 49 (3): 21 - 28.

[357] Keliang Z, Prosterman R and Jianping Y. The Rural Land Question in China: Analysis and Recommendations Based on a Seventeen – Province Survey [J]. *Special Paper of the Geological Society of America*, 2006, 415 (6): 43 - 60.

[358] Kemper N. Property Rights and Consumption Volatility: Evidence from a Land Reform in Vietnam [J]. *World Development*, 2015, 7 (71): 107 - 130.

[359] Kenneth J Arrow. Futures Markets: Some Theoretical Perspectives [J]. *Journal of Futures Markets*, 1981, 1 (2): 107 - 115.

[360] Kreps David M, Milgrom Paul, Roberts John, Wilson Robert. Rational Cooperation in the Finitely Repeated Prisoners' Dilemma [J]. *Journal of Economic Theory*, 1982, 27 (2): 245 - 252.

[361] Kreps David M, Wilson Robert. Reputation and Imperfect Information [J]. *Journal of Economic Theory*, 1982, 27 (2): 253 - 279.

[362] Lawry S, Samii C, Hall R, Leopold A, Hornby D, Mtero F. The Impact of Land Property Rights Interventions on Investment and Agricultural Productivity in Developing Countries: A Systematic Review [J]. *Campbell Systematic Reviews*, 2014, 10 (1): 68 - 72.

[363] Lerman Z. Privatization of Land in Russia [J]. *Economic Systems*, 2002, 26 (2): 149 - 151.

[364] Linda L Putnam, Charles Bantz, Stanley Deetz, Dennis Mumby, John Van Maanan. Ethnography versus Critical Theory [J]. *Journal of Management Inquiry*, 1993, 2 (3): 211 - 219.

[365] Lin J Y. An Economic Theory of Institutional Change: Induced and Imposed Change [J]. *Cato Journal*, 1989, 9 (1): 1 - 33.

[366] Long M G. Why Peasant's Farmers Borrow [J]. *American Journal of Agricultural Economics*, 1968, 50 (4): 991 - 1008.

[367] Lopez R. *Land Titles and Farm Productivity in Honduras* [M]. Washington DC: World Bank, 1997.

[368] Matthew S Goldberg. Labor Market Discrimination: A Statistical

Approach [J]. *The American Economist*, 1976, 20 (2): 51 –53.

[369] Menkhoff L, Neuberger D and Rungruxsirivorn O. Collateral and its Substitutes in Emerging Markets' Lending [J]. *Journal of Banking and Finance*, 2012, 36 (3): 817 – 834.

[370] Pender J L, Kerr J M. The Effects of Land Sales Restrictions: Evidence from South India [J]. *Agricultural Economics*, 1999, 21 (3): 279 – 294.

[371] Petrick M. A Microeconometric Analysis of Credit Rationing in the Polish Farm Sector [J]. *European Review of Agricultural Economics*, 2004, 31 (1): 77 – 101.

[372] Piza C and M J S B de Moura. The Effect of a Land Titling Programme on Households' Access to Credit [J]. *Journal of Development Effectiveness*, 2016, 8 (1): 129 – 155.

[373] Reuer Veit. "book-review" Lexical – Functional Grammar: An Introduction to Parallel Constraint – Based Syntax [J]. *Machine Translation*, 2004, 18 (4): 359 – 364.

[374] Richman B D. Firms, Courts, and Reputation Mechanisms: Towards a Positive Theory of Private Ordering [J]. *Columbia Law Review*, 2004, 104 (8): 2328 – 2368.

[375] Rosenbaum P R, Rubin D B. Assessing Sensitivity to an Unobserved Binary Covariate in an Observational Study with Binary Outcome [J]. *Journal of the Royal Statistical Society*. Series B (Methodological), 1983, 45 (2): 212 – 218.

[376] Siamwalla A E A. The Thai Rural Credit System: Public Subsidies, Private Information, and Segmented Markets [J]. *The World Bank Economic Review*, 1990, 4 (3): 271 – 295.

[377] Silva M A, Stubkjaer E. A Review of Methodologies Used in Research on Cadastral Development [J]. *Computers, Environment and Urban Systems*, 2002, 26 (5): 403 – 423.

[378] Stiglitz J E. Peer Monitoring and Credit Markets [J]. *World Bank Economic Review*, 1990, 4 (3): 351 – 366.

[379] Teklu T and Lemi A. Factors Affecting Entry and Intensity in Informal Rental Land Markets in Southern Ethiopian Highlands [J].

Agricultural Economics, 2004, 30 (2): 117 – 128.

[380] Ten Haken R K, Balter J M, Martel M K, Fraass B A. Tissue Inhomogeneity in the Thorax: Implications for 3 – D Treatment Planning [J]. *Frontiers of Radiation Therapy and Oncology*, 1996 (29): 180 – 187.

[381] Timothy Besley. Property Rights and Investment Incentives: Theory and Evidence from Ghana [J]. *Journal of Political Economy*, 1995, 103 (5): 903 – 937.

[382] Wenpin Tsai, Sumantra Ghoshal. Social Capital and Value Creation: The Role of Intrafirm Networks [J]. *The Academy of Management Journal*, 1998, 41 (4): 464 – 476.

[383] Xu Y and Yao Y. Informal Institutions, Collective Action, and Public Investment in Rural China [J]. *American Political Science Review*, 2015, 109 (2): 371 – 391.

[384] Zech L, Glenn P D. Predictors of Farm Performance and Repayment Ability as Factors for Use in Risk-rating Models [J]. *Agricultural finance review*, 2003, 63 (1): 41 – 54.

后　记

书稿即将脱稿之际，恰逢党的二十大召开。习近平总书记在报告中明确提出"全面推进乡村振兴、加快建设农业强国"，为中国式农业农村现代化指明了方向。现代化农业产业体系需要现代金融的支持，农地经营权抵押贷款能够撬动更多信贷资金投向现代农业，应当成为乡村振兴战略中推动农业农村现代化的重要动力。虽然随着 2019 年新《农村土地承包法》的实施，农地经营权抵押贷款在农村土地"三权分置"的基础上具备前置条件，已形成包括确权颁证、交易流转、抵押物价值评估和处置等在内的完整闭环，但农地经营权抵押贷款尚未真正"落地"，政策红利带来的发展动力后劲明显不足。因此，以习近平新时代中国特色社会主义思想为指导，从理论与实践审视农地经营权抵押贷款当前存在的突出问题，以使其成为助推农业农村现代化发展的关键力量极具现实意义并值得进一步研究。

本书是我主持的国家社科基金后期资助一般项目"政府主导型农地经营权抵押贷款的实现与风险管理"的研究成果。项目组成员按贡献度依次为徐慧丹、王玉峰、聂凤娟、钟莹。除我负责本书各个章节的撰写和统筹之外，徐慧丹参与执笔第 1 章、第 5 章和第 9 章；王玉峰和钟莹参与执笔第 2 章和第 9 章；聂凤娟参与执笔第 3 章。此外，感谢蒋嘉坤、孔雯婷、王君妍、刘钰、张馨予、唐海春给予本书的支持。没有他们的帮助，不可能如此顺利完成，本书也凝聚着他们的心血和期望。值此结稿之际，我向他们表示深深的谢意。书中可能存在错误或疏漏之处，欢迎广大读者提出宝贵的意见。

最后，感谢经济科学出版社的刘丽编辑，她对文稿一丝不苟的要求让我敬佩和感动。同时也感谢经济科学出版社其他老师所做的相关工作。

宋　坤

2022 年 11 月于成都